The Formation Mechanism of
Abnormal Audit Fees and Its Influence on Audit Quality

异常审计费用的形成机理及其对审计质量的影响

高瑜彬 ◎ 著

中国财经出版传媒集团
经济科学出版社
Economic Science Press

图书在版编目（CIP）数据

异常审计费用的形成机理及其对审计质量的影响/
高瑜彬著 . —北京：经济科学出版社，2020.4
ISBN 978 - 7 - 5218 - 1443 - 9

Ⅰ . ①异… Ⅱ . ①高… Ⅲ . ①证券市场 - 金融
审计 - 审计质量 - 研究 - 中国 Ⅳ . ①F239.65

中国版本图书馆 CIP 数据核字（2020）第 054525 号

责任编辑：张立莉
责任校对：齐 杰
责任印制：邱 天

异常审计费用的形成机理及其对审计质量的影响

高瑜彬 著

经济科学出版社出版、发行 新华书店经销
社址：北京市海淀区阜成路甲 28 号 邮编：100142
总编部电话：010 - 88191217 发行部电话：010 - 88191522
网址：www. esp. com. cn
电子邮箱：esp@ esp. com. cn
天猫网店：经济科学出版社旗舰店
网址：http://jjkxcbs. tmall. com
固安华明印业有限公司印装
710×1000 16 开 13 印张 260000 字
2020 年 9 月第 1 版 2020 年 9 月第 1 次印刷
ISBN 978 - 7 - 5218 - 1443 - 9 定价：96.00 元
（图书出现印装问题，本社负责调换。电话：010 - 88191510）
（版权所有 侵权必究 打击盗版 举报热线：010 - 88191661
QQ：2242791300 营销中心电话：010 - 88191537
电子邮箱：dbts@ esp. com. cn）

前　　言

本书针对证券审计市场上的低价竞争与审计意见购买现象，对审计费用相关问题进行重新审视和深入分析，试图通过数理分析和实证研究，在形成审计定价经济学分析框架的基础上，重点研究异常审计费用的形成机理及其对审计质量的影响。

首先，正常的审计价格以审计成本为基础，在市场供求状况、信息不对称程度、市场竞争态势以及会计师事务所利润等相关因素的影响下，在一个合理的区间范围内波动，而不应过度偏离这一区间。本书在分析审计成本构成的基础上，利用委托代理理论框架，通过分析对称信息与非对称信息条件下审计契约的设计，发现正常审计费用的区间上限是对称信息条件下满足帕累托最优审计契约的激励机制，即审计委托方所要支付给会计师事务所或注册会计师的审计费用等于即固定收益与注册会计师最优努力水平下的努力成本之和；此时由于审计委托方能够观察到注册会计师的努力程度，因而审计费用中并不包含其他激励措施。正常审计费用的区间下限是满足审计准则所要求审计质量的审计费用，即固定收益、执行审计准则要求所要付出的努力成本以及风险溢价三者之和；由于在不对称信息条件下，审计委托方无法观测到注册会计师的努力程度，故而为了确保注册会计师提供高质量的审计服务，审计委托方必须通过设计风险分担机制以激励注册会计师按照委托方的要求开展审计工作，故而此时审计费用中包含风险成本。正常的审计费用，应该在此区间内波动，而不会过多偏离这一区间；如果过度偏离这一区间，畸高或畸低的审计费用，均属于异常审计费用。

其次，异常审计费用是指在相关因素作用下实际审计费用偏离正常审计费用区间的部分审计费用。也就是说，实际审计费用由两部分构成，一部分是反映审计质量价值的那部分审计费用，即合理的审计费用；另一部分是偏离合理审计费用的部分审计费用，即异常审计费用。异常审计费用可分为正向异常审计费用和负向异常审计费用，当存在正向异常审计费用时，说明实际审计费用高于正常审计费用，正向异常审计费用本质上是生产者剩余；当存在负向异常审计费用时，说明负向异常审计费用低于正常审计费用，负向异常审计费用本质上属于消费者剩余。异常审计费用存在有其理论上的可能性与现实的必然性。一般商品和服务的价格体系中只存在生产者（提供者）与消费者（购买者）两方，契约双方是对称关系；而审计服务的价格体系则存在购买者、消费者、提供者三方关系，这三方关系具有非对称性，审计服务的购买主体并非审计服务的主要消费主体，而审计服务的主要消费主体并不为审计服务支付费用，这形成了审计契约悖论。审计契约悖论的存在又导致了审计定价机制的悖论，即审计服务过程的私人物品属性与审计服务结果公共物品属性的对立。两个审计悖论的存在使审计服务价格在理论上有可能偏离正常审计费用区间，形成异常审计费用。而我国证券审计市场的特殊情况则为异常审计费用的存在提供了现实条件。我国资本市场重新建立以来，"重行政处罚，轻民事责任"的局面一直未得到有效改善，弱法制环境导致上市公司虚假陈述不断；同时我国证券审计市场集中程度较低，会计师事务所之间价格竞争激烈，尚未形成信誉机制，导致会计师事务所为了生存与发展，不惜低价竞争或为了获取高审计服务费用而与上市公司合谋；另外，我国特有的非流通股大股东占绝对控制优势的公司股本结构导致了资本市场上自发性高质量审计质量需求不足；这三者共同作用为实际审计费用偏离合理审计费用区间提供了现实土壤。

最后，异常审计费用的存在，有损于审计质量。通过构建完全信息动态博弈模型分析正向异常审计费用与负向异常审计费用条件下注册会计师与被审计单位管理层的互动行为发现，在中国弱法制环境下，两种情况下博弈模型的子博弈精炼纳什均衡解均表明，异常审计费用将有损于审计质量。实证研究结论也支持这一观点。正向的异常审计费用会被用作审计意见购买或者使注册会计师提升对会计盈余操纵的容忍度，进而导致审计质量低下，且实际审计费用越高于正常值，越有损审计质量。而负向异常审计费用说明此时实际审计费用低于达到预期审计质量所必需的审计费用，此时，会计师事务所为了获取一定的利润，势必倾向于减少专用性投资，缩短审计工时，应用较简单的审计程序，审计质量无法得到保证，且实际审计费用越低于正常审计费用，审计质量越差。同时，本书通过分析七个相关因素对异常审计费用与审计质量之间关系的调节效应发现，在不同的调节变量的作用下，异常审计费用对审计质量的影响程度不同，甚至在相应条件下，异常审计费用对审计质量存在正向的促进作用，这说明异常审计费用对审计质量的影响路径和效应，会因外部约束条件的变化而发生相应变化，尤其是注册会计师声誉、公司治理水平以及法律环境对两者关系的调节效应最为明显。这一结论与发现，为改善异常审计费用与审计质量之间的关系，促进审计质量提升提供了可能性路径和经验证据。

本书研究指出，异常审计费用的存在有其理论上的可能性和现实的必然性。非对称的审计三方关系所导致的审计契约悖论与审计定价机制悖论是异常审计费用产生的根源，而中国证券审计市场的弱法制环境、市场集中度偏低以及缺乏自发性高质量审计需求等特征为异常审计费用长期存在提供了现实条件。因此，从强化证券审计市场法制环境、加强会计师事务所信誉机制建设以及提升上市公司治理水平等方面入手，综合治理证券审计市场乱象，才是提升证券审计市场服务质量的"治本"之策。

目　　录

第 1 章

绪　　论

1.1　研究背景与研究意义

1.1.1　研究背景

中国资本市场自建立以来，为中国经济的快速发展提供了资金和活力，成为经济持续、快速和健康发展的必要支撑条件。但同时也应看到，目前我国资本市场在功能、规模、结构以及规则等方面还存在诸多问题，与国民经济的整体发展还不甚协调。为了更大程度发挥资本市场优化资源配置功能，推动资本市场与国民经济的协调一致发展，中共十八届三中全会通过的《中共中央关于全面深化改革若干重大问题的决定》中指出要完善金融市场体系，"健全多层次资本市场体系，推进股票发行注册制改革，多渠道推动股权融资，发展并规范债券市场，提高直接融资比重。"① 加快多层次资本市场体系建设，推进股票发行注册制改革，必须建立和完善以信息披露为中心的制度安排。以信息披露为中心的制度安排，其内涵就是股票、债券、基金发行人负有信息披露的强制义务，作为信息披露的第一责任人，必须确保所披露的信息真实、准确、及时。保荐机构、会计师事务所等中介机构要对市场主体披露的信息履行保荐或鉴证职责，如未勤勉尽责，就

---

① 中国共产党第十八届中央委员会第三次全体会议.《中共中央关于全面深化改革若干重大问题的决定》[EB/OL]. (2013 – 11 – 16) [2014 – 04 – 01]. http：//www. sn. xinhuanet. com/2013 – 11/16/c_118166672. htm.

应承担民事、行政甚至刑事责任。[①]

作为市场经济体制的重要基础设施之一，注册会计师审计制度在监督上市公司信息披露，保证会计信息真实性、公允性方面发挥不可估量的作用（韩丽荣，2005）。但从国内爆发的多起上市公司财务舞弊案件中可以观察到，证券审计市场整体审计服务质量低下，会计师事务所并未起到其所应有的信息监督作用。主要原因有两个：其一，以"低价揽客"为主要表现形式的恶性价格竞争充斥着证券审计市场，会计师事务所为了增加客户数量或扩大市场份额，不惜以低于审计成本的价格承接上市公司审计业务，过低的审计收费，不仅不利于注册会计师行业的长远发展，同时势必影响注册会计师在执业过程中的独立性，审计质量难以保证，进而威胁投资者等社会公众的利益；其二，高审计费用购买审计意见或降低注册会计师对上市公司盈余操纵容忍度的现象也十分普遍，杨和雄（2009）通过分析审计费用异常增长情况，推断出部分上市公司存在审计意见购买的重大嫌疑，且该部分公司占整个市场的比重应在 2% 左右，同时以中国证监会处罚的上市公司为例，进一步验证了 A 股市场的确存在提高审计费用以进行审计意见购买的行为。

为规范审计收费、打击低价恶性竞争、提高和保障审计质量，在以往政府指导审计定价措施的基础上，2010 年 1 月，国家发展改革委员会和财政部发布《会计师事务所服务收费管理办法》（以下简称《办法》）。《办法》对强制性审计业务实行政府指标定价制度，突出最低限价导向，这标志着我国审计市场审计服务价格管制的进一步强化。同时，为了推动《办法》的贯彻落实，财政部于 2011 年 9 月发布《关于进一步落实〈会计师事务所服务收费管理办法〉的通知》，中国注册会计师协会于 2012 年 2 月发布《关于坚决打击和治理注册会计师行业不正当低价竞争行为的通知》。尽管审计收费的低价管制在一定程度上遏制了注册会计师行业的不正当竞争行为，规范了审计服务收费，但是也存在一定缺陷。一方面，《办法》管制的目标在于遏制低价竞争，对提高审计费用购买审计意见等审计合谋行为并未采取措施；另一方面，《办法》的低价管制并不能消除审计市场的价格扭曲，也无法真正达到提高和保障审计质量的目的。价格发现只能在市场

---

① 肖钢 2015 年 1 月 15 日在全国证券期货监管工作会议上的讲话.《聚焦监管转型，提高监管效能》[EB/OL]. (2015 – 01 – 16) [2014 – 04 – 01]. http://www.cnstock.com/v_news/sns_bwkx/201501/3313504. htm.

条件下得以实现，监管机构无法也不可能清晰认知具体审计项目的成本结构，进而无法确定相对精确的定价标准。有研究发现，低价管制还有可能成为阻碍良性竞争、保护效率低下的会计师事务所的工具（王雄元、唐本佑，2004；段特奇等，2013），这背离了政策设计提高审计质量的初衷。

作为注册会计师审计制度激励机制的重要组成部分，审计费用是保证该制度能够不断自我实施，正常发挥信息鉴证功能，确保资本市场有效运行的必要条件（韩丽荣，2005）。合理的审计费用有助于激励注册会计师和会计师事务所按照注册会计师审计制度博弈规则切实、正确地履行职业责任，对上市公司进行有效监督，保证会计信息质量。如果审计费用无法补偿审计成本或者达不到有效的激励水平，则注册会计师审计制度就会失灵，无法向市场传递正确的信号，进而危及投资者等社会公众的切身利益。同时，审计报告所传递的信息具备公共物品属性，注册会计师审计不是单纯的市场行为，利润最大化也并非最合理的激励机制安排。因为一旦会计师事务所和注册会计师将利润最大化作为其目标，就可能为了利润与上市公司合谋，对会计信息进行虚假陈述，同样会影响注册会计师审计制度作用的发挥，导致制度失灵。正因如此，十分有必要对审计服务的合理定价以及审计费用与审计质量之间的关系进行深入细致的研究。

相关学者对审计费用和审计质量之间的关系进行了大量研究，但并未得出一致性的结论。一种观点认为，审计费用是注册会计师补偿其审计成本、获取报酬的基础，因此，高审计费用意味着注册会计师的审计投入较多，即高审计费用传递高审计质量的信号；低审计费用则有损于审计质量（DeAngelo，1981b；Francis，1984；Francis & Krishnan，1999；Francis et al.，2013）。约翰·海普（2002）认为，注册会计师省略审计程序，以减少审计成本，使自己获得额外的利润，或者在与其他注册会计师竞价时获取成本优势，这势必会导致审计质量的下降。布兰克利等（Blankley et al.，2012）研究发现，正向异常审计收费与被审计单位财务报表重述发生率之间存在负相关关系，这说明接受了较高审计费用的注册会计师提高了审计质量，降低了审计后财务报表存在重大错报的概率，但并未发现负向异常审计费用与审计质量存在显著的相关关系；另一种观点认为，高审计费用会致使注册会计师丧失独立性，允许被审计单位管理层进行违规操作，进而降低审计质量。如崔等（Choi et al.，2010）以及阿斯特汉纳和布恩

（Asthana & Boone，2012）研究发现，异常审计收费与可操控应计利润正相关，也即注册会计师在接受高审计收费的同时，容忍了高强度的盈余操纵。方军雄和洪剑峭（2009）以及段特奇等（2013）也发现，过高的审计收费不利于审计质量的改善。

本书认为，相关文献研究之所以在对审计费用或异常审计费用与审计质量之间的关系方面存在分歧，关键原因在于相关研究并未对正常审计费用和异常审计费用的概念进行清晰界定，未能以经济学理论为基础，对审计服务的特性及其定价机制进行深入分析和论证。此结果造成后续的经验研究缺乏相应的理论和数理依据，进而在进行实证分析时，无法对异常审计费用进行精确估计，致使不同的研究构建了不同的实证模型，因此，无法得到令人满意的实证结果。具体而言，此类探讨审计费用与审计质量之间关系的研究普遍存在以下不足。

首先，对于异常审计费用与审计质量之间关系的分析，相关研究也只是从审计合约绑定、客户与会计师事务所相对谈判能力等理论框架下进行思辨性的推理和分析，而却鲜有研究立足于审计服务的性质，以经济学理论为基础，深入分析审计费用对审计质量的影响。同时也少有研究通过构建恰当、严谨的数理模型或博弈模型对两者之间的关系进行推理，这必然会对异常审计费用与审计质量关系相关结论的可靠性造成一定程度的影响。

其次，相关研究在缺乏严谨的逻辑推演或数理分析的情况下，便将审计定价模型的回归残差作为异常审计费用的替代变量，研究异常审计费用与审计质量的关系问题。不可否认，这样的理论假设与变量替代方法，在相关研究的开始阶段，有其必要性与存在的合理性，但随着研究的深入，同时相关研究结论出现矛盾的情况下，很有必要对正常审计费用与异常审计费用的概念进行清晰界定，对异常审计费用产生的内在原因进行深入剖析，对异常审计费用的形成机理进行科学论证，唯有如此，才能更有效地增强所要构建的关于异常审计费用与审计质量关系的计量经济模型的可信度。如果仅凭直观的感受或简单的思辨分析，而非通过严格的数理分析和实证检验，就轻易地将审计定价模型的回归残差作为异常审计费用的替代变量，则以此研究异常审计费用与审计质量的关系所得结论的可靠性必然值得怀疑。

最后，在目前所有关于异常审计费用与审计质量关系的实证文献中，相关研究普遍只探讨了异常审计费用有助于提升审计质量或有损审计质量的问题，而鲜有研究更深入地分析异常审计费用对审计质量产生影响的机制性问题，即是否存在相关因素对异常审计费用与审计质量之间的关系发挥着调节作用，增强或者削弱两者之间的关系。本书认为，在分析异常审计费用与审计质量之间关系的基础上，进一步探讨相关调节变量对于两者关系的调节效应，不仅有助于发现异常审计费用影响审计质量的内在机理，同时从实践层面而言，这一研究发现可以为监管部门制定切实有效的监管措施提供一定的经验证据支撑。

由此，针对我国证券审计市场存在的乱象，以及过去相关研究的缺陷和不足，本书将对异常审计费用相关问题进行重新审视和深入分析，以审计定价机制—异常审计费用—审计质量为主线，试图通过严密的数理、博弈模型的推导以及严谨的实证分析过程，解决以下问题：（1）审计定价的经济学分析框架；（2）异常审计费用的形成机理；（3）异常审计费用对审计质量的影响。

1.1.2 研究意义

1.1.2.1 理论意义

以往有关审计费用、审计质量以及异常审计费用与审计质量关系的研究，获得了翔实的研究成果，但是众多的研究也存在一些不足和需要完善的地方。尤其是异常审计费用与审计质量的相关研究，结论存在严重分歧。结论分歧的原因可能是：理论层面的论证相悖、模型构建存在差异、样本选择以及代理变量存在差异等。同时，相关研究大多是基于西方成熟市场经济体制下的经验证据，虽然具有一定的理论意义、现实价值以及借鉴意义，但是这些经验证据所代表的结论并不能直接套用在中国市场。西方尤其是美国不仅在政治经济体制、经济发展水平、法制环境以及社会文化伦理背景与中国存在一定差异性，同时就证券审计市场而言，美国证券审计市场的集中度在98%左右，是一个审计服务供给方占主导地位的高寡头垄断市场结构，而中国证券审计市场则不然，审计市场集中度较低，价格竞争激烈，处于买方市场状态，而且审计市场的监管机制也与美国存在很大差异。简单地借鉴西方相关研究的相关假设和计量模型来研究中国问题，模型的适用性和结论的可靠性有待商榷。

为了探索中国这样新兴市场国家异常审计费用与审计质量的问题，有必要对审计费用的定价机制、异常审计费用的形成机理以及异常审计费用与审计质量之间的关系进行全面、系统和深入的分析。本书试图从信息经济学角度，以委托代理框架为基础，分析对称信息条件和非对称条件下的审计契约安排，进而探讨审计定价的合理区间，从而为界定异常审计费用奠定理论基础；然后通过分析审计悖论，指出异常审计费用存在的必然性和现实可能性，进而为分析异常审计费用与审计质量的关系提供依据。如此，从理论和数理模型层面对异常审计费用的形成机理进行了系统化的分析，进而利用中国 A 股上市公司数据对相关假设进行验证，以获取中国市场背景下的经验证据。这不仅丰富了审计费用、审计质量的相关研究成果，还为更好地理解新兴市场经济体制下的审计定价机制、异常审计费用形成机理以及异常审计费用对审计质量的影响提供了理论支持和经验证据，同时也探索了新的研究路径与研究方法。

1.1.2.2 现实意义

中国证券审计市场存在的价格失灵现象，一方面表现为以"低价揽客"为主要标志的低价恶性竞争，另一方面表现为高价诱惑会计师事务所达成审计合谋。虽然中国证券审计市场自重建以来，价格失灵现象一直以低价恶性竞争为主要表现形式，但并不排除高审计费用下审计合谋的存在。尤其是随着"做大做强"战略的推进，会计师事务所合并不断出现，本土大所市场实力逐步增强，在这种态势下，高审计费用购买"清洁"审计意见或者降低注册会计师对其盈余操控的行为会逐渐增多。因此，对于审计市场的监管，不仅要遏制低价竞争，同时还要防范高审计费用下的审计合谋。一直以来，市场监管部门对强制性审计业务实行政府指标定价，对强制性审计服务的最低价格进行限制，这对规范审计收费、打击低价恶性竞争、提高和保障审计质量起到了一定的作用。但低价管制目标在于遏制低价竞争，对高价购买审计合谋行为并未采取措施。同时，低价管制并不能完全消除审计市场的价格扭曲，也无法真正实现提高和保障审计质量的目的。有研究发现，低价管制很可能沦为阻碍良性竞争、保护效率低的会计师事务所的工具，进而背离提高审计质量的初衷。所以说低价管制只能够在一定程度上"治标"，但却非保障审计质量的"治本"之策。

首先，本书的研究试图获取异常审计费用——正向异常审计费用和负向异常审计费用，对审计质量的影响的经验证据，一方面，对审计服务低价管制政策效果进行评估；另一方面，对证券审计市场上高价审计费用是否意味着高质量审计服务问题提供答案。

其次，本书通过分析异常审计费用的形成机理，来探讨异常审计费用存在下的会计师事务所和被审计单位管理层的完全信息动态博弈均衡结果，利用经验数据检验异常审计费用对审计质量的影响，同时通过分析相关调节变量对两者关系的调节效应，以考察异常审计费用影响审计质量的机制性问题，从深层次上寻找遏制异常审计费用对审计质量损害作用的治本之策，以综合治理证券审计市场乱象，提高审计市场整体服务水平，确保会计信息质量，为投资者作出正确投资决策，并提供制度以及信息层面的支持。

最后，异常审计费用作为一个显著的信号，为监管部门对被审计单位与注册会计师共谋进行盈余操纵或审计意见购买以及会计师事务所低价揽客行为提供了一个监管手段，同时还为会计信息使用者提供了一个考察注册会计师审计质量的指标，会计信息使用者可以利用异常审计费用的状况对注册会计师审计质量和会计信息质量作出合理估计。

1.2 研究目的与研究方法

1.2.1 研究目的

基于以上分析，本书的研究目的是以异常审计费用为核心研究对象，以审计定价机制—异常审计费用—审计质量为逻辑主线，在对国内外文献和理论进行梳理的基础上，通过数理模型分析，构建可靠的实证模型，利用中国上市公司的相关数据，使用有效的统计和计量方法，完成相应的实证研究，以探究异常审计费用的产生原因与形成机理，辨析异常审计费用与审计质量之间的关系。力求通过本书的研究，深化有关审计费用与审计质量的相关研究，同时为优化证券审计市场环境、提升审计质量、保证会计信息可靠性等方面提供相关的经验证据和政策支持。具体目标如下。

（1）基于审计服务的特征和性质，对审计服务的定价展开经济学分析，探讨审计费用存在的合理区间。作为资本市场的一项基本经济制度，注册会计师审计通过对上市公司财务报表的鉴证意见，向资本市场上的利益相关者传递被审计单位财务报告信息是否存在重大错报的信号。审计报告作为注册会计师审计意见的载体，是一种信息产品，也即审计服务的产出是一种信息，从此角度而言，审计服务的定价具有信息产品定价的特点。同时，注册会计师鉴证意见的使用，具有非排他性和非竞争性的特点，注册会计师审计具有公共物品的属性，审计成本由公司承担，可以看作公司为公共物品提供缴纳的税赋，因此，从此角度而言，审计服务的定价应该符合公共物品定价的规律，审计服务的价格最低不能低于其成本，最高不能超出审计服务所引致的交易成本的减少量。因此，审计服务的合理价位，应该存在于这一区间内，通过对完全信息和不完全信息条件下的审计契约安排，推导审计费用的合理区间。

（2）基于审计服务的二重性与审计定价悖论，廓清异常审计费用的产生原因与形成机理。审计合约的三方关系，反映了审计定价的悖论。审计服务的需求方是包括股东（审计委托方）、债权人等在内的上市公司利益相关者，审计服务的供给方是注册会计师事务所也即注册会计师，审计服务购买方或审计费用的承担者是被审计单位即上市公司，审计服务的需求者与购买者存在不一致性，导致审计定价存在悖论，即审计定价的私人性与审计产品的公共性的矛盾。审计悖论的存在，决定了审计服务本身并不存在一个通过市场完全竞争进行服务定价的合理机制，使实际审计费用对正常审计费用的偏离成为可能；而中国的证券审计市场环境，又为异常审计费用的存在提供了现实条件。

（3）基于注册会计师与被审计单位管理层博弈的分析，探讨异常审计费用与审计质量之间的关系，并通过实证分析获取经验证据。分别构建负向异常审计费用与正向异常审计费用条件下的注册会计师与被审计单位管理层的完全信息动态博弈模型，探讨在中国市场环境下博弈模型的子博弈精炼纳什均衡解，进而分析异常审计费用与审计质量的基本关系，并以此提出异常审计费用与审计质量关系的基本假设。由于被审计单位与注册会计师或会计师事务所所处的内外部环境，均会影响注册会计师和会计师事务所的审计决策，因此为了更为深入地分析异常审计费用与审计质量之间的关系，在提出异常审计费用与审计质量之间关系的基本假设的基础上，同时还考察相关因素对两者之间关系的调节效应，以更深入地分析异常审计费用与审计质量之间的关系。以此分别构建实证模型，对相关假设进行检验，以获取经验证据。

1.2.2　研究方法

基于研究目的，为了更好地检验异常审计费用与审计质量之间的关系，首先，要对审计服务的定价机制分析，探讨审计费用的合理区间；其次，要对异常审计费用的形成机理及存在性进行分析；最后，分析和探讨异常审计费用与审计质量之间的关系，以及相关因素对两者关系的调节作用。以上问题无论是在理论论证、假设提出以及实证设计均面临较大挑战，为此本书拟采用以下研究方法，完成相应研究，以确保研究设计的科学性和研究结论的可靠性。

1.2.2.1　相关文献的档案研究法

本书使用档案分析方法，从审计费用的影响因素、审计质量的衡量指标及影响因素、异常审计费用与审计质量三个方面，对相关文献进行收集、整理和分析，通过梳理相关文献脉络、把握相关研究思路、比较相关研究结论，寻找相关研究的新视角、拓展相关研究内容与研究空间，对相关文献中所涉及的研究设计、研究方法、研究结论、研究不足以及研究展望等予以更好地把握。同时通过综合整理相关文献的内容和知识，为本书研究的展开提供了研究思路、研究方法以及研究结论的支持与佐证。

1.2.2.2　理论分析的数理分析法

在相关文献档案研究的基础上，将有关审计费用构成要素的理论加以搜集和汇总，并以委托代理理论框架为前提，采用数理分析法，分析对称信息、非对称信息条件的审计契约的安排，从而寻找审计定价的合理区间，为后续异常审计费用的界定提供标准。另外，在分析异常审计费用与审计质量关系时，分别构建负向异常审计费用与正向异常审计费用条件下的注册会计师与被审计单位管理层的完全信息动态博弈模型，探讨在中国市场环境下博弈模型的子博弈精炼纳什均衡解，分析异常审计费用与审计质量的基本关系，并以此提出异常审计费用与审计质量关系的基本假设。

1.2.2.3　假设检验的经验分析法

本书在数理分析和假设提出的基础上，将使用中国 A 股上市公司的经验数据，设计相应的实证模型，选取和采用相应的代理变量，运用科学的统计和计量方法，完成本书的实证研究，以此获取可靠的实证研究结论。在样本选取上，首先，虽然中国上市公司审计费用披露制度于 2001 年开始实施，但由于异常审计费用、盈余质量变量估计需要，本书采用的数据起点为 2003年，这样既利于相关变量的估计，同时也考虑了政策实施的过渡期，有利于数据的准确性和完整性；其次，在筛选数据时，考虑到金融行业的特殊情况，本书对金融行业上市公司进行了剔除；再次，为了更为精确地利用盈余质量对审计质量进行衡量，本书剔除了被出具非标准审计意见的上市公司样本，这样能够保证数据的精确性以及研究的严谨性；最后，本书还对相关数据残缺的上市公司样本进行了剔除。在数据处理上，对纳入实证分析的连续变量进行 1% 和 99% 的 Winsorize 截尾处理，以避免异常值对模型检验产生影响。在代理变量选取上，分别构建异常审计费用、正向异常审计费用以及负向异常审计费用三个主要研究变量，同时采用迪凯等（Dechow et al.，1995）给出的修正的琼斯模型（Modified Jones Model）计算的可操控应计利润、迪凯和迪切夫（Dechow & Dichev，2002）给出的可操控应计利润以及罗伊乔杜里（Roychowdhury，2006）给出的真实活动产生的可操控应计利润对审计质量进行替代，并在参考以往研究设计的基础上，设计调节变量，筛选其他控制变量。在模型构建方面，本书使用带有交互项的模型，利用分步回归分析法，分别检验异常审计费用、正向异常审计费用以及负向异常审计费用对相关被解释变量的影响，同时检验相关调节变量对异常审计费用与审计质量之间关系的调节效应。同时，还通过子样本分析、代理变量替换以及其他实证模型构建等方法进行进一步分析和稳健性检验，以确保实证研究结果的可靠性和有效性。

1.3 研究内容与研究框架

1.3.1 研究内容

本书研究聚焦于异常审计费用与审计质量之间的关系。为了弥补以往相关研究的不足，首先，本书在对国内外文献和理论进行梳理的基础上，依托委托代理理论框架，分析对称信息条件下与非对称信息条件下的审计契约设计，探讨审计定价的合理区间，进而对异常审计费用的形成机理进行阐释。其次，构建完全信息动态博弈模型，分析异常审计费用与审计质量的关系，寻找博弈均衡点，同时展开相关因素对异常审计费用与审计质量关系调节效用的分析。最后，建立相应的实证研究模型，利用中国上市公司相关数据，使用有效的统计和计量方法，完成相应的实证分析。力求通过本书的研究，深化有关审计费用与审计质量的相关研究，同时为优化证券审计市场环境、提升审计质量、保证会计信息可靠性等方面提供相关的经验证据和政策支持。

具体而言，本书研究内容安排如下。

第 1 章为绪论。对本书的研究背景、研究意义、研究目的、研究方法、研究内容以及创新点进行概括性的介绍。从我国注册会计师审计服务收费的市场管制入手，探讨审计费用对审计质量的影响以及审计费用管制的合理性与不足，同时通过文献引证发现，异常审计费用与审计质量之间关系的相关研究结论并不一致。因此，有必要对异常审计费用与审计质量之间的关系展开更为细致的研究，首先，研究异常审计费用和形成机理，以界定何为异常审计费用；其次，对异常审计费用与审计质量之间的关系进行数理分析；最后，在分析异常审计费用与审计质量关系的基础上，进一步分析相关因素对两者关系的调节效应，这将深化审计费用与审计质量的相关研究，同时为相关市场监管政策的设计和实施提供经验证据。

第 2 章依照审计定价—异常审计费用—审计质量的逻辑主线，对审计费用的影响因素、审计质量衡量指标及影响因素以及异常审计费用与审计质量等三个方面的文献进行逻辑性的梳理与回顾，为本书研究提供突破口。审计费用影响因素的研究，虽然涉及面广泛且深入细致，但由于缺乏对正常审计费用与异常审计费用的区分，因此，也就无法识别两者各自的影响因素以及综合性的影响因素。审计质量衡量指标以及相关影响因素的研究，为本书构建异常审计费用与审计质量的实证模型提供了替代变量、研究方法以及相关研究结论方面的支持。异常审计费用与审计质量关系的研究，相关文献的结论并不一致的原因，一方面，在于不同的研究利用了不同的审计费用模型对正常审计费用和异常审计费用进行分离；另一方面，不同的研究选取了不同的替代变量对审计质量进行衡量。因此，有必要在中国市场环境下，通过精确估计异常审计费用、设计科学的实证模型、多方面选取审计质量替代变量、多方法进行实证分析，深入细致地检验异常审计费用与审计质量的关系，以深化审计费用与审计质量的相关研究，同时为相关市场监管政策的设计和实施提供经验证据。

第3章对异常审计费用的形成机理进行了分析。在对异常审计费用、正向异常审计费用、负向异常审计费用等相关概念进行界定的前提下，首先，对我国证券审计市场的特征进行了分析。证券审计市场主要存在审计服务需求方、审计服务提供方、被审计单位以及审计市场监管者四种参与人，分析发现，证券审计市场上的审计产品不仅是一种服务产品，而且还具备公共物品的属性。其次，我国证券审计市场还存在集中度较低、处于买方市场状态等特征。再次，对证券审计市场上的审计定价进行分析，通过分析对称信息和非对称信息条件下审计契约的设计，确定审计定价或审计费用的合理区间，为异常审计费用的界定奠定基础。最后，通过对审计悖论的阐释，指出异常审计费用存在的理论可能性和现实条件，进而为分析异常审计费用与审计质量的关系提供依据。

第4章对异常审计费用与审计质量的关系进行了数理分析，并提出相关假设。分别构建负向异常审计费用与正向异常审计费用条件下的注册会计师与被审计单位管理层的完全信息动态博弈模型，探讨在中国市场环境下博弈模型的子博弈精炼纳什均衡解，进而分析异常审计费用与审计质量的基本关系，并以此提出异常审计费用与审计质量关系的基本假设。由于被审计单位与注册会计师或会计师事务所所处的内外部环境，均会影响注册会计师和会计师事务所的审计决策。因此，为了更为深入地分析异常审计费用与审计质量之间的关系，在提出异常审计费用与审计质量之间关系的基本假设的基础上，同时还考察会计师事务所声誉、会计师事务所变更、客户重要性程度、公司治理水平、公司产权性质、公司财务状况、法律环境七个相关因素对两者之间关系的调节作用，以更深入地分析异常审计费用与审计质量之间的关系。

第5章对实证研究设计进行了介绍。首先，为对本书研究假设进行验证，在相关文献研究的基础上，分别构建异常审计费用与审计质量关系的实证研究模型、正向异常审计费用与审计质量关系的实证研究模型、负向异常审计费用与审计质量关系的实证研究模型，以及包含调节变量与异常审计费用交互项的实证研究模型。其次，结合以往文献研究，给出本书研究的被解释变量、解释变量、调节变量以及控制变量的变量选取，相应代理变量的计算方法或模型，以及部分稳健性检验中所涉及的变量设计等。再次，介绍本书所使用数据的来源，根据本书研究模型以及变量设计和计算方法，进行数据搜集，按照相应的整理规则进行数据整理，并对本书研究样本的行业、年度等相关分布特征进行介绍。最后，给出本书实证研究所使用的统计和计量方法，以及实现这些研究所使用的计量软件。

第 6 章是本书研究的实证结果分析。首先，对本书实证研究所使用样本数据的主要代理变量进行描述性统计分析，在全样本描述性统计分析的基础上，分别从行业、年度两个方面重点对异常审计费用进行进一步的描述性统计分析，并利用相应的图形进行形象化说明。其次，对本书实证研究所使用的主要代理变量进行相关性分析和样本的分组检验，一方面，检验代理变量之间可能存在的关系；另一方面，检验相关子样本相应变量之间可能存在的差异，以简单验证所提出的研究假设、代理变量和子样本划分的可靠性和有效性。再次，对根据本书研究假设而设计的研究模型进行检验，验证相关研究假设成立的可能性，以及不同子样本之间检验结果的差异性。最后，为了确保研究模型的稳健性以及实证结果的可靠性，本书通过子样本分析、代理变量替换以及其他实证模型构建等方法对相关模型及结论进行稳健性检验。

第 7 章介绍了主要研究结论、相关政策建议以及本书研究不足及未来相关研究拓展。首先，总结本书数理分析和实证研究所获得的主要结论，即异常审计费用的存在，有损于审计质量，在不同的调节变量的影响下，异常审计费用对审计质量的损害程度存在强弱。其次，依据相关研究结论，提出本书的政策性建议，审计费用管制虽然在一定程度上遏制了证券审计市场的恶性价格竞争行为，但是并未达到保证审计质量的深层次效果。审计服务价格只能在市场竞争中形成，监管机构无法也不可能清晰认知具体审计服务的成本与价格，审计费用管制有可能成为限制良性竞争、保护提供低质量审计服务的会计师事务所的工具。从两个完全信息动态博弈的子博弈精炼纳什均衡以及相关实证结果来看，强化会计师事务所的法律责任、培育会计师事务所的声誉机制、提升上市公司治理水平等措施才是弱化异常审计费用对审计质量的损害，进而保证高质量审计服务的有效措施。最后，对本书研究所涉及的不足之处加以分析，尤其是对实证研究设计、代理变量选取、样本以及统计和计量方法等方面的问题，进行必要的说明。

1.3.2　研究框架

根据本书的研究内容，本书的研究结构按照研究内容的逻辑加以展开，具体研究框架如图 1.1 所示。

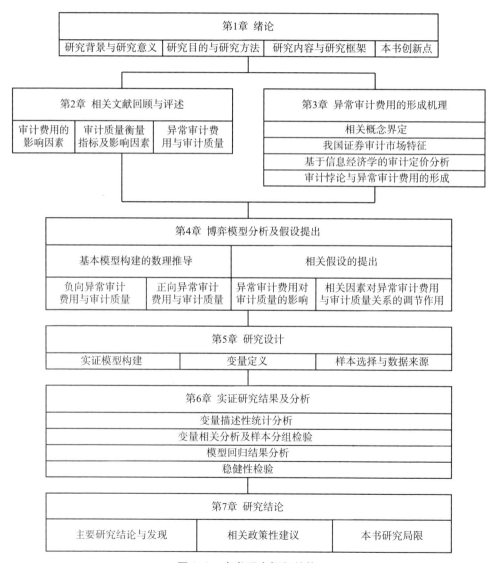

图 1.1　本书研究框架结构

1.4　本书创新点

本书是在以往有关审计费用、审计质量以及异常审计费用与审计质量等相关研究的基础上，进一步对异常审计费用的形成机理以及异常审计费用对审计质量的影响展开的研究。本书在以往相关研究的基础上，在以下三个方面实现了对相关研究的拓展与创新。

1.4.1　基于信息经济学分析异常审计费用的形成机理

以往相关研究在缺乏严谨的逻辑推演或数理分析的情况下，将审计定价模型的回归残差作为异常审计费用的替代变量，研究异常审计费用与审计质量的关系问题，并未分析异常审计费用的形成机理问题。本书认为，异常审计费用的产生与形成存在理论上的可能性与现实的必然性。首先，基于信息经济学理论，利用委托代理理论框架，通过分析对称信息和非对称信息条件下审计契约的设计，确定了正常审计费用的合理区间。研究发现，合理审计费用区间的下限是满足审计准则要求的固定收益、努力成本以及风险成本三者之和，区间上限为对称信息条件下最优审计契约中审计委托方所要支付给会计师事务所的审计费用，即固定收益与注册会计师最优努力水平下努力成本之和。合理审计费用区间为异常审计费用的界定提供了标准。非对称性的审计契约三方关系以及审计定价的私人性与审计产品公共性的悖论，决定了审计服务本身并不存在通过市场竞争形成合理价格的机制，实际审计费用偏离正常审计费用具备理论上的可能性，而中国证券审计市场缺乏高质量审计需求、低价竞争以及弱法律责任的市场环境为异常审计费用的存在提供了现实条件，最终导致了异常审计费用的产生。

1.4.2　从价格—质量角度构建博弈模型分析异常审计费用对审计质量的影响

以往对于异常审计费用与审计质量关系的相关研究，只是从审计合约绑定、客户与会计师事务所相对谈判能力等理论框架下进行思辨性的推理和分析，而却鲜有人构建恰当、严谨的数理模型或博弈模型对两者之间的关系进行证明。本书认为，审计服务作为一种服务产品和公共物品，其定价机制不同于实物商品。实物商品的价格是质量的反映，价格几乎不对质量产生影响；而审计服务作为一种先定价后服务的活动，导致注册会计师可以按照效用最大化原则选择行动策略，进而直接影响审计服务的质量。进一步，本书通过构建上市公司与会计师事务所之间的完全信息动态博弈模型，研究异常审计费用存在的情况下博弈双方的行动和策略，在分析博弈均衡的基础上探讨异常审计费用与审计质量的关系。博弈分析结果显示，在中国的市场环境下，负向异常审计费用的存在不仅会导致会计师事务所对客户的专用性审计投入不足，同时还会对注册会计师的独立性造成威胁，因此，负向异常审计费用的存在有损于审计质量。同样，正向异常审计费用并不以审计质量溢价的形式存在，而是购买"清洁"审计意见或降低注册会计师对财务报表盈余操纵容忍度的对价，这表明正向异常审计费用的存在同样会损害审计质量。

1.4.3 构建调节效应实证模型分析异常审计费用影响审计质量的机制性问题

在目前关于异常审计费用与审计质量关系的实证文献中，研究普遍探讨了异常审计费用有助于提升审计质量或有损审计质量的问题，而鲜有研究更深入地分析异常审计费用对审计质量产生影响的机制性问题，即是否存在相关因素对异常审计费用与审计质量之间的关系发挥着调节作用，增强或者削弱两者之间的关系。本书在分析异常审计费用与审计质量之间关系的基础上，从审计服务供给方、审计服务购买方以及证券市场法制环境三个角度分别探讨相关因素对于两者关系的调节效应。研究发现，在不同的调节变量的作用下，异常审计费用对审计质量的影响程度不同。这说明异常审计费用对审计质量的影响路径和效应会因外部约束条件的变化而发生相应变化，尤其是注册会计师声誉、公司治理水平以及法律环境对两者关系的调节效应最为明显。这一结论与发现，为改善异常审计费用与审计质量之间的关系，促进审计质量提升提供了可能性路径和经验证据。

第 2 章

相关文献回顾与评述

2.1 审计费用的影响因素

审计费用是对审计服务需求、审计服务生产成本、会计师事务所战略定位和竞争策略以及审计市场结构等复杂关系的综合反映。具体而言，审计服务需求取决于被审计单位即客户的各项属性，审计服务的生产成本依赖于为特定客户提供审计服务的生产要素的成本，尽管信息技术在审计服务的生产过程中得以广泛应用，但审计服务的主要生产要素仍是劳动。而会计师事务所的战略定位和竞争策略与其审计方法、审计技术以及审计产品生产要素的成本相关。审计市场结构则是会计师事务所、被审计单位等利益相关方市场力量相互博弈的结果。本节基于此逻辑关系，展开对审计费用影响因素的相关文献综述。

2.1.1 审计费用模型及其特征变量

审计费用是审计投入（劳动时间、成本等）的函数（Simunic，1980）。西莫尼奇（Simunic，1980）对审计费用模型进行了经典性的论述。研究认为，注册会计师的审计成本由直接产出成本和预期损失两部分构成；在审计质量可以用会计师事务所的品牌声誉进行替代以及细分市场范围内审计市场完全竞争这两个特定假设下，预期审计成本等同于审计费用；同时分析认为，客户属性是审计过程以及产出成本因素的有效替代变量。之后大量相关文献展开了对审计费用模型的研究。

海等（Hay et al.，2006a）将审计费用模型的特征变量归纳为客户属性变量、会计师事务所属性变量以及审计契约属性变量三类。根据海等（Hay et al.，2006a），客户属性变量对审计费用有本质上的影响：客户规模是影响审计费用最为重要的因素，业务复杂度、固有风险与审计费用正相关，而被审计单位的盈利能力与审计费用负相关，杠杆通常与审计费用正相关；其他重要的客户属性即内部控制质量以及公司治理状况对审计费用的影响，研究并未得出一致的结论。会计师事务所属性变量的检验显示国际大所与高审计费用相关联。契约特征包括审计问题的存在，例如，发表非标准审计意见等，结果显示，非标准审计意见与审计费用正相关，持续经营审计意见也与审计费用呈正相关关系。

2.1.2 客户属性与审计费用

2.1.2.1 客户规模

审计费用最为重要的影响因素是客户规模。客户规模直接影响审计的投入，即审计时间和审计成本，进而影响审计费用，因此，预期客户规模与审计费用存在正相关关系（Simunic，1980）。客户规模经常用客户总资产进行替代（Palmrose，1986；Davis et al.，1993；O'Keefe et al.，1994；Gul & Tsui，2001；Johnstone & Bedard，2001；伍丽娜，2003；韩厚军、周生春，2003；朱小平、余谦，2004；李寿喜，2004；张继勋、徐奕，2005；李补喜、王平心，2005；Abbott，2006；Bell et al.，2008；Charles et al.，2010；Schelleman & Knechel，2010；Sohn，2011；高雷，2012）。也有相关研究用客户营业收入对客户规模进行衡量（Hackenbrack & Hogan，2005；Knechel et al.，2009）。相关研究均发现，客户规模与审计费用存在明显的正相关关系，且资产对审计费用的解释力在 70% 以上（Hay et al.，2006a）。但与大规模企业相比，小企业规模对审计费用的解释力较低（Bell et al.，1994）。这些文献的研究均说明，客户规模是审计费用模型的关键解释变量。

2.1.2.2　客户业务复杂度

研究认为，客户的业务复杂度越大，审计难度越大，注册会计师需要投入的审计时间和审计成本越大，就会导致审计费用增加（Simunic，1980；Hackenbrack & Knechel，1997）。客户的一些属性变量与其业务复杂度直接相关，如公司运营范围、子公司数、公司运营部门地理分布、海外资产的占比以及多元化经营等。一般而言，客户业务复杂度越大，审计投入越多，审计费用越高（Davis et al.，1993；O'Keefe et al.，1994；Bell et al.，1994；Davidson & Gist，1996；Bell et al.，2001；Dopuch et al.，2003；韩厚军、周生春，2003；朱小平、余谦，2004；张继勋、徐奕，2005；Blokdijk et al.，2006；Knechel et al.，2009；张铁铸、沙曼，2014）。

2.1.2.3　客户风险程度

对于客户风险，当前研究主要检验固有风险、控制风险以及舞弊风险对审计费用的影响。审计风险模型表明，风险越高，审计所要投入的时间和审计测试的范围越大，测试程度越广泛和深入，因此，引致审计费用提升（Simunic，1980；Stice，1991）。其中风险最大的两个领域是存货和应收账款（Simunic，1980；Newton & Ashton，1989），因此，经常用存货、应收账款或者两者之和在总资产的占比来衡量固有风险；其他衡量固有风险的变量有以下几种，注册会计师所判断的客户综合风险、资产负债率、资产流动性、是否存在债务契约、是否公开上市、是否盈利、盈余管理程度以及公司年龄、所处行业等。

对于固定风险对审计费用的影响，实证结果并不一致，一些研究发现，风险导致了审计费用的增加（Bell et al.，1994；Stein et al.，1994；朱小平、余谦，2004；Bell et al.，2008；邱学文、吴群，2010），而也有研究发现两者之间的关系并不显著，如张继勋、徐奕（2005）和薛勒曼和科涅克（Schelleman & Knechel，2010）发现，存货与应收账款之和占总资产比例与审计费用没有显著相关关系。是否为上市公司、高杠杆、是否有债务契约与审计费用正相关（O'Keefe et al.，1994；Johnstone & Bedard，2001，韩厚军、周生春，2003）；而贝尔等（Bell et al.，2008）和科涅克（Knechel et al.，2009）却发现不相关；高雷（2012）发现，对于金融行业而言，资产负债率与审计费用负相关。这说明注册会计师对客户风险的反应会因审计契约的不同而不同，并非一成不变。

客户的盈利能力在一定程度上反映当客户存在经营危机时会计师事务所潜在风险损失的程度（Simunic，1980），通常预期经营业绩差的企业，会计师事务所会面临更大的风险，因此，要求客户所支付的审计费用相应较高。主要有两个衡量营运绩效的指标，盈利比率（ROA 或 ROE）以及客户当期是否亏损。伍丽娜（2003）发现，ROE 的变动与审计费用存在显著相关性；张继勋、徐奕（2005）和薛勒曼和科涅克（Schelleman & Knechel，2010）发现，ROA 或 ROE 审计费用的关系并不显著，但相关研究均支持客户是否亏损对审计费用有显著关系，即存在亏损企业的审计费用相应较高。以应计质量衡量的盈余管理或盈余操纵也是反映固有风险的变量，研究发现，其与审计费用正相关（Defond et al.，1998；Bedard & Johnstone，2004；Schelleman & Knechel，2010；赵国宇，2011；曹琼等，2013）。另外相关研究还发现，客户资产公允价值计量属性的应用会增加，一方面，会增加审计验证的工作量；另一方面，增加客户盈余操纵的机会和空间，导致审计风险加大，进而会导致审计费用增加（Ettredge et al.，2009；朱松等，2010；马建威等，2012；Goncharov et al.，2014；郝玉贵等，2014）。

审计理论认为，控制风险会影响审计投入，进而影响审计费用。相关研究主要分析了以下几个与控制风险相关的因素，企业所有权形式、公司治理状况以及内部控制质量等。企业的所有权形式是审计费用的影响因素之一，会影响企业的代理成本以及企业风险。通常情况下，方等（Fan et al.，2007）发现，倾向于支付高审计费用，聘请国际大会计师事务所进行审计。国内有研究发现，国有控股的上市公司的审计费用显著低于民营上市公司的审计费用（张奇峰等，2007；郭风岚、李明辉，2009；刘霞、刘峰，2013），但同时也有研究结果表明，会计师事务所对国有上市公司收取的高审计费用（蔡吉普，2007）。由于审计程序对组织内部控制环境的差异性极为敏感（Knechel，2001），进而预期内部控制质量会影响审计费用。尽管早期研究（Bell et al.，1994；O'Keefe et al.，1994；Hackenbrack & Knechel，1997）并没有发现内部控制质量对审计费用存在显著影响，但随着萨班斯法案的实施，相关研究开始发现，在控制其他因素的前提下，会计师事务所对存在内部控制缺陷的公司收取了更高的审计费用（Raghunandan & Rama, 2006; Hoitash et al. , 2008; Hogan & Wilkins, 2008; Hay, 2010)。国内相关研究也发现, 对于存在内部控制缺陷的公司, 会计师事务所增加了审计程序, 审计费用中包含了一定的审计风险溢价, 进而审计费用偏高 (张敏、朱小平, 2010; 戴捷敏、方红星, 2010; 盖地、盛常艳, 2013; 牟韶红等, 2014; 李越冬等, 2014)。关于公司治理水平对审计费用的影响, 相关研究并未取得一致的结论。有研究发现, 在控制其他相关因素的情况下, 独立董事占董事会人数比例、审计委员会中财务专家占比, 以及董事会规模均与审计费用显著正相关 (Lipton & Lorsch, 1992; Carcello, 2002; Abbott et al. , 2003; Hay, 2010); 而蔡吉普 (2007) 却发现, 良好的公司治理机制能够有效降低审计费用。海 (Hay, 2010) 发现, 总经理与董事长一人兼任与审计费用不存在显著相关关系。

2.1.3　会计师事务所市场策略与审计费用

审计费用会受到会计师事务所市场策略的影响, 这些策略的目的是增加市场份额或招揽新客户。会计师事务所的市场策略主要包括低价揽客、非审计服务以及行业专门化等。

2.1.3.1　低价揽客

低价揽客是指会计师事务所通过接受低于老客户审计费用或者低于审计真实成本的价格, 以获得新审计客户的市场竞争策略。低价揽客作为一种市场竞争策略招揽客户在文献中得到了验证 (DeAngelo, 1981a)。

大量实证文献发现, 随着审计师的更换, 审计费用立即降低, 为首期审计费用打折提供了证据 (Simunic, 1980; DeAngelo, 1981b; Simon & Francis, 1988; O'Keefe et al. , 1994; Chaney et al. , 2004; Huang et al. , 2007; 韩洪灵、陈汉文, 2012)。不过也有文献认为, 首期打折现象并不明显 (O'Keefe et al. , 1994; Butterworth & Houghton, 1995; Craswell & Francis, 1999), 刘成立、张继勋 (2006) 也认为, 中国审计市场不存在明显的低价揽客现象。另外, 截面数据分析发现, 费用打折的程度随着新的审计任期的增加而降低, 然而这一结果并没得到所有研究的支持, 这说明审计费用打折模式是逐年变化的 (Walker & Casterella, 2000; Sankaraguruswamy & Whisenant，2009；Ghosh & Lustgarten，2006）。

研究发现，客户的属性变量诸如规模、风险、盈利能力以及会计师事务所规模与初始审计费用打折相关。大规模会计师事务所的初始审计费用要高于中小规模会计师事务所，而与大规模会计师事务所相比，小规模会计师事务所的费用打折程度更大（Ghosh & Lustgarten，2006；Ghosh & Pawlewicz，2009；Huang et al.，2009）。另外，内部控制质量较低的客户更倾向于接受初始费用打折（Huang et al.，2009）。不管规模大小，会计师事务所对亏损客户的审计费用打折较少（Ettredge & Greenberg，1990）。克拉斯维尔和弗朗西斯（Craswell & Francis，1999）还发现，若被审计单位并非"向上"更换会计师事务所，如由"四大"变为"非四大"，则客户属性（如规模、长期债务、近三年是否亏损以及非审计服务等）对初始审计费用打折并没有显著影响。

2.1.3.2 非审计服务

会计师事务所的另一个营销策略是在签订审计合同时，打包提供非审计服务以扩大服务范围。同时提供审计服务和非审计服务有损注册会计师的独立性，但由于注册会计师可以通过非审计服务获得可用的知识，这样反而有助于提升审计服务的效率和效益（Beck et al.，1988）。当两种服务共享一个生产投入时，联合生产将节约审计成本。西莫尼奇（Simunic，1984）认为，共同提供审计和非审计服务能够提高生产效率，因为两种服务都需要客户的相关知识。该结论表明，购买审计和非审计服务的客户要比只购买审计服务的客户要支付更高的审计费用。这个结果支持了知识溢出效应的存在，知识溢出效益能够有效地降低边际审计成本，促使客户从整体上购买更多的服务。这一解释引起了相关学者的广泛争论。帕莫斯（Palmrose，1986）发现，从不同会计师事务所购买审计与非审计服务的客户的两种费用存在正的关系，这个发现表明，不论提供者是谁，一些公司都购买了更多的审计和非审计服务。这一结果与阿普杜·勒哈里科（Abdel‑Khalik，1990）知识溢出效应导致低成本的结论一致，但帕莫斯（Palmrose，1986）发现，只购买审计服务和共同购买审计和非审计服务的客户在审计费用上有明显区别。

非审计服务和审计服务生产之间的关系的研究结论并不一致，大量的研究并没有发现非审计服务与审计劳动时间和劳动分配之间有显著的关系（Davis et al.，1993；O'Keefe et al.，1994；Stein et al.，1994；Dopuch et al.，2003；Blokdijk et al.，2006；Schelleman & Knechel 2010）。一些研究者认为，由于遗漏了共同影响客户对审计和非审计服务需求因素变量，导致了审计和非审计服务之间的关系简单化。怀森昂等（Whisenant et al.，2003）认为，审计服务和非审计服务之间内生性的存在是导致单方程的审计费用模型存在偏误与估计参数不可靠的重要原因，因而需要利用联立方程检验审计费用和非审计费用。怀森昂等（Whisenant et al.，2003）以及海等（Hay et al.，2006b）利用联立方程检验发现两者之间并不存在关联关系，而安特尔等（Antle et al.，2006）利用联立方程却发现两者之间存在显著的关联关系。

两者之间不一致证据的另一种解释是，不同的非审计服务类别和审计服务之间的相互关系不同。研究通常将非审计服务分为税务咨询服务和管理咨询服务。由于财务报告包含了税务服务的结果，因此，提供审计服务和提供税务服务的人员的相互关系较为显著（Maydew & Shackelford，2007）。相关研究证明，在税务咨询服务和审计服务之间确实存在知识溢出效应（Kinney et al.，2004；Robinson，2008）。科涅克（Knechel et al.，2012a）指出，税务咨询服务降低了注册会计师的审计效率，但是管理咨询并没有这种效果。另外，盖雷梅尼克（Gaeremynck et al.，2010）对比利时的数据分析结果却表明，管理咨询并没有提高审计效率。

2.1.3.3　行业专门化

会计师事务所另一个吸引客户或者获得高审计费用的市场策略是根据客户所处的市场特性的不同，提供不同的审计服务（Mayhew & Wilkins，2003）。行业专门化战略经常被看作提供高质量审计服务的象征（Simunic，1980；Klein & Leffler，1981；Owhoso et al.，2002；Low，2004），这种服务能够满足客户或投资者对于提高财务报表质量的要求（Krishnan，2003；Dunn & Mayhew，2004）。与没有行业特长的会计师事务所相比，这种策略有助于具有行业专长的会计师事务所能够提高与现任以及潜在客户的谈判力，进而获得审计费用溢价。行业专门化有助于提升会计师事务所的声誉，而声誉好是审计质量高的一种体现（DeAngelo，1981b；Klein & Leffler，

1981）。从理论上，获得声誉能够巩固正向的反馈机制，行业专家能够获得竞争性优势和更强的市场力量，反过来能够进一步支撑行业专家获得审计费用溢价（韩洪灵、陈汉文，2008；苏文兵等，2010；Hay & Jeter，2011；李爽等，2011；张铁铸、沙曼，2014）。另外，行业专门化也意味着能够实现规模经济，因此，带来更高的审计效率（刘明辉、徐正刚，2005；Cairney & Young，2006）。如果会计师事务所在提供审计服务时实现了规模经济，那么这种生产效率可以合理地体现为审计费用折价（Craswell et al.，1995；Mayhew & Wilkins，2003；李眺，2003；Casterella et al.，2004；Cahan et al.，2008）。总之，研究发现，行业专家有经济动机实现费用的折价或溢价，这很难从经验数据角度区分这两种冲突的动机。

2.1.4 市场状况与审计费用

审计市场的结构也与审计定价高度相关。简言之，市场状况包括市场集中度与影响审计费用的行业监管。西莫尼奇（1980）试图评价审计服务市场是否是竞争性的。之后，大量的研究调查审计市场集中度对市场竞争的影响，相关研究发现，尽管存在高度和不断增强的集中度，审计市场总体上还是竞争性的。同时相关研究发现，审计准则以及市场监管对审计市场结构以及审计费用存在影响。

2.1.4.1 市场集中度与市场竞争

审计服务市场集中度的增加可以使会计师事务所获得相对于客户而言更大的定价权，这将导致会计师事务所获得经济租。斯提格利茨（Stiglitz，1997）认为，随着市场上可供选择数量的减少，搜寻成本随之降低，进而导致对手之间的竞争将更为激烈；在这样的市场环境下，竞争导致定价趋近于边际成本。这一理论经常用来支持关于会计师事务所合并效应的研究，事务所合并尽管导致市场集中度增加，但是更少的大会计师事务所之间的竞争更为激烈。竞争的增加会使大会计师事务所更容易实现规模经济，能够保持更低的价格优势（Christiansen & Loft 1992；Ivancevich & Zardkoohi，2000；Sullivan，2002；Pong & Burnett，2006；王雄元等，2014）。

西莫尼奇（1980）检验了竞争与审计服务定价之间的关系，研究发现，审计服务市场存在大客户与小客户的市场分割问题，小客户对会计师事务所有更大的选择权，而大客户则不然；因此，在大会计师事务所垄断定价的情况下，大客户将支付审计费用溢价，而小客户则不然。一些研究发现，在大客户以及小客户的分割市场上均存在费用溢价（Francis，1984；Chan et al.，1993；Anderson & Zéghal，1994；Gul，1999；Su，2000；Chen et al.，2007）。美国政府问责局（GAO，2008）则调查发现，在美国审计市场上，市场集中度对审计服务价格并不存在显著影响。吴溪和张俊生（2012）以及卡斯特雷拉（Casterella et al.，2013）则发现，审计费用溢价主要源自专业化优势，地区市场优势地位并不能给会计师事务所带来显著的经济回报。王雷、刘斌（2014）则发现，中国审计市场集中度对审计费用的影响呈区域差异化特征，东部地区市场集中度与审计费用正相关，而西部地区市场集中度与审计费用负相关。

2.1.4.2 审计准则的角色和监管措施

审计准则对审计费用的影响是显著的。随着审计准则的复杂化，审计投入随着审计程序的复杂化而增多，进而导致更高的审计费用。这种影响在美国 1987 年新准则发布实施（Menon & Williams，2001）以及萨班斯法案的引入（Griffin & Lont，2007；Hoitash et al.，2008；Ghosh & Pawlewicz，2009；Huang et al.，2009；Salman & Carson，2009）中表现得更为显著。同时也有证据显示，IFRS 的实施也导致了审计费用的增加。于李胜、王艳艳（2010）研究发现，中国审计市场上的补充审计制度给部分会计师事务所带来了高审计收入。胡南薇和曹强（2011）发现，新准则的颁布实施，会计师事务所对财务报表风险程度的认知提高，进而导致了审计费用的增加。

另外，审计行业某些方面管制的放松。例如，取消对事务所广告和宣传的限制等，带来事务所之间更为广泛的竞争和更低的审计费用（Crittenden et al.，2003；Willekens & Achmadi，2003；Pong，2004；Behn et al.，2009）。但海和科涅克（Hay & Knechel，2010）发现，取消管制允许广告影响导致了更高的审计费用，而直接询价则导致较低审计费用。布恩等（Boon et al.，2005）发现强制招标的推行等增加竞争的管制则带来较低的审计费用。

2.1.5 审计费用影响因素相关研究的文献评述

以上大量文献从客户属性、会计师事务所市场策略以及市场监管三个方面对审计费用的相关影响因素进行了理论或实证方面的分析，这为明确审计费用的影响因素以及审计价格的形成机制提供了理论和经验数据支持。但由于实际审计费用可能由两部分构成，一部分是正常或合理的审计费用，另一部分属于异常的审计费用，是低于正常审计费用或者高于正常审计费用的部分。大量文献虽然也从低价竞争、审计费用折扣、审计意见购买等方面对审计费用的异常变动进行了相关研究，但仍缺乏对正常或合理审计费用与异常审计费用的区分与界定，进而无法清晰识别两者各自的影响因素，同时也无法系统地对异常审计费用的形成机理进行阐释与论证。本书正是针对以上研究不足，以相关研究为基础，利用委托代理理论框架，推导正常审计费用的合理区间，进而对异常审计费用的形成机理进行分析和阐述。

2.2 审计质量衡量指标及影响因素

注册会计师审计制度是在资本市场中保护社会公众利益的一项独立的社会监督制度，高质量的审计对于保证会计信息的公允可靠，弥补资本交易中价格机制的失灵有着极为重要的作用（韩丽荣，2005）。独立性是注册会计师执行审计业务的内在要求，是影响审计质量的关键性因素，同时也是判断审计质量高低的基本标准。但由于审计质量与独立性存在不易观测性与不易量化性，因此，需要依赖其他途径与方法来推测审计质量的高低，这促进了众多审计质量衡量指标的出现。本节将以这一脉络，对审计质量的定义、审计质量的衡量指标以及审计质量的影响因素展开综述。

2.2.1 审计质量的定义

对于不同的利益相关者，审计对其有不同的意义，进而审计质量也存在不同的定义。早期研究者将审计质量定义为取决于注册会计师特定属性的产出结果。迪安吉洛（DeAngelo，1981b）认为，审计质量是注册会计师发现被审单位会计系统中某一特定违约行为并对已经发现的违约行为进行报告或披露的联合概率；注册会计师发现，被审计单位会计系统违规的概率被定义为注册会计师的专业胜任能力，而注册会计师报告违约行为的概率定义为注册会计师的独立性。即审计质量有注册会计师专业胜任能力与审计独立性的综合产物。

另外，有相关文献从注册会计师审计目标以及审计过程中的责任角度定义审计质量。例如，国际审计准则（2012）注册会计师审计目标是对财务报表整体是否不存在由于舞弊或错误导致的重大错报获取合理保证，若审计后的财务报表信息仍存在重大错报，则认为是低质量审计。另一些相关研究则聚焦于舞弊检测和财务报表结果，认为高质量审计能够有效地发现财务舞弊，以提高财务报表信息的可信赖程度（Chan & Wong，2002；Gul et al.，2002；Behn et al.，2008；Chang et al.，2009）。还有研究认为，审计质量与审计工作投入相关，即高投入的审计即为高质量审计（Carcello et al.，2002）。

2.2.2 审计质量的衡量指标

如上所述，不同的视角下审计质量有不同的定义，而在实证研究中衡量审计质量，更面临着审计质量不能直接观测的问题。只有注册会计师或会计师事务所才能直接观察到审计工作的真正质量，而财务报表使用者或者学术界研究者只能通过替代变量对审计质量进行衡量（Francis，2004）。

审计质量的替代变量，主要有两种，即二分变量和连续变量（Francis，2011）；也可以分为输出型变量和输入型变量（Woodland & Reynolds，2003）。二分变量主要从审计后财务报表是否存在重大错报来对审计质量进行衡量，而连续变量则考虑的是审计质量的分布规律，即审计质量可以由低到高连续变化（Francis，2011）。输入型变量是将审计投入，如审计时间、注册会计师或会计师事务所属性、审计费用等看作审计质量的函数，进而从输入变量角度衡量审计质量；而输出型变量则是将审计后财务报表的质量作为审计质量的替代性变量。由于不同的实证文献对审计质量的替代变量进行不同路径的处理，本节只对主要的、常见的替代变量进行综述。

2.2.2.1 非标准审计意见

如果注册会计师判断被审计单位的财务报告未按照适用的财务报告编制基础进行编制而存在重大错报的情况下，注册会计师应当发表保留意见甚至否定意见。当其他条件一定时，注册会计师独立性受损的结果是其发表非标准审计意见的概率下降（DeAngelo，1981b），这说明注册会计师独立性与发表非标准审计意见之间存在负相关关系（Hardies et al.，2014），因此，注册会计师发表非标准审计意见的概率可以用来衡量审计质量（Sharma & Sidhu，2001；DeFond et al.，2002；刘明辉，2003；徐浩萍，2014；Hay et al.，2006b；Lim & Tan，2008；Li，2009；Ye et al.，2011；唐跃军，2011；龚启辉等，2011；宋衍蘅、付皓，2012；曹强等，2012；贺建刚等，2013）。但需要指出的是，这一替代变量更适用于注册会计师独立性重于其胜任能力或者假定注册会计师的胜任能力不变的条件下。

另外，注册会计师发表持续经营审计意见的概率也可作为衡量审计质量的替代变量。当注册会计师具有更强独立性而提供更高质量审计服务时，更可能对被审计单位的持续经营状况表示怀疑，而导致发表持续经营审计意见的概率上升（DeFond et al.，2002）。发表持续经营审计意见的概率有时也作为衡量注册会计师胜任能力的替代变量，通过评估注册会计师未发表持续经营审计意见而被审计单位随后破产的概率，可以评价注册会计师的胜任能力，进而可以衡量审计质量（Knechel & Vanstraelen，2007）。

2.2.2.2 会计师事务所规模

将会计师事务所规模作为审计质量的替代变量在实证研究中十分常见。基于大规模会计师事务所从客户方所获得的准租较多，而面临着较高的声誉风险的观点（DeAngelo，1981b），许多研究区分大会计师事务所与中小会计师事务所，如国际"四大"和非国际"四大"（Bauwhede et al.，2003；Krishnan，2003）。许多实证文献发现，利用其他不同的模型估计审计质量，发现由国际"四大"所执行的审计具有较高的质量，这说明会计师事务所规模作为审计质量的替代变量是有效的（Francis，2004；漆江娜等，2004；DeFond & Francis，2005；于鹏，2007；Lin & Hwang，2010；

Lennox & Pittman，2010；陈朝龙、李军辉，2013）。除了实证结果支持这一衡量指标外，从直觉上看，大规模会计师事务所具有更多的专业诀窍、更多的人力资源以及跨国的大型审计网络等。从这一观点看，行业专长或有经验的注册会计师也可以作为高质量审计的替代变量，会计师事务所在某个行业拥有较多客户，说明它拥有关于这个行业更多的专业知识，熟悉和了解与该行业相关的特定风险等，因此，具备提供高质量审计的条件（De-is & Giroux，1992；Coate & Loeb，1997；Hogan & Jeter，1999）。但国内有研究对国际"五大"或"四大"作为审计质量替代变量的有效性提出质疑。相关研究认为，在我国缺乏高审计服务质量有效需求的市场环境下，低法律风险导致国际"五大"或"四大"并未提供高质量的审计服务（刘峰、许菲，2002；刘峰、周福源，2007；郭照蕊，2011）。

2. 2. 2. 3　财务报告重述

财务报告重述通常用作衡量会计信息质量和审计质量（Raghunandan et al.，2003；Kinney et al.，2004；Agrawal & Chadha，2005；曹强、葛晓舰，2009）。被审计单位管理层的责任是准备财务报表，注册会计师的目标是针对财务报表是否不存在重大错报进行鉴证并发表意见。如果注册会计师对财务报表发表了标准无保留审计意见，之后被审计单位由于报表存在错报而重新发布财务报表，则认为注册会计师有可能发表了错误的审计意见，则其审计质量较差。由于审计质量与财务报表质量之间的关系是明确的，因此，将财务报告重述作为审计质量的替代变量是可行的，而且相关研究发现，财务报告重述与利用其他指标衡量的审计质量之间确实存在一定联系，这在一定程度上支持了该变量的有效性（Raghunandan et al.，2003；Abbott et al.，2004；王霞、张为国，2005；Hribar et al.，2010）。

2. 2. 2. 4　审计诉讼发生率

注册会计师的诉讼发生率，即诉讼风险，也可以作为审计质量的替代变量。会计师事务所涉及的诉讼数量可以用来衡量该会计师事务所的审计质量（Palmrose，1988）。基于此，高诉讼风险很可能导致低质量的审计。然而，利用审计诉讼风险作为审计质量的替代变量，多出现在市场经济发达的国家相关文献中（Vanstraelen，2000；Tagesson et al.，2006），因为审计诉讼在国内相对减少，数据的可获得性较低，指标测量受到局限。

2.2.2.5 盈余质量模型

除了以上用二分变量衡量审计质量的替代变量外，盈余质量是目前最多用于衡量审计质量的连续性变量。盈余质量是会计信息质量的主要表现形式，而会计信息质量是注册会计师审计服务的输出型变量，因而，盈余质量作为审计质量的替代变量具有合理性。为了揭露盈余管理，有必要区分非操控应计利润和可操控应计利润。可操控应计利润通常用作盈余管理，而非操控应计利润通常源自企业经营。可操控应计利润数额越大，盈余管理的程度越高，意味着审计质量越低。

估计可操控应计利润的模型最早是由琼斯（Jones，1991）提出的琼斯模型（Jones Model），该模型用时间序列数据进行估计，但由于回归系数缺乏解释力以及没有考虑公司的特殊因素，而导致该模型受到批评（Dechow et al.，1995；Francis et al.，2005；Hoitash et al.，2007）。针对 Jones Model 的缺陷，在 Jones Model 的基础上相关研究提出了不同的估计可操控应计利润的模型。如迪凯等（Dechow et al.，1995）的修正的琼斯模型（Modified Jones Model），将应收账款作为一个回归因子，假定应收账款的变化是盈余管理的结果。迪凯等（2003）提出的前瞻性琼斯模型（Forward Looking Jones Model）通过增加回归变量扩展了琼斯模型（Modified Jones Model）。科塔里等（Kothari et al.，2005）将总资产报酬率作为模型的一个解释变量，提出了业绩调整琼斯模型（Performance Adjusted Jones Model）。国内文献如陆建桥（1999）以及章永奎、刘峰（2002）根据中国市场特征对盈余管理模型也进行了相应扩展。同时，夏立军（2003）对中国股票市场下各盈余管理计量模型揭示盈余管理的能力进行了检验，结果发现，分行业估计并且采用线下项目前总应计利润作为因变量估计特征参数的基本 Jones 模型和调整模型最能有效地揭示出盈余管理；基本 Jones 模型中加进长期投资或无形资产和其他长期资产并不能改进模型；而章永奎、刘峰（2002）所用模型并不能揭示盈余管理。

另外，迪凯和迪切夫（Dechow & Dichev，2002）通过假定营运资本应计利润依赖于当期、前一期以及下一期经营净现金流量，提出了迪凯和迪切夫模型（Dechow/Dichev Model）。罗伊乔杜里（Roychowdhury，2006）认为，真正的盈余操纵是指经理人为了使部分利益相关者相信财务报告目标已通过正常的经营活动得以实现而进行的非正常性行为，实证发现有三方面的盈余操纵，销售操纵、随意性支出以及过度生产，从而提出了真实盈余管理模型。有时可以认为真实盈余操纵模型和基于应计的盈余管理之间可以相互替代（Zang，2012）。

2.2.2.6　审计时滞

审计时滞是指资产负债表日与审计意见发布日之间的间隔天数，审计时滞虽然并不能直接反映审计质量，但是可以反映审计努力。例如，注册会计师完成审计所花费的天数以及审计效率，从侧面反映审计质量（Knechel et al.，2001；Payne & Jensen，2002；Knechel & Sharma，2010；Knechel et al.，2012）。国内鲜见有相关文献将审计时滞作为审计质量的替代变量。

2.2.2.7　盈余反应系数

盈余反应系数是从股票市场投资者感知的角度衡量审计质量。盈余反应系数通常被用来评估相关事件是否威胁了审计质量（Francis & Ke，2006），"四大"是否提供了高质量审计服务（Teoh & Wong，1993）等。相关文献也通过盈余反应系数来评估会计师事务所变更以及被出具非标准审计意见的市场反应（Griffin & Lont，2010；Menon & Williams，2010）。国内也有相关文献用盈余反应系数来测试会计师事务所选择（张奇峰，2007）、非标审计意见的市场反应（余怒涛，2008）以及注册会计师行业专长（董秀琴、柳木华，2010）。

以上是国内外实证文献中经常使用的审计质量的替代变量，当然，还有其他一些审计质量的替代变量存在。例如，利用巴斯（Basu，1997）所计算的会计稳健性（Krishnan，2005，刘峰、周福源，2007；蔡春、鲜文铎，2007；郭照蕊，2011；王兵等，2012）以及审计费用（O'Sullivan，2000；Francis，2004；Hribar et al.，2010）等。尽管不同的替代变量均能从不同的属性反映审计质量，但是，它们也存在不少的缺陷。所以，在不同的研究中，应该选择合适的替代变量反映审计质量，同时也可以在同一研究框架下采用不同的变量对审计质量进行替代，以从不同的方面观察相关因素对审计质量的影响，这样更能深入考察审计质量的属性问题。

2.2.3 审计质量的影响因素

由上文对审计质量的定义与代理变量的综述可以看出，不存在一个关于审计质量的标准定义，进而对审计质量的衡量指标也不存在唯一性，因此，有必要设计整体框架对审计质量进行衡量（Knechel et al.，2012b），进而系统探讨审计质量的影响因素。英国财务报告理事会（FRC，2008）首次建立了审计质量框架，[①] 该框架从会计师事务所文化、会计师事务所合伙人及员工的专业技能与素质、审计过程的有效性、审计报告的可靠性与有用性、其他影响审计质量但无法由注册会计师控制的外部因素五个方面对审计质量的影响因素进行了分析与介绍。基于对审计环境结构性的认知，弗兰西斯（Francis，2011）从审计服务供给方的审计输入、审计程序、会计师事务所、审计行业以及审计市场、制度以及审计产出的经济后果六个层次分析审计质量的驱动因素，不同的层次对审计质量存在不同程度与不同方面的影响。由于弗兰西斯（Francis，2011）的文献主要聚焦于基于档案数据的审计研究，科涅克等（Knechel et al.，2012）在遵循其框架的基础上，对从行为学、实验以及调查研究等方法进行研究的审计文献进行了综述。有别于以上两篇文献只从供给方对审计质量框架的研究，迪凡德和张（DeFond & Zhang，2014）则认为，审计质量是审计供给方、需求方以及外部监管环境相互影响、综合平衡的结果；审计质量的供给与需求分别是供给方与需求方动机及其专业胜任能力的函数，而外部监管环境则对审计质量供需双方都存在影响。本节依照迪凡德和张（DeFond & Zhang，2014）的框架，分别从审计需求方、审计供给方以及外部监管环境三个方面对审计质量的影响因素进行综述。

2.2.3.1 审计需求方与审计质量

客户对审计质量的需求是客户动机及实现其动机的专业胜任能力的函数（DeFond & Zhang，2014）。客户对审计质量的需求源自客户减少企业代

---

① FRC，英国财务报告理事会（Financial Reporting Council）的简称。

理成本的动机（Jensen & Meckling，1976），而上市公司法定审计需求则是对上市公司信息公开与监管的需要。客户对审计质量的需求动机与客户的专业胜任能力并不独立。对高质量审计的需求可能激励客户开发自己的专业胜任能力以满足自身的需求。

以国际"四大"或者会计师事务所行业专门化作为审计质量的替代变量，大量文献对这一假设进行了验证。弗兰西斯和威尔逊（Francis & Wilson，1988）以及德丰（DeFond，1992）发现，如财务杠杆提高的公司以及管理层持股降低的公司更需要高质量审计，布洛因等（Blouin et al.，2007）研究发现，前安达信的客户中高杠杆、低管理层持股的公司在会计师事务所变更后更需要高质量审计。弗斯（Firth，1997）通过对英国上市公司数据的分析，也支持上述观点，伦诺克斯（Lennox，2005b）发现，英国非上市公司更需要高质量审计。哈利勒（Khalil et al.，2008）利用加拿大数据发现，现金流量权与控制权两权分离度越大的公司，越需要高质量审计。弗兰西斯（Francis，2009）通过分析法国数据发现，股权分散化以及家族控制权较小的公司需要更高质量的审计。格达米（Guedhami et al.，2009）则发现，处于私有化过程中的公司更需要高质量审计。张奇峰等（2007）以及王等（Wang et al.，2008）发现，中国的非国有上市公司需要高质量审计服务，而国有上市公司则缺乏高质量审计需求。王烨（2009）发现，从上市公司至其最终控制人之间的股权控制链越长，最终控制人与中小股东之间的代理冲突越严重，则更需要高质量审计服务。唐跃军（2011）发现，控股股东控制权与现金流量权的分离度越大，上市公司越可能选择提供高质量审计服务的国际"四大"作为主审会计师事务所。这些证据均表明，企业代理成本的存在是引致高质量审计服务需求的重要原因，但也有证据并不支持这一结论，巴顿（Barton，2005）则发现，与其他前安达信客户相比，拥有高杠杆、低管理层持股的前安达信客户的主审会计师事务所并未变更为国际"四大"。

还有部分研究发现，一些相关因素会加大公司代理成本，进而导致企业需要高质量审计服务。风险更高以及复杂度更大的公司面临更高的代理成本，因而，存在高质量审计服务需求。弗兰西斯（Francis et al.，1999）以及科普利和杜塞特（Copley & Douthett，2002）发现，在其他条件一定的情况下，与其他公司相比，有更高 IPO 风险的公司和更高应计利润的公司，更乐意聘请国际大会计师事务所提供审计服务；而陈俊等（2010）则发现，在中国股票市场上核准制实施后不确定性风险越低的 IPO 公司更为偏好高质量审计服务，这说明在 IPO 过程中，选择高质量会计师事务所能起到信号显示的作用。戈德弗雷（Godfrey，2005）以及卡汉等（Cahan et al.，2008）发现，具有高研发投入以及更多投资机会的公司，更乐意聘请行业专家提供审计服务；翟华云、廖洪（2011）利用中国数据也发现了这一特点。以上研究说明，相关因素增加了企业业务的复杂性，国际大会计师事务所与行业专家比其他事务所在处理这些问题方面具备较高的能力。

部分研究还发现，公司治理机制对审计质量需求存在重要影响。相关研究发现，公司治理水平越高的公司与高质量审计服务需求显著相关。例如，公司治理水平越高的公司，更倾向于聘请行业专家（Beasley & Petroni，2001），或国际大会计师事务所（Cassell et al.，2012），其审计委员会独立性更强（Beasley & Salterio，2001；Klein，2002），支付更高的审计费用（Engel et al.，2010）。而国内相关研究则发现，治理水平差的公司，更倾向于聘请高质量审计服务的会计师事务所，使其发挥外部监督的作用，以弥补内部治理之不足（唐跃军，2006；车宣呈，2007；陈俊等，2010）。

2.2.3.2 审计供给方与审计质量

审计质量是注册会计师独立性与专业胜任能力的函数（Watts & Zimmerman，1983）。注册会计师独立性源自基于市场的激励机制，包括声誉风险与诉讼风险（Dye，1993）。注册会计师的专业胜任能力是指注册会计师提供高质量审计服务的能力，包括审计程序设计、实施以及审计经验等。对于上市公司而言，监管对注册会计师的独立性以及专业胜任能力存在重要影响。

以往研究尽管理论上认为，声誉风险能够积极促进注册会计师或会计师事务所提供高质量审计，但是直接的经验证据却很少。部分文献通过测试安然公司审计失败是否提升了安达信其他客户的审计成本来研究会计师事务所的声誉效应。研究发现，在安然审计失败的窗口期内，安达信其他客户的股票均出现了负向市场反应（Chaney & Philipich，2002；Cahan et al.，2009），这说明安达信丧失了声誉资本。里希纳穆蒂等（Krishnamurthy et al.，2006）发现，与非审计服务购买占比较小的公司相比，购买大量非审计服务的公司股票的负向反应更为明显，这说明投资者认为大量的非审计服务购买将有损会计师事务所的独立性。而国内学者则从银广夏事件来分析会计师事务所声誉对审计质量的影响，方军雄（2006）发现，对中天勤的处罚，导致在事件窗口日内其他中天勤客户的股票异常报酬率显著为负，这说明注册会计师声誉的损害严重影响了社会公众对其审计质量的判断。宋衍蘅、张海燕（2008）发现，国际"四大"对国内"非四大"转过来的新客户更加谨慎，这同样说明会计师事务所声誉对审计质量存在重要影响。

西莫尼奇和斯坦因（Simunic & Stein，1996）研究发现，注册会计师诉讼风险与审计费用正相关，高审计费用反映了更多的审计投入和审计努力，以及风险溢价。早期研究发现如下风险因素与高审计费用相关，客户亏损、非标准审计意见、股权分散、存在IPO动机、破产以及诉讼信息披露等（Simunic，1980；Palmrose，1986；Francis & Simon，1987；Simon & Francis，1988；Beatty，1993）。近期文献研究表明，一些反映客户财务报表可能存在重大错报风险的因素，如高应计利润、缺乏会计谨慎性、存在内部控制缺陷等（Gul et al.，2003；李爽、吴溪，2004；Abbott et al.，2006；江伟、李斌，2007；Hogan & Wilkins，2008；宋衍蘅，2011；张旺峰，2011；De-Fond et al.，2012）均会导致高审计定价。另外，有文献表明，具有高代理冲突的公司，如存在低信用评级（Lyon & Maher，2005）、高自由现金流（Gul & Goodwin，2010；唐蓓，2010），审计费用相应较高。

有大量文献研究以审计费用以外的审计质量指标检验诉讼风险与审计质量之间的关系。维卡塔拉曼等（Venkataraman et al.，2008）研究发现，相对于IPO之前的高风险环境，在IPO之后低风险环境下，审计后客户的可操控应计利润更高，这说明高诉讼风险成本提高了审计质量。廖义刚（2009）随着投资者法律保护程度的完善，大型会计师事务所基于维护自身声誉的考虑，将会有更大的内在动力提升审计质量，以合理规避审计风险。弗斯等（Firth et al.，2012）研究中国数据发现，注册会计师由无限责任向有限责任的转变，降低了其发表非标准审计意见的概率，说明法律风险的降低，有损于审计质量。卡普兰和威廉姆斯（Kaplan & Williams，2013）通过联立方程模型发现，注册会计师更倾向于对高法律风险客户出具持续经营审计意见，而且发表持续经营审计意见的注册会计师被起诉的概率较小，即便是被起诉，其遭受的损失也相应较小。

部分文献聚焦于会计师事务所规模是否影响审计质量。一些文献研究国际大会计事务所与财务报表重述之间的关系，发现并没有显著的证据可以表明国际大会计师事务所与更少的财务报表重述概率之间存在显著关系（DeFond & Jiambalvo，1991；Archambeault et al.，2008；DeFond et al.，2012），而弗兰西斯等（Francis et al.，2013）却发现，国际大会计师事务所客户的财务报表重述概率较小。陈和吴（Chan & Wu，2011）利用中国数据发现，会计师事务所合并增加了其出具非标准审计意见的概率，这表明大会计事务所的独立性更强，审计质量较小规模会计师事务所更高。在控制了管理层对应计利润以及会计师事务所类型的自选择问题后，吉姆等（Kim et al.，2003）发现，与小会计师事务所相比，国际大会计师事务所审计后公司的盈余管理程度更低，这一关系在公司管理层有强烈盈余管理动机的中国环境下更为显著（Chen et al.，2011）。而臧（Zang，2012）发现，国际大会计师事务所只关注基于应计项的盈余管理活动，而不限制公司的真实盈余管理活动。但国内有研究对国际"五大"或"四大"作为审计质量替代变量的有效性提出质疑。相关研究认为，在我国缺乏高审计服务质量有效需求的市场环境下，低法律风险导致国际"五大"或"四大"并未提供高质量的审计服务（刘峰、许菲，2002；刘峰、周福源，2007；郭照蕊，2011）。

现有文献从不同路径研究会计师事务所行业专长与审计质量的关系。其中一个路径是利用经验数据检验具有行业专长的会计师事务所与审计质量替代变量之间的关系。这类研究发现，具有行业专长的注册会计师与高审计质量之间存在显著关系，其中审计质量的替代变量分别是低可操控应计利润和高盈余反应系数（Balsam et al.，2003；Reichelt & Wang，2010）、高持续经营审计意见发表概率和低迎合分析师盈余预测概率（Lim & Tan，2008；Payne，2008）、高信息披露质量（Dunn & Mayhew，2004）以及高分析师盈余预测（Behn et al.，2008）。另一个路径是检验会计师事务所变更的市场反应。经验证据表明，若上市公司主审会计师事务所变更为行业专家（非行业专家），则市场将产生显著的正（负）向反应，这说明市场认为行业专家能够提供更高的审计质量（Knechel et al.，2007）。

2.2.3.3　市场监管与审计质量

审计市场监管是一项非市场化的机制，它通过影响注册会计师与客户基于市场机制的动机与专业胜任能力，进而影响审计费用。市场监管往往出现在由市场机制所导致的重大审计失败之后（DeFond & Francis，2005）。国外大量文献聚焦于萨班斯法案的颁布对审计质量的影响。盖革等（Geiger et al.，2005）发现，萨班斯法案颁布后，注册会计师更倾向于对具有破产风险的公司发表持续经营审计意见，这说明，萨班斯法案对审计市场的监管提升了注册会计师的独立性，进而提升了审计质量。帕特森和史密斯（Patterson & Smith，2007）的证据表明，萨班斯法案有效地降低了盈余管理程度，说明萨班斯法案提升了内部控制质量，提高了审计质量。宋衍蘅、肖星（2012）研究发现，大事务所只对监管风险较高的客户提供高质量的审计服务，当事务所面临的监管环境改善后，大事务所才对所有客户提供高质量的审计服务，这表明在市场环境下，加强监管是促使会计师事务所提供高审计质量服务的有效机制。

在审计市场上还存在如注册会计师任期过长、审计意见购买、低价揽客、客户重要性程度以及市场结构等对审计质量存在威胁的因素，进而会引起市场监管者的注意。相关研究发现，大量的研究并不支持长注册会计师任期会有损审计质量的假设，审计许多经验证据表明，长注册会计师任期有助于提升审计质量（Johnson et al.，2002；Myers et al.，2003；Ghosh & Moon，2005；Knechel & Vanstraelen，2007；Gul et al.，2007；Chen et al.，2008）。但也有文献研究发现，长注册会计师任期会损害注册会计师独立性，进而损害审计质量（Carey & Simnett，2006；Kealey et al.，2007；Davis et al.，2009）。陈信元、夏立军（2006）则发现，审计任期与审计质量呈倒 "U" 型关系，当审计任期小于一定年份（约 6 年）时，审计任期的增加对审计质量具有正面影响，而当审计任期超过一定年份（约 6 年）时，审计任期的增加对审计质量具有负面影响。

审计意见购买行为是市场监管者长期关注的问题。迪凡德等（DeFond et al.，1999）的经验证据表明，在中国市场环境下，为了规避大会计师事务所更倾向于发表非标准审计意见的规律，大量的上市公司将主审会计师事务所变更为小会计师事务所，以获得 "清洁" 审计意见。陈等（Chan et al.，2006）发现，为了获得"清洁"审计意见，上市公司倾向于将主审会计师事务所由非当地会计师事务所更换为当地会计师事务所。杨和雄（2009）发现，提高审计费用是实现审计意见购买的主要方式。郑军等（2010）发现，上市公司的政治关系有助于其实现审计意见购买。针对审计意见购买的监管，吴联生（2005）发现，无论是变动收益下的审计意见购买行为还是固定收益下的审计意见购买行为，监管者的最优监管策略都无法杜绝审计意见购买行为。

低价揽客对于审计质量的影响，相关研究的结论不太一致。德安格罗（DeAngelo，1981a）认为，低价揽客行为不会损害审计独立性，因为对于后期审计而言，它是成本，并不影响决策。而其他一些研究发现，在某些条件下，低价揽客行为会损害注册会计师独立性，如低估审计成本（Elitzuer & Falk，1996）或当外部条件阻碍注册会计师进行信息搜集时（Bagnoli et al.，2001）。温菊英、张立民（2013）研究发现，在国有控股上市公司中，由于经营管理者缺乏与注册会计师合谋的动力，低价揽客并不会影响审计质量；但是在非国有上市公司中，低价揽客会影响审计质量。

客户重要性程度对审计质量的影响主要存在两种观点。其一认为，重要客户代表着会计师事务所对客户的费用依赖，这将有损于审计独立性（Mautz & Sharaf，1961；DeAngelo，1981a）。相关经验证据也表明客户重要性程度越大，越有损审计质量。如崔等（Choi et al.，2010）发现，客户重要性程度与可操控应计利润之间存在显著的正相关关系。陈波（2013）研究发现，事务所分所的注册会计师对于大客户更容易纵容客户管理层的盈余操纵行为，尤其是旨在调增盈余的操纵行为，但这一现象仅存在于非"四大"事务所中。而另一种观点则认为，固然存在对重要客户的费用依赖，但是声誉风险与诉讼风险会抵消费用依赖对审计独立性的消极影响，因为大客户更容易被关注（Reynolds & Francis，2001），因此，更高昂的大客户审计失败成本会促使注册会计师为其提供更高质量的审计服务。相关经验证据也支持这一观点成立。刘启亮等（2006）也发现，随着注册会计师法律责任的加重，随着客户重要性程度的增加，注册会计师会更加谨慎，从而抑制客户的盈余操纵行为。而相关文献则调和了这两种观点，如倪慧萍（2008）发现，客户重要性程度与审计质量之间存在倒"U"型关系，当客户重要性在超过某一程度之后才会对审计质量产生不利影响。

审计市场结构尤其是审计市场集中度问题是市场监管者关注的重要问题之一，因为审计市场往往被大会计事务所统治，这将对审计质量产生威胁。因为市场集中提高将减少竞争，进而将导致会计师事务所缺乏提供高质量审计服务的动机。布恩等（Boone et al.，2012）研究发现，美国审计市场上大会计师事务所的集中度与对盈余管理的容忍度之间存在显著的正相关关系。弗兰西斯等（Francis et al.，2012）也发现，BigN 在国际审计市场集中度也与低盈余质量显著相关。张良（2012）则认为，高集中度不一定会引致高审计质量。另外，审计市场的集中度也可能有助于提升审计质量，因为随着审计市场集中度的提升，客户审计意见购买以及其他威胁注册会计师独立性的机会将减少。卡拉普尔等（Kallapur et al.，2010）发现，BigN 在美国审计市场上的集中度与盈余质量正相关，牛顿等（Newton et al.，2013）和邓恩等（Dunn et al.，2013）也发现，BigN 的审计市场集中地提升，降低了财务报表重述发生的概率。国内相关研究也支持这一发现（郭颖、柯大钢，2007；刘桂良、牟谦，2008）。刘明辉等（2003）则调和了以上两种观点，认为我国审计市场的集中程度与审计质量存在倒"U"型关系，即当集中度达到一定程度后，会对审计质量产生损害。

2.2.4 审计质量相关研究的文献评述

以上文献对审计质量的定义、审计质量的衡量指标以及审计质量的影响因素进行了大量的研究。由于外界无法直接观测到注册会计师审计服务的质量，因此，不同研究立足于审计质量的不同定义，从不同的侧面对审计质量进行分析、估计和测度。尽管不同的审计质量衡量指标存在着不少缺陷，但也在一定程度上反映了审计质量的不同属性，同时也经过了大量实证数据的检验，具有一定的可靠性，这就为本书后续研究提供了较多可供选择的审计质量替代变量，同时也为本书从多层面、多角度测度审计质量提供了可能。另外，对审计质量相关影响因素的研究，虽然一些相关因素对审计质量的影响在实证研究中并未得到一致性的结论，但大量研究对审计质量相关因素的研究，对明晰审计质量的影响因素、廓清审计质量的影响机理提供了经验证据，本书后续研究正是在以上相关研究的基础上的细化与扩展。

2.3 异常审计费用与审计质量

对于异常审计费用与审计质量之间的关系，主要有两种观点：一种观点从会计师事务所对客户的经济依赖关系出发，认为会计师事务所会因与客户之间的经济依赖关系而使其独立性受损，进而导致审计质量下降，可以称之为经济依赖观；而另一种观点认为，高审计费用是高审计投入与行业专家声誉价值的结果，代表着高审计质量，是为审计投入观。

2.3.1 经济依赖观

经济依赖观认为，由于注册会计师要从被审计单位处收取审计费用，因此，不可避免地对被审计单位产生经济依赖关系。当注册会计师从被审计单位处获取的异常审计收费越高，则其越容易丧失其独立性，进而增加了审计人员妥协于被审计单位盈余管理要求的可能性（Kinney & Libby，2002）。约翰·海普（2002）指出，当获取高额的异常审计收费时，注册会计师有可能允许被审计单位管理层违反会计核算和披露规则，进行所谓的盈余操纵；同时认为，高额的审计收费也会增加审计意见购买的机会。克瑞斯南等（Krishnan et al.，2005）发现，随着异常审计费用的增加，会计盈余反应系数呈下降态势，且关系显著。霍伊塔什等（Hoitash et al.，2007）分别用迪凯和迪切夫（Dechow & Dichev，2002）模型和修正的Jones模型计算可操控应计利润作为审计质量的替代变量，实证结果显示，正向的异常审计费用与被审计单位的盈余调整程度呈正向关系，即正向的异常费用有损审计质量。崔等（Choi et al.，2010）也发现，较高的异常审计费用和可操控应计利润额存在正向关系，但较低异常审计费用与可操控应计利润额之间不存在显著关系。赫里巴尔等（Hribar et al.，2010）研究发现，正向的异常审计费用和财务舞弊发生概率、财务重述概率以及收到SEC意见函的概率之间存在正向关系。阿斯塔纳和布恩（Asthana & Boone，2012）的经验证据表明，支付正向异常审计费用的被审计单位更倾向于通过调节可操控应计利润以迎合证券分析师的盈余预测。方军雄、洪剑峭（2009）

也发现，正向异常审计费用与审计意见改善正相关，异常审计费用的存在显著损害了会计盈余的价值相关性。段特奇等（2013）发现，正向异常审计费用与可操控应计利润之间显著正相关，审计质量会随着正向异常审计费用的增加而降低。

2.3.2 审计投入观

审计投入观认为，高审计费用是注册会计师高审计投入的表现，或者是注册会计师行业专家声誉价值的体现。审计收费越高，表明注册会计师投入的审计时间、审计成本等越多，这有助于注册会计师降低被审计单位进行盈余操纵的可能性，同时，具有行业专家声誉的注册会计师，会进一步保证财务报表信息的质量（DeAngelo，1981b；Francis，1984；Francis & Krishnan，1999；Francis et al.，2013）。因此，较低的审计费用则有可能表明注册会计师并没有尽到职业勤勉，或采用了低价竞争策略，以在与其他会计师事务所竞争时获取成本优势，或省略了必要的审计程序，以减少审计成本（约翰·海普，2002），审计质量必然受到影响。希格斯和斯卡茨（Higgs & Skantz，2006）利用会计盈余反应系数来衡量资本市场上投资者所感知的审计质量，研究发现，会计盈余反应系数与异常审计费用正相关，说明投资者认为获取正向异常审计费用的注册会计师的审计质量较高。布兰克利等（Blankley et al.，2012）发现，支付正向异常审计收费的被审计单位的财务报表盈余重述概率相应较低，这说明注册会计师进行了更多的审计投入，遏制了财务舞弊或会计差错的发生。虽然较高异常审计费用可能引致较高的审计质量，但却并不表明负向的审计费用与审计质量存在负相关关系。浩普等（Hope et al.，2009）发现低的异常审计费用（逆向审计质量指标）与股价折现率之间不存在显著的相关关系，迈筹等（Mitra et al.，2009）和崔等（2010）也发现，较低的异常审计费用与可操控应计利润额之间不存在相关关系，即较低的异常审计收费并不损害审计质量。而何塞娜和布恩（Asthana & Boone，2012）指出，较低的审计费用反映了被审计单位具有较强的谈判能力，其谈判能力有损审计质量，且谈判能力越强，对审计质量的损害越大，其实证结果也支持该观点。段特奇（2013）利用中国资本市场数据检验负向审计收费与审计质量的关系，发现负向异常审计费用降低了审计质量。

2.3.3　异常审计费用与审计质量相关研究的文献评述

对于异常审计费用与审计质量关系的研究，本书认为存在以下不足。首先，对于异常审计费用与审计质量之间关系的分析，相关研究也只是从审计合约绑定、客户与会计师事务所相对谈判能力等理论框架下进行思辨性的推理和分析，而却鲜有立足于审计服务的性质，以经济学价格理论为基础，深入分析审计费用对审计质量的影响，同时也未能构建恰当、严谨的数理模型或博弈模型对两者之间的关系进行证明。其次，相关研究在缺乏严谨的逻辑推演或数理分析的情况下，便将审计定价模型的回归残差作为异常审计费用的替代变量，研究异常审计费用与审计质量的关系问题。不可否认，这样的理论假设与变量替代方法，在相关研究的开始阶段，有其必要性与合理性的存在，在相关研究结论互相矛盾的情况下，随着研究的深入，很有必要对正常审计费用与异常审计费用的概念进行清晰界定，对异常审计费用产生的内在原因进行深入剖析，对异常审计费用的形成机理进行科学论证，唯有如此，才能更有效地增强之后所要构建的关于异常审计费用与审计质量关系的计量经济模型的可信度。如果仅凭直观的感受或简单的思辨分析，而非通过严格的数理分析和实证检验，就轻易地将审计定价模型的回归残差作为异常审计费用的替代变量，则以此研究异常审计费用与审计质量的关系所得结论的可靠性必然值得怀疑。最后，在目前所有关于异常审计费用与审计质量关系的实证文献中，相关研究普遍只探讨了异常审计费用有助于提升审计质量或有损审计质量的问题，而鲜有研究更深入地分析异常审计费用对审计质量产生影响的机制性问题，即是否存在相关因素对异常审计费用与审计质量之间的关系发挥着调节作用，增强或者削弱两者之间的关系。本书认为，在分析异常审计费用与审计质量之间关系的基础上，进一步探讨相关调节变量对于两者关系的调节效应，不仅有助于发现异常审计费用影响审计质量的内在机理，同时从实践层面而言，这一研究发现，可以为监管部门制定切实有效的监管措施提供一定的经验证据支撑。

2.4 本章小结

    本章依照审计定价—异常审计费用—审计质量的逻辑主线，对审计费用的影响因素、审计质量衡量指标及影响因素以及异常审计费用与审计质量三个方面的文献进行逻辑研究的梳理与回顾，为本书研究提供突破口。对审计费用影响因素的研究，虽然涉及面广泛且深入细致，但由于缺乏对正常审计费用与异常审计费用的区分，因此也就无法识别两者各自的影响因素以及综合影响因素。对审计质量衡量指标以及相关影响因素的研究，为本书构建异常审计费用与审计质量的实证模型提供了替代变量、研究方法以及相关研究结论方面的支持。对于异常审计费用与审计质量关系的研究，一方面，在理论上缺乏异常审计费用与审计质量关系的系统分析；另一方面，在实证层面由于模型设定、样本选择以及变量选取等的差异，导致相关研究结论也存在分析。因此，本书后续研究首先在基于委托代理框架对审计定价进行分析，推导不存在价格扭曲时审计费用的合理区间，在此基础上分析异常审计费用的产生和形成机理，进而在中国市场环境下采用完全信息动态博弈模型分析异常审计费用与审计质量之间的关系，最后通过精确估计异常审计费用、设计科学的实证模型、多方面选取审计质量替代变量、多方法进行实证分析，深入细致地检验异常审计费用与审计质量的关系，以深化审计费用与审计质量的相关研究，同时为相关市场监管政策的设计和实施提供经验证据。

第 3 章

异常审计费用的形成机理

3.1 相关概念界定

基于本书研究需要，本节首先对与本书研究内容密切相关的几个概念进行界定，以明确相关概念的内涵与外延，不至于在研究中引起混淆。

3.1.1 证券审计市场

证券审计市场是指在证券市场审计活动中形成的，由审计委托方、审计供给方、被审计单位以及其他利益相关者所进行的交易行为，以及由此所构成的权利和义务关系。证券审计市场不同于一般的审计市场，相关法律会对该市场上的会计、审计行为提出更为严格的要求；对上市公司的会计资料进行更为严格的审计，同时对会计师事务所实施强化监管。

3.1.2 审计费用的相关概念

本书所涉及的审计费用的相关概念主要有三个，即实际审计费用、正常审计费用以及异常审计费用。实际审计费用是指在会计师事务所与被审计单位在审计约定书中所达成的特定审计项目的价格，在本书中即是被审计单位所支付给会计师事务所的年度财务报表审计费用。而异常审计费用的界定，离不开对正常审计费用标准的确立，为了清晰界定这两个概念，首先要对正常与异常展开分析。

3.1.2.1　正常与异常

迪尔凯姆（1996）指出，社会可以被区分为两种现象："一种是应该怎样就怎样的现象，可以称为常态的或者规则的现象；另一种是应该这样，但它偏偏不是这样的现象，可以称为病态的或者不规则的现象。"[①] 这两种现象即为正常与异常。异常性的揭示，离不开对正常性标准的界定，符合标准即为正常，偏离标准即属于异常。陈映芳（2011）指出，正常性标准主要有四种，即理想的标准、统计的标准、自然的标准以及被用来分析客观对象的理论路径标准；理想的标准即价值的标准，价值正当性可以作为衡量正常或异常的标准；统计的标准即科学性的标准，是指通过统计、测量等科学方法确立正常性标准，进而揭示异常性；自然的标准是指日常性、常态性的标准；理论路径标准是指通过学科概念体系、理论范式、理想类型等媒介对社会事物的正常性进行描述和鉴定的标准。

3.1.2.2　正常审计费用与异常审计费用

根据陈映芳（2011）的论述，对于审计费用正常性与异常性的界定，目前的研究主要涉及其中的统计标准。其一是利用审计定价模型，通过回归分析所得到的审计费用的拟合值作为正常审计费用标准，而实际审计费用与拟合值之差，即回归残差为异常审计费用；其二是将基期（如前一期）的审计费用作为正常审计费用，而目标期（当期）实际审计费用若偏离了基期审计费用，即认为目标期审计费用存在异常，而目标期审计费用与基期审计费用之差，即为异常审计费用。

本书认为以上两种正常性标准虽然在实证文献中普遍使用，但是存在一定的缺陷。从以上两种统计标准可以看出，统计中的判断基准无法确定和唯一化，没有统一的标准。正因如此，其结论的科学性也易被质疑。最为重要的是，统计上所确立的正常审计费用标准，只能从数字上表明异常

---

① 陈映芳. 异常性揭示与正常性赋予：社会学的历史使命与时代课题［J］. 江海学刊，2011（5）：115 – 120.

审计费用的存在性，而无法从本质上揭示异常审计费用的产生原因与形成机理。故而，本书认为，应该从理论路径角度对正常审计费用进行界定，进而揭示异常审计费用。因此，本书定义正常审计费用是指，满足以下两个假定条件下，进行理论分析或者数理推导所得到的审计费用即为正常审计费用：其一，审计服务的价格体系中只存在审计购买方与审计提供方，即审计服务的需求方与审计购买方相重合；其二，审计服务产出——审计报告不存在外部性。实际审计费用与此条件下正常审计费用之差，即为异常审计费用。虽然此角度所确立的正常审计费用标准可能只存在于概念或者数理模型中，无法进行具体和精确地测算，但至少能在一定程度上提供深入理解异常审计费用产生与形成机理的路径。

在明确正常审计费用与异常审计费用的基础上，本书进一步对异常审计费用的两种存在形式进行了界定。异常审计费用有两种存在形式，即正向异常审计费用与负向异常审计费用。当实际审计费用大于正常审计费用时，异常审计费用以正向异常审计费用的形式存在，其值等于实际审计费用与正常审计费用之差；当实际审计费用低于正常审计费用时，异常审计费用以负向异常审计费用的形式存在，其值等于实际审计费用与正常审计费用差的绝对值。

3.2 我国证券审计市场特征

自 1980 年初注册会计师审计制度恢复以来，我国注册会计师行业得到了长足发展。[①] 尤其是我国证券市场的发展，为注册会计师行业提供了更为

---

① 1980 年 12 月，中华人民共和国财政部颁布《中外合资经营企业所得税实施细则》，该细则要求中外合资企业在纳税年度内按规定要向税务机关报送在大陆注册登记的公正会计师的查账报告。与此同时，财政部颁布《关于成立会计顾问处的暂行规定》，会计顾问处是由各级政府财政部门组织成立、独立核算、开办初期政府给予一定补助的政府事业单位，会计顾问处的主要业务是检查会计账目、提供查账报告书和会计咨询服务等。1981 年，上海会计师事务所成立，该会计师事务所是改革开放以来我国第一家由财政部门批准成立的会计师事务所。1986 年，国务院发布《中华人民共和国注册会计师条例》，1988 年，由财政部领导的中国注册会计师协会成立。1993 年，八届人大常委会第四次会议审计通过《中华人民共和国注册会计师法》，并于 1994 年 1 月 1 日开始实施，自此，中国注册会计师行业逐步发展起来。详见中国证券监督管理委员会首席会计师办公室，上海证券交易所. 注册会计师说"不"——中国上市公司审计意见分析（1992－2000）（上册）［M］. 北京：中国财政经济出版社，2002.

广阔的市场，形成了注册会计师审计市场的重要组成部分——证券审计市场。离开了证券审计市场，本书的研究即为无源之水、无本之木，因此，有必要对我国证券审计市场的特征进行深入分析。

3.2.1　证券审计市场的参与人

证券审计市场上的主要参与人主要包括审计服务的委托方（需求方）、审计服务的提供方（供给方）、被审计单位、监管部门及组织四种。

3.2.1.1　审计服务的委托方

财务会计报告的目标是向财务会计报告使用者提供与企业财务状况、经营成果和现金流量等有关的会计信息，反映企业管理层受托责任履行情况，有助于财务会计报告使用者作出经济决策。注册会计师审计的目的是对被审计单位管理层负责的财务报告信息提出鉴证结论，以提高财务报表预期使用者对财务报表的信赖程度。由此可见，审计服务的委托方即是审计服务的需求方——财务报告的预期使用者，主要包括股东、潜在投资者、债权人、政府以及其他利益相关者，这些利益相关者构成了广义上的审计委托方。从狭义而言，审计的委托方即是被审计单位的股东，因为从审计报告收件人来看，即为"××××公司股东"，这说明，在当前的审计委托方式下，上市公司股东是审计服务需求的主要委托方。执行财务报表审计业务时，注册会计师的总体目标是：对财务报告是否不存在由于舞弊或错误导致的重大错报获取合理保证，使得注册会计师对财务报表是否在所有重大方面按照适用的财务报告编制基础编制发表审计意见；按照审计准则的规定，根据审计结果对财务报表出具审计意见，并与管理层和治理层沟通。

3.2.1.2　审计服务的提供方

审计服务的提供方自然是注册会计师及其组成的会计师事务所。特别需要指出的是，中国对注册会计师事务所从事证券、期货业务实行特别许可制度。① 也就是说，证券审计市场上审计服务的提供方，只能是具有证券、期货从业资格的会计师事务所。这种制度对为证券市场提供审计服务的会计师事务所规定了更高的条件，提出了更高的要求。1997 年，具有证券期货相关业务许可证的会计师事务所为 105 家，在政府的引导和竞争压力的推动下，自 2000 年起，国内会计师事务所掀起了合并浪潮，截至 2014 年 12 月 31 日，具有证券期货相关业务许可证的会计师事务所为 40 家。② 这 40 家具有证券资格的会计师事务所，主要由三部分构成：国际"四大"在中国大陆的分所、本土"十大"会计师事务所以及其他具有证券资格的会计师事务所。③

3.2.1.3 被审计单位

证券审计市场上的被审计单位是在中国证券市场上公开发行股票的上

---

① 关于许可证制度的规定，最早是 1992 年 8 月 17 日由财政部和国家经济体改委（国务院发展改革委员会前身）发布的《注册会计师执行股份制试点企业有关业务的暂行规定》中提出的，随后在 1993 年、1994 年、1996 年以及 1997 年财政部又会同证监会先后数次发布关于从事证券业务的会计师事务所、注册会计师资格确认的规定，并明确"取得证券相关业务资格考试成绩合格证书"是注册会计师获得证券从业资格的必要条件。2004 年，证券特许注册会计师资格取消，但会计师事务所的许可证制度得以保留（国务院关于第三批取消和调整行政审批项目的决定，http://www.gov.cn/zwgk/2005 – 08/06/content_29614.htm）。详见中国证券监督管理委员会首席会计师办公室，上海证券交易所．注册会计师说"不"——中国上市公司审计意见分析（1992 – 2000）（上册）［M］．北京：中国财政经济出版社，2002.

② 2000 年，财政部先后发布了《会计师事务所扩大规模若干问题的指导意见》《会计师事务所合并审批管理暂行办法》《会计师事务所分所审批管理暂行办法》《注册会计师执行证券、期货相关业务许可管理规定》《关于会计师事务所和注册会计师换发证券、期货相关业务许可证的通知》等文件，以引导和促进会计师事务所上规模、上水平。截至 2000 年底，具有证券和期货从业资格的会计师事务所共 78 家。2006 年 9 月，中注协下发了《中国注册会计师协会关于推动会计师事务所做大做强的意见（征求意见稿）》（简称《意见》）的通知。《意见》指出了事务所做大做强的总体目标，即"用 5 至 10 年的时间，发展培育 10 家能够服务于中国企业走出去战略、提供跨国经营综合性专业服务的国际化事务所；发展培育 100 家能够为大型企业、企业集团提供综合性专业服务的大型事务所"。2012 年 6 月，财政部和中注协下发了《关于支持会计师事务所进一步做强做大的若干政策措施》（以下简称《支持措施》），明确鼓励和支持会计师事务所做强做大的六大重点方向和 24 项具体措施。对于事务所合并，《支持措施》特别强调，鼓励全国会计师事务所综合评价排名前百家的事务所，特别是较大规模事务所之间，实行强强合并和统一管理。推动了中瑞岳华与国富浩华、京都天华与天健正信、五洲松德联合与华寅等大会计师事务所的合并。1997 年，105 家证券资格会计师事务所数据源自：中国证券监督管理委员会首席会计师办公室与上海证券交易所．谁审计中国证券市场——审计市场分析（2000）［M］．北京：中国财政经济出版社，2001. 2014 年，具有证券资格会计师事务所为 40 家数据源自：财政部．中华人民共和国财政部中国证券监督管理委员会公告（http://kjs.mof.gov.cn/zhengwuxinxi/zhengcefabu/201403/t20140310_1053500.html）.

③ 国际"四大"分所，分别是：普华永道中天会计师事务所、德勤华永会计师事务所、安永华明会计师事务所、毕马威华振会计师事务所；国内"十大"所，分别是：瑞华会计师事务所、立信会计师事务所、天健会计师事务所、大华会计师事务所、信用中和会计师事务所、大信会计师事务所、天职国际会计师事务所、致同会计师事务所、中审亚太会计师事务所以及中汇会计师事务所。

市公司,《公司法》规定,公司应当在每一会计年度终了时编制财务会计报告,并依法经会计师事务所审计。公司应当向聘用的会计师事务所提供真实、完整的会计凭证、会计账簿、财务会计报告及其他会计资料,不得拒绝、隐匿、谎报。《证券法》规定,股份有限公司上市需要提供"依法经会计师事务所审计的公司最近三年的财务会计报告"。被审计单位管理层和治理层应当按照适用的财务报告编制基础编制财务报表,并使其实现公允反映(如适用);设计、执行和维护必要的内部控制,以使财务报表不存在由于舞弊或错误导致的重大错报;向注册会计师提供必要的工作条件,包括允许注册会计师接触与编制财务报表相关的所有信息(如记录、文件和其他事项),向注册会计师提供审计所需的其他信息,允许注册会计师在获取审计证据时不受限制地接触其认为必要的内部人员和其他相关人员。① 我国上市公司主要由主板市场、中小板以及创业板组成。

3.2.1.4 监管部门及组织

1993 年 10 月 31 日《中华人民共和国注册会计师法》(以下简称《注册会计师法》)的颁布,标志着以注册会计师法为主体的审计市场监管体系的确立。《注册会计师法》明确了各级政府财政部门作为注册会计师、会计师事务所以及各级注册会计师协会主管部门的地位。中国注册会计师协会是依据《注册会计师法》和《社会团体登记条例》的有关规定设立的注册会计师行业自律管理组织。为了对证券审计市场实施监管,财政部和中国证券监督管理委员会(以下简称中国证监会)对从事证券相关业务的会计师事务所、注册会计师实行许可证管理制度。对证券资格会计师事务所的成立年限、专职人员以及资产规模等进行严格的统一管制。2004 年取消"注册会计师执行证券、期货相关业务核发"。定价方面:对强制性审计服务实施政府指导定价,按照《价格法》:"政府指导价,是指依照本法规定,由政府价格主管部门或者其他有关部门,按照定价权限和范围规定基准价及其浮动幅度,指导经营者制定的价格。"也就是说,会计师事务所提供强制性审计服务由政府确定价格区间,实际审计收费不能高于或者低于

---

① 中华人民共和国财政部 . 中国注册会计师执业准则 [M]. 北京:经济科学出版社,2010: 17,18.

这一区间，否则就是价格违法行为，应当受到相应的处罚。法律责任方面：2003 年之前，注册会计师财务报表审计失败，只承担行政责任或刑事责任，而不会因此承担民事责任；2003 年 1 月，最高人民法院发布《关于审计证券市场因虚假陈述引发的民事赔偿案件的若干规定》标志着会计师事务所承担财务报表审计侵权赔偿责任的确立。[①] 2007 年 6 月，《关于审理涉及会计师事务所在审计业务活动中民事侵权赔偿案件的若干规定》进一步明确界定了会计师事务所的民事责任。

3.2.2　证券审计市场审计产品特征

3.2.2.1　审计产品是一种服务产品

审计产品不同于一般的实物产品，实物产品是有形的，而审计服务则是无形的。虽然审计服务也有标准化的审计报告作为其物质载体，但是审计作为注册会计师运用其专业知识和特有的职业判断所进行过的一种鉴证活动，其主要目标是通过审计服务过程获得对财务报表是否不存在重大错报风险的合理保证，审计报告只是服务结果的体现和信号显示。审计产品作为服务产品，还具备以下两个属性：第一，审计产品的生产和消费过程在时空上是一致的，即生产与消费不可分离，也就是说，审计服务需要注册会计师与被审计单位互动、相互配合才能完成；而实物商品的生产与消费并不具备生产与消费在时空上的一致性，即生产在前，而消费在后，两个过程是相互独立的，不存在供给方与消费方在生产过程上的互动。第二，审计服务的价值是在服务过程即交易过程中产生的，即价值的创造具有动态性，而实物产品的价值则在交易之前的生产过程中就已凝结与固化在产品中；因此，购买审计服务，特别关注会计师事务所的声誉，而购买实物产品，则强调实物产品的功能和性能。

---

① 《关于会计师事务所为企业出具虚假验资证明如何处理的复函》《关于验资单位对多个案件债权人损失如何承担责任的批复》《关于会计师事务所为企业出具虚假验资证明如何承担责任的批复》《关于金融机构为企业出具不实或者虚假验资报告资金证明如何承担民事责任问题的通知》四个关于会计师事务所民事责任的司法解释或司法解释性文件均涉及的是会计师事务所虚假验资证明的民事责任，未涉及会计师事务所因财务报表审计报告虚假陈述的民事责任问题，因此，本书认为，《最高人民法院关于审理证券市场因虚假陈述引发的民事赔偿案件的若干规定》是会计师事务所因财务报表审计报告虚假陈述的民事责任司法实践的开始。

3.2.2.2 审计产品具备公共物品属性

虽然注册会计师财务报表审计服务的生产过程为被审计单位所私有，但作为审计服务的载体和最终成果——审计报告具有非排他性和非竞争性。注册会计师财务报表审计的目的是提高财务报表预期使用者对财务报表信息的信赖程度，而财务报表预期使用者不仅包括被审计单位的股东，而且还包括潜在的投资者、债权人、政府部门等，也就是说，财务报表使用者可以泛化为社会公众。审计报告一经公布，可以被无限制地传播与复制，可以被社会公众同时消费，即审计报告具备非排他性特征；同时，对财务报表的使用（消费）过程并不会减少审计报告数量，即审计报告具有非竞争性的特征。所以说，审计产品具备公共物品的属性，而审计报告的公共物品特性，又使其存在经济的外部性特征，即审计报告对审计服务价格系统之外的其他社会公众产生了投资决策影响。一方面，这种影响并不通过影响审计服务供求而影响审计服务价格，即社会公众对审计报告的消费不会增加审计服务产出的边际成本；另一方面，这种决策影响所导致的损益，由于计量成本太高，故而其社会边际成本和社会边际收益无法衡量。

3.2.3 证券审计市场结构特征

3.2.3.1 证券审计市场规模

自 20 世纪 80 年代中期中国开始发展证券市场以来，迄今已有 30 年的历史。证券市场的不断发展壮大，为注册会计师职业提供了广阔的市场，极大地推动了注册会计师行业的发展。表 3.1、图 3.1、图 3.2、图 3.3 列示的是 2001~2019 年我国证券市场上市公司总数、上市股票总数、上市 A股总数、上市 B 股总数、上市公司总股本数以及上市公司总市值。从表 3.1 与图 3.1 可以看出，2014 年上市公司总数为 2001 年上市公司总数的 3.3 倍左右，上市公司总数的增加主要是 A 股市场上市公司的增加，B 股数量基本没有变化。从表 3.1 与图 3.2、图 3.3 可以看出，2014 年上市公司总股本比 2001 年增加了 12.8 倍，上市公司总市值比 2001 年增加了 13.6 倍左右。由此说明，中国证券市场的上市公司数在不断增加，上市公司总股本以及总市值也在不断增加，为了满足证券市场对上市公司信息披露进行鉴证的需求，为注册会计师以及会计师事务所审计服务提供了大量的需求空间，进而推动了证券审计市场的不断扩大。中共十八大以来，随着 IPO 的重启以及注册制改革的即将出台，可以预见，中国证券市场即将迎来公司股票公开发行的一个新高潮，这将为证券审计市场的发展提供更为广阔的空间。

表 3.1   证券审计市场年度规模

年度	公司总数（个）	股票总数（只）	A 股总数（只）	B 股总数（只）	总股本（亿股）	总市值（亿元）
2019	3777	3857	3760	97	61719.920	592934.570
2018	3584	3666	3567	99	57581.020	434924.020
2017	3485	3567	3467	100	53746.674	567086.077
2016	3052	3134	3034	100	48750.294	507685.885
2015	2827	2909	2808	101	43014.819	531304.196
2014	2613	2696	2592	104	36795.100	372546.960
2013	2489	2574	2468	106	33822.040	239077.190
2012	2494	2579	2472	107	31833.620	230357.620
2011	2342	2428	2320	108	29745.110	214758.090
2010	2063	2149	2041	108	26984.490	265422.590
2009	1700	1786	1678	108	20567.520	243939.120
2008	1604	1690	1581	109	18852.250	121366.440
2007	1530	1616	1507	109	16954.720	327140.020
2006	1421	1507	1398	109	12654.830	89403.520
2005	1377	1464	1355	109	7156.650	32430.150
2004	1373	1459	1349	110	6707.470	37209.230
2003	1285	1370	1259	111	5987.100	42457.710
2002	1223	1310	1199	111	5452.960	38329.130
2001	1154	1240	1130	110	4820.400	43522.200

注：表 3.1 以及图 3.1、图 3.2、图 3.3 数据均源自 Wind 资讯数据库。

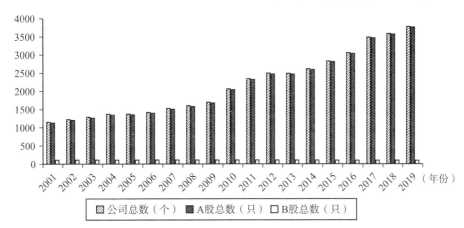

图 3.1　年度上市公司总数及 A、B 股总数

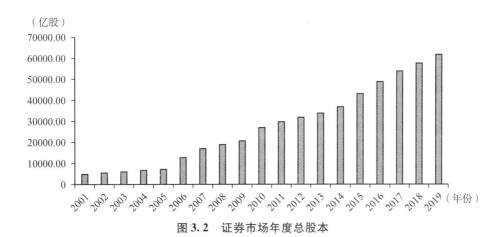

图 3.2　证券市场年度总股本

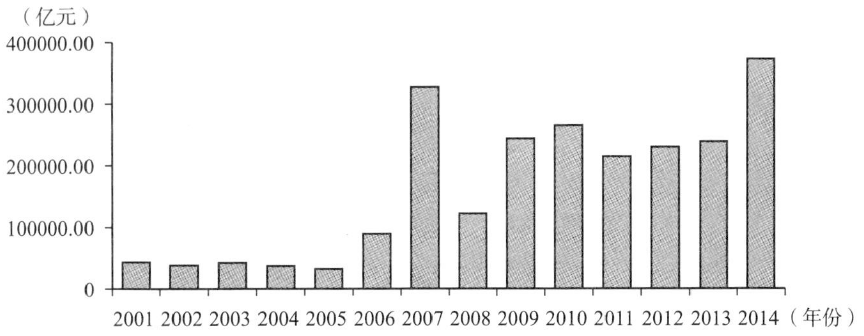

（亿元）

图 3.3　证券市场年度总市值

3.2.3.2 证券审计市场的集中度

证券审计市场集中度是对审计市场集中程度的衡量指标，是衡量证券审计市场结构以及会计师事务所市场势力强弱的重要指标。本书主要从市场集中率（CR_n）以及 Herfindahl – HirschmanIndex（HHI）对证券审计市场的结构特征进行了刻画。CR_n 等于证券审计市场上前 N 家会计师事务所所占市场份额的总和，用以测度 n 家会计师事务所在审计市场上的集中程度。HHI 等于证券审计市场上各家事务所市场份额的平方和，用以测度证券审计市场上供给方的集中程度。两者的计算公式如下：

$$CR_n = \sum_{i=1}^{n} \frac{X_i}{\sum_{i=1}^{N} X_i} \tag{3.1}$$

$$HHI = \sum_{i=1}^{N} \left[\frac{X_i}{\sum_{i=1}^{N} X_i} \right]^2 \tag{3.2}$$

其中，X_n 为衡量证券审计上审计供给方即会计师事务所的市场规模，N 为证券审计市场上所有会计师事务所的数量，n 为证券审计市场上规模较大的会计师事务所数量，在本书的分析中，分别考察证券审计市场上市场份额为前 4、前 8 以及前 20 家会计师事务所的市场集中度。表 3.2 和表 3.3 分别是以 CR_n、HHI 为标准的市场结构分类。表 3.4 列示的分别是 2001 ~ 2013 年以证券审计市场上会计师事务所审计费用总额、客户资产规模总额以及客户数量为标准衡量的证券审计市场集中度。

表 3.2	贝恩市场结构分类	
市场结构	CR_4	CR_8
极高寡占型	$75\% < CR_4$	
高度寡占型	$65\% < CR_4 < 75\%$	$85\% < CR_8$
中上集中寡占型	$50\% < CR_4 < 65\%$	$75\% < CR_8 < 85\%$
中下集中寡占型	$35\% < CR_4 < 50\%$	$45\% < CR_8 < 75\%$
低寡占型	$30\% < CR_4 < 35\%$	$40\% < CR_8 < 45\%$
原子型	$CR_4 < 30\%$	$CR_8 < 40\%$

表 3.3	以 *HHI* 值为标准的市场结构分类
市场结构	*HHI*
高寡占 Ⅰ 型	$3000 \leq HHI$
高寡占 Ⅱ 型	$1800 \leq HHI < 3000$
低寡占 Ⅰ 型	$1400 \leq HHI < 1800$
低寡占 Ⅱ 型	$1000 \leq HHI < 1400$
竞争型 Ⅰ 型	$500 \leq HHI < 1000$
竞争型 Ⅱ 型	$HHI < 500$

总体而言，证券审计市场的集中度在不断上升，尽管在个别年份稍有波动，但集中度上升趋势十分明显，反映了证券审计市场从低寡占市场向高寡占市场的发展趋势。从市场集中度的变化速率而言，2006 年之后的市场集中度上升趋势明显大于 2006 年之前的市场集中度上升趋势，导致这一结果的原因有二：其一，2006 年之后，国内会计师事务所掀起了大规模合并浪潮，尤其是大会计师事务所之间的强强联合多见，这导致了具有证券资格的会计师事务所数量的减少以及会计师事务所客户数量的集中；其二，2006 年之后，出现了在证券市场上公开发行股票的公司大量增加，这不仅扩大了证券审计市场的规模，同时也在一定程度上影响审计市场的集中度。另外，以客户规模为标准衡量的 HHI 明显大于以审计费用为标准的 HHI，这说明资产规模大的上市公司的主审会计师事务所主要是大会计事务所，如国际"五大"或"四大"以及国内大所等。

从 2013 年的证券审计市场集中度而言，以审计费用以及客户资产规模衡量的 CR_4 分别为 78.54% 和 87.56%，说明证券审计市场已成为高寡占市场，但以客户数量为标准衡量的 CR_4 只有 44.88%，远低于前两个指标值，造成这种状况的主要原因有两个：一是大规模会计师事务所的审计费用高；二是资产规模大的上市公司基本上被大规模会计师事务所所垄断。以审计收入以及客户数量为标准衡量的 *HHI* 分别为 1780.55 和 680.82 均未超过临界值 1800，说明证券审计市场的集中度处于中低等水平，集中程度还有一定上升空间，也即意味着未来几年出现会计师事务所合并的概率还是比较大的。这一数据特征也说明，目前中国证券审计市场是呈现分层竞争状态的：一方面，证券审计市场上的资产规模大的上市公司，即大客户市场被国际

表3.4　证券审计市场的集中度年度变化

	2001 年	2002 年	2003 年	2004 年	2005 年	2006 年	2007 年	2008 年	2009 年	2010 年	2011 年	2012 年	2013 年
Panel A：以审计收入衡量的市场集中度													
CR4	27.62%	28.50%	23.62%	29.43%	32.46%	60.94%	69.22%	64.94%	56.20%	60.55%	55.57%	51.76%	78.54%
CR8	41.52%	41.73%	38.68%	41.90%	45.44%	69.50%	77.52%	76.30%	71.73%	74.56%	73.53%	73.12%	88.89%
CR20	62.81%	62.46%	58.97%	63.07%	66.05%	82.05%	88.24%	89.05%	89.14%	90.14%	90.11%	91.68%	96.84%
HHI	334.74	350.74	322.82	349.46	402.30	1508.67	1346.93	1284.43	1056.36	1018.78	1044.48	965.88	1780.55
Panel B：以客户资产规模衡量的市场集中度													
CR4	37.22%	47.16%	48.95%	49.61%	51.88%	79.87%	86.58%	85.27%	84.30%	85.67%	87.28%	86.90%	87.56%
CR8	50.72%	56.93%	61.11%	62.28%	65.84%	88.27%	92.49%	92.49%	91.34%	92.11%	92.77%	93.59%	94.26%
CR20	70.55%	73.14%	76.42%	76.60%	79.60%	94.03%	96.34%	96.48%	97.20%	97.51%	97.73%	98.26%	98.48%
HHI	491.53	757.30	775.01	785.15	862.85	2450.66	2196.84	2119.49	2058.46	1859.90	2153.95	2117.10	2305.87
Panel C：以会计师事务所客户数量衡量的市场集中度													
CR4	16.53%	15.99%	16.68%	17.30%	17.10%	17.63%	18.60%	21.47%	25.97%	27.41%	31.46%	38.09%	44.88%
CR8	27.85%	27.04%	27.10%	26.95%	27.27%	28.98%	31.60%	35.52%	43.62%	45.00%	48.26%	57.57%	62.40%
CR20	53.06%	51.79%	51.10%	50.56%	50.88%	54.49%	59.59%	65.27%	71.78%	72.47%	75.35%	82.00%	85.25%
HHI	208.74	202.30	206.40	209.47	210.22	219.32	247.08	288.60	351.64	365.55	430.03	561.64	680.82

注：数据源自国泰安 CSMAR 上市公司数据库。

"四大"和本土大会计师事务所所垄断，本土大会计师事务所与国际"四大"的实力差距逐步缩小，双方在大客户市场上存在激烈竞争；另一方面，本土中小会计师事务所占据着证券审计市场的小客户市场，中小会计师事务所之间也存在着激烈竞争。所以可以确定，我国证券审计市场总体上还处于中等集中水平，不像美国证券审计市场那样，99% 以上的市场份额被行业前 8 位会计师事务所所垄断。

3.2.3.3 证券审计市场处于买方市场状态

我国证券审计市场还处于中等集中水平，一方面，国际"四大"的分所以及国内大所占据了证券审计市场 90% 左右的份额，这些大所之间为争夺市场份额以及拓展市场空间存在激烈竞争；另一方面，10% 的证券审计市场份额被国内其他证券资格事务所所占据，这些会计师事务所为了自身的生存与发展，或者选择与其他事务所合并，或者采取低价竞争，以扩大自身市场份额，它们之间也存在激烈的竞争。所以说，证券审计市场基本上处于"僧多粥少"的局面。从证券审计市场的注册会计师聘用角度而言，虽然目前《公司法》《证券法》等法律法规规定上市公司聘请会计师事务所要经股东大会批准，但由于我国上市公司非流通股占绝对优势地位，在这种股权结构下，非流通股大股东与管理层共同控制着上市公司的决策与运营，缺乏对高质量审计服务的需求，而会计师事务所的聘用权也完全掌握在他们手中，即掌握了证券审计市场定价的主动权，这就导致上市公司管理层和会计师事务所力量的博弈结果使上市公司管理层的力量和权力明显高于会计师事务所，证券审计市场总体上处于买方市场状态。

3.3 基于信息经济学的审计定价分析

3.3.1 审计成本的基本构成

西莫尼奇（Simunic，1980）对审计定价进行了经典性的论述，提出会计师事务所的审计定价模型主要由会计师事务所的生产函数、审计风险状况以及损失的分担机制三部分构成。生产函数与审计风险状况构成了审计过程的资源成本，而损失的分担机制则决定了审计成本中风险溢价的大小，两者是审计成本的基本组成部分。

3.3.1.1 审计资源成本

审计资源成本是指注册会计师以及会计师事务所在审计过程中所投入与消耗的审计资源的消耗成本。审计资源成本不仅包括审计项目的显性成本，同时还包括分摊到审计项目上的隐性成本。

显性成本是指直接花费到特定审计项目上的人力、时间等的成本，这部分成本主要由审计项目的规模、复杂度以及审计风险程度来决定。被审计单位的规模与复杂程度直接决定了审计业务量，进而影响着审计项目组人员、时间等审计资源的配置，与规模较小、复杂度较低的项目相比，项目规模越大、复杂度越大，项目组成员配置相应较多，时间安排也相应较多，进而成本相应较高。另外，注册会计师审计的主要目标是对被审计单位财务报告是否不存在由于舞弊或错误而导致的重大错报风险获取合理保证。依据审计风险模型，审计风险 = 重大错报风险×检查风险，为了将审计风险控制在能够接受的合理的水平上，注册会计师要评估被审计单位财务报表存在重大错报风险的可能性，通过对容易导致财务报表重大错报风险的领域投入更多的审计资源，执行更为有效的审计程序，获取更充分、适当的审计证据，将检查风险降低到最低程度，即将审计后财务报表存在重大错报的可能性降至最低，以确保会计信息的真实性与公允性。所以说，项目的审计风险程度，也直接影响审计资源的配置，进而对审计成本产生直接影响。

隐性成本是指分摊到审计项目中，间接对审计定价产生影响的成本，主要由注册会计师以及会计师事务所的智力成本构成。会计师事务所是提供专业服务的中介性组织，是典型的人合组织，会计师事务所的生存与发展，主要依靠注册会计师的专业胜任能力与职业道德水平。审计报告的签发成本固然很低，但审计结论与审计意见的形成却需要职业能力、专业判断以及道德水平的支撑，报告承载不仅仅是审计过程所耗费的直接人力和时间，审计报告中凝结的更多是注册会计师的智力活动。注册会计师资格的获取需要通过考试，注册会计师专业胜任能力的保持需要后续教育以及内部培训。这些知识的储备与更新、专业胜任能力的养成与保持需要注册会计师以及会计师事务所花费大量的成本，而这些成本，必须分摊到具体的审计项目中，进而成为审计资源成本的重要组成部分。

3.3.1.2　风险溢价

风险溢价是指会计师事务所为补偿因审计失败而导致的诉讼或声誉损失而引发的成本。会计师事务所不是一般的中介服务机构，承担着"经济警察"的社会公共监督职能，社会赋予其对上市公司会计信息进行鉴证的垄断地位，相应地也要承担一定的执业责任，通过执业责任及其职业信誉为其审计报告提供合理保证。虽然《注册会计师法》以及《证券法》等相关法律对注册会计师以及会计师事务所的民事责任进行了明确规定，但是从司法实践而言，即便注册会计师以及会计师事务所严格遵循了法律和执业准则也未必能够彻底免除民事赔偿责任。一方面，由于审计期望差距的存在会导致会计师事务所的审计责任与被审计单位会计责任相混淆；另一方面，由于审计"保险论"的影响，投资者认为审计是一种保险行为，会计师事务所应该承担无过失责任，只要审计失败，会计师事务所就要承担责任。因此，会计师事务所的民事责任风险在司法实践中无法完全避免。故而会计师事务所的审计定价要充分考虑执业责任风险的影响，将风险溢价纳入审计费用中。

3.3.2　审计定价的经济学分析

审计费用除了受审计成本因素影响外，还受市场供求状况、信息不对称程度、市场竞争态势以及会计师事务所利润等相关因素的影响，但总体而言，正常、合理的审计费用以审计成本为基础，在其他相关因素的作用下在一定区间内波动，不应过度偏离这一区间。由上文分析可知，审计委托人（被审计单位股东或治理层）与审计代理人（注册会计师或会计师事务所）之间是典型的委托代理关系，基于对被审计单位会计信息真实性、公允性需求，审计委托人与会计师事务所签订审计业务约定书，注册会计师和会计师事务所对被审计单位财务报表信息真实性与公允性进行鉴证，完成审计工作后，出具审计报告，发表审计意见，并就审计结果与审计委托方进行沟通。本节在委托代理框架的基础上，考察审计委托方可以观察注册会计师的审计行动和无法观察注册会计师审计行动这两种情况下最优审计契约的安排问题，进而对审计费用的合理区间进行刻画，为下文分析异常审计费用进行铺垫。

3.3.2.1　模型基本假定及推导

假定 1：注册会计师的审计工作主要受其审计行动（工作努力程度等）以及外界不确定性因素等的影响。假定行动 A 表示注册会计师可以选择的行动组合，$a \in A$ 表示注册会计师的一个特定行动。德安吉洛（DeAngelo，1981b）认为，审计质量是注册会计师发现财务信息重大错报并报告这种错报的联合概率，注册会计师发现财务信息重大错报的概率取决于其审计工作的努力程度 e，同时还取决于其职业能力水平 p，而注册会计师报告财务信息重大错报的概率主要受其独立性的影响，本书用 d 刻画注册会计师的独立性，由此，行动 a 是注册会计师的三维决策变量，即 $a = (e, p, d)$；为了简化推理过程，本书假定审计质量是行动 a 的一维函数。同时假定 θ 是均值为 0，方差为 σ^2 的正态分布随机变量，代表外生的不确定性因素。由此，审计质量函数可以定义为：

$$q = f(a) + \theta \tag{3.3}$$

假定 2：假定委托人是风险中性的，[①] 审计契约中审计费用的支付以如下线性形式进行：

$$s(q) = \alpha + \beta q \tag{3.4}$$

其中，α 为注册会计师的固定收益，与审计质量 q 无关，β 是审计契约双方就审计质量设定的激励系数，即质量溢价系数，审计质量每增加一单位，审计费用就增加 β 单位。不失一般性，$0 \leqslant \beta < 1$。当 $\beta = 0$ 时，表明契约双方约定会计师事务所只收取固定审计费用，注册会计师不分享审计质量所带来的额外收益。从会计师事务所和注册会计师角度而言，由于无法避免审计失败可能带来的潜在诉讼风险，潜在诉讼风险所引致的损失也应该在

---

① 这是契约理论的标准假设，其含义是，由于委托人在高度证券化的资本市场上可以通过分散投资来分散风险，因此，是风险中性的；而代理人由于只能主要受雇于一个企业，难以规避或者分散风险，因此，是风险规避的。同时，基于审计风险模型的设定，注册会计师也应该是风险规避型的。

审计费用中得到体现，故而 β 可以看作风险溢价系数。

因为审计委托方是风险中性的，给定 $s(q) = \alpha + \beta q$，委托方期望效用等于期望收益[1]，即：

$$
\begin{aligned}
Ev(q - s(q)) &= E(q - \alpha - \beta q) \\
&= -\alpha + E(1 - \beta)q \\
&= -\alpha + (1 - \beta)q
\end{aligned} \tag{3.5}
$$

假定 3：假定注册会计师的效用函数具有不变绝对风险规避特征，即 $u = -e^{-rw}$，其中 r 表示绝对风险规避度量，w 表示实际货币收入。本书假定注册会计师的努力成本 $c(a)$ 可以等价为货币成本，进一步假定 $c(a) = \frac{1}{2}a^2b$，$b > 0$ 代表能力水平系数，b 越大，同样的努力给注册会计师带来的负效用越大。则代理人的实际收入为：

$$
\begin{aligned}
w &= s(q) - c(a) = \alpha + \beta q - \frac{1}{2}a^2b \\
&= \alpha + \beta f(a) + \beta\theta - \frac{1}{2}a^2b \\
&= \alpha + \beta f(a) - \frac{1}{2}a^2b
\end{aligned} \tag{3.6}
$$

由于注册会计师是风险规避的，因此，其期望效用是[2]：

$$
\begin{aligned}
Eu &= E[-e^{-rw}] = \int_{-\infty}^{+\infty} -e^{-rw} f(w) \, dw \\
&= -\int_{-\infty}^{+\infty} e^{-rw} \frac{1}{\sqrt{2\pi}\sigma_w} e^{-\frac{1}{2}\left(\frac{w-\mu}{\sigma_w}\right)^2} \, dw \\
&= -e^{-r\left(\mu_w - \frac{1}{2}r\sigma_w^2\right)}
\end{aligned} \tag{3.7}
$$

式（3.7）表明，计算注册会计师的期望效用等同于计算 $\mu_w - \frac{1}{2}r\sigma_w^2$。

又因为：

$$
\mu_w = \alpha + \beta f(a) - \frac{1}{2}a^2b
$$

---

[1] 本书假定所有当时人的效用函数都是冯·诺依曼—摩根斯特恩（VNM）性质的效用函数，即契约双方的效用函数满足如下性质：$pu(a) + (1-p)u(b) = u(x)$ 其含义是一种"未定商品"的效用就等于所涉及的"确定商品"的效用的均值。

[2] 计算过程见附录。

$$\sigma_w^2 = \mathrm{Var}\left(\alpha + \beta f(a) + \beta\theta - \frac{1}{2}a^2 b\right)$$

$$= \mathrm{Var}\left(\alpha + \beta q - \frac{1}{2}a^2 b\right)$$

$$= \mathrm{Var}(\beta q)$$

$$= \beta^2 \sigma^2 \tag{3.8}$$

所以：

$$Eu = -e^{-r\left(\mu_w - \frac{1}{2}r\sigma_w^2\right)}$$

$$= -e^{-r\left(\alpha + \beta f(a) - \frac{1}{2}a^2 b - \frac{1}{2}r\beta^2\sigma^2\right)} \tag{3.9}$$

式（3.9）中可变部分通过整理可得：

$$EC = \alpha + \beta f(a) - \frac{1}{2}a^2 b - \frac{1}{2}r\beta^2\sigma^2 \tag{3.10}$$

式（3.10）为注册会计师的确定性等价收入[①]（certainty equivalence），最大化注册会计师的期望效用等于最大化注册会计师的确定性等价收入。其中 α 是固定收益，$\beta f(a)$ 为风险收益，即审计质量溢价，则 $\alpha + \beta f(a)$ 是注册会计师的全部收入，即被审计单位应支付给会计师事务所的实际审计费用；$\frac{1}{2}a^2 b$ 是注册会计师的努力成本，$\frac{1}{2}r\beta^2\sigma^2$ 是注册会计师的风险成本，这就意味着，具有风险规避特征的注册会计师的实际收入等于全部收入减去努力成本，再减去风险成本。

假设注册会计师的保留收入水平为 $\overline{w}$，即会计师事务所的最低利润水平为 $\overline{w}$。如果确定性等价收入小于 $\overline{w}$，注册会计师不会签订该审计契约，因此，注册会计师的参与性约束为：

$$IR: \alpha + \beta f(a) - \frac{1}{2}a^2 b - \frac{1}{2}r\beta^2\sigma^2 \geqslant \overline{w} \tag{3.11}$$

3.3.2.2 对称信息条件下最优审计契约安排

对称信息条件下，审计委托方可以观察注册会计师的努力程度（包括

---

① 张维迎. 博弈论与信息经济学［M］. 格致出版社·上海三联书店·上海人民出版社，2004. 如果 $u(x) = Eu(y)$（其中 y 为随机收入），x 称为 y 的确定性等价，因为消费者从随机收入 y 中得到的期望效用与从确定收入 x 中得到的效用相同。当消费者是风险中性时确定性等价等于随机收入的均值，当消费者是风险规避的时候，确定性等价等于随机收入的均值减去风险成本。

行动、独立性以及职业能力等），此时，任何水平的 a 都可以通过满足参与性约束 IR 的强制合同来实现，而不需要其他额外激励。因此，委托方的问题是选择（α, β）以及观察注册会计师的行动 a 来实现期望效用的最大化，而此时的审计契约实现了帕累托最优。最优化模型为：

$$\max_{\alpha,\beta,a} Ev(q-s(q)) = -\alpha + (1-\beta)q = -\alpha + (1-\beta)f(a) \quad (3.12)$$

$$\text{s. t. } (IR)\,\alpha + \beta f(a) - \frac{1}{2}a^2 b - \frac{1}{2}r\beta^2\sigma^2 \geqslant \overline{w} \quad (3.13)$$

由于契约双方均为理性经济人，则在最优情况下，参与性约束是紧的，即有：

$$\alpha + \beta f(a) - \frac{1}{2}a^2 b - \frac{1}{2}r\beta^2\sigma^2 = \overline{w} \quad (3.14)$$

将式（3.14）代入目标函数，则审计契约委托方的问题可以简化为：

$$\max_{\alpha,\beta,a} Ev = f(a) - \frac{1}{2}a^2 b - \frac{1}{2}r\beta^2\sigma^2 - \overline{w} \quad (3.15)$$

则一阶必要条件为：

$$\frac{df}{da} = ab \quad (3.16)$$

$$\beta = 0 \quad (3.17)$$

也即：

$$a^* = \frac{1}{b}\frac{df}{da} \quad (3.18)$$

$$\beta^* = 0 \quad (3.19)$$

将上述结果代入注册会计师的参与性约束得：

$$\alpha^* = \overline{w} + \frac{1}{2}a^2 b$$

$$= \overline{w} + \frac{1}{2b}\left(\frac{df}{da^*}\right)^2 \quad (3.20)$$

这就是对称信息下的帕累托最优审计契约，由于审计委托方是风险中性的，注册会计师是风险规避的，帕累托最优风险分担要求注册会计师不承担任何风险，即 $\beta^* = 0$。审计委托方支付给审计费用等于保留收入加上努力成本，即会计师事务所利润加上审计努力成本。最优努力水平要求努力的边际期望等于注册会计师行动的边际成本，即 $\frac{df}{da} = ab$。由于审计委托方可以观察到注册会计师选择的行动 a ，只要观测到注册会计师选择了 $a <$ $\frac{1}{b}\frac{df}{da}$ 时，审计委托方就会支付 $\underline{\alpha} < \overline{w} < \alpha^*$ ， $\underline{\alpha}$ 为低于最优水平的支付，因此，注册会计师一定会选择 $a^* = \frac{1}{b}\frac{df}{da}$ 。由此可见，在对称信息下，最优风险分担与激励没有矛盾。

3.3.2.3 不对称信息条件下审计契约安排

在信息不对称情况下，审计委托方无法观测到注册会计师的行动 a ，上述帕累托最优是无法实现的，注册会计师将从自己效用最大化的立场选择自己的行动。即：

$$\max_a EC = \alpha + \beta f(a) - \frac{1}{2}a^2 b - \frac{1}{2}r\beta^2\sigma^2 \tag{3.21}$$

一阶必要条件为：

$$\beta\frac{df}{da} = ab \tag{3.22}$$

即：

$$a = \frac{\beta}{b}\frac{df}{da} \tag{3.23}$$

这是注册会计师的激励性约束 IC 。因此，审计委托方将通过确定（ α ，β ），诱使注册会计师选择委托方期望的行为 a ，以实现自身期望效用的最大化。则：非对称信息下最优化契约的数学模型为：

$$\max_{\alpha,\beta,a} Ev(q - s(q)) = -\alpha + (1 - \beta)q = -\alpha + (1 - \beta)f(a) \tag{3.24}$$

$$\text{s. t. }(IR)\,\alpha + \beta f(a) - \frac{1}{2}a^2 b - \frac{1}{2}r\beta^2\sigma^2 \geqslant \overline{w} \tag{3.25}$$

$$(IC)\,a = \frac{\beta}{b}\frac{df}{da} \tag{3.26}$$

将参与性约束 IR 和激励相容约束 IC 代入目标函数，则最优化问题可以简化为：

$$\max_{\beta} Ev = f(a) - \frac{1}{2}r\beta^2\sigma^2 - \frac{b}{2}\left(\frac{\beta}{b}\frac{df}{da}\right)^2 - \overline{w} \tag{3.27}$$

一阶必要条件为：

$$\frac{1}{b}\left(\frac{df}{da}\right)^2 - r\beta\sigma^2 - \frac{\beta}{b}\left(\frac{df}{da}\right)^2 = 0 \tag{3.28}$$

即：

$$0 < \beta = \frac{\left(\dfrac{\mathrm{d}f}{\mathrm{d}a}\right)^2}{\left(\dfrac{\mathrm{d}f}{\mathrm{d}a}\right)^2 + rb\sigma^2} < 1 \tag{3.29}$$

以上结果表明，由于审计委托方与注册会计师以及会计师事务所之间存在信息不对称问题，故而，审计契约的设计无法达到帕累托最优。在非对称信息下，由于存在：

$$0 < \tilde{\beta} = \frac{\left(\dfrac{\mathrm{d}f}{\mathrm{d}a}\right)^2}{\left(\dfrac{\mathrm{d}f}{\mathrm{d}a}\right)^2 + rb\sigma^2} < 1 \tag{3.30}$$

所以有：

$$\tilde{a} = \frac{\tilde{\beta}}{b}\frac{\mathrm{d}f}{\mathrm{d}a} < \frac{1}{b}\frac{\mathrm{d}f}{\mathrm{d}a} = a^* \tag{3.31}$$

$$\tilde{\alpha} + \beta f(\tilde{a}) = \bar{w} + \frac{1}{2}\tilde{a}^2 b + \frac{1}{2}r\tilde{\beta}^2\sigma^2$$

$$= \bar{w} + \frac{\tilde{\beta}}{2b}\left(\frac{\mathrm{d}f}{\mathrm{d}\tilde{a}}\right)^2$$

$$< \bar{w} + \frac{1}{2b}\left(\frac{\mathrm{d}f}{\mathrm{d}a^*}\right)^2 = \alpha^* \tag{3.32}$$

其中 $\tilde{a}$、$\tilde{\beta}$、$\tilde{\alpha}$ 分别是非对称信息条件下审计契约安排的注册会计师的次优努力水平、风险激励系数以及固定收益；a^* 是对称信息条件下最优审计契约安排的注册会计师的最优努力水平。

式（3.31）表明，在非对称信息条件下注册会计师的努力水平严格小于对称信息下注册会计师的最优努力水平，因此，在非对称信息下，审计期望差距必然存在，审计质量根本无法完全达到审计委托方所要求的质量水平，甚至低于准则所要求的审计质量的情况也可能发生。式（3.32）表明，在非对称信息条件下，为了激励注册会计师按照审计委托方的意愿提供高质量的审计服务，审计委托方必须对注册会计师进行风险激励，审计委托方支付给会计师事务所的审计费用中需要包含一定的风险溢价；但非对称信息下的审计费用严格小于对称信息下的审计费用。特别的，在非对称信息条件下，若

$\tilde{\beta}=0$（会计师事务所完全不承担风险），则 $\alpha=\bar{w}$，注册会计师选择 $\tilde{a}=0$；当 $\tilde{\beta}=1$（会计师事务所完全承担风险，即注册会计师是风险中性，$r=0$），则 $\tilde{\alpha}+\beta f(\tilde{a})=\bar{w}+\dfrac{1}{2b}\left(\dfrac{\mathrm{d}f}{\mathrm{d}a^{*}}\right)^{2}=\alpha^{*}$。故而，非对称信息条件下的正常审计费用随注册会计师风险承担程度在一定的合理区间内变动，该区间为：

$$\left(\bar{w}+\frac{1}{2}\tilde{a}^{2}b+\frac{1}{2}r\tilde{\beta}^{2}\sigma^{2},\ \bar{w}+\frac{1}{2b}\left(\frac{\mathrm{d}f}{\mathrm{d}a^{*}}\right)^{2}\right) \tag{3.33}$$

其中，
$$\tilde{a}=\frac{\beta}{b}\frac{\mathrm{d}f}{\mathrm{d}a} \tag{3.34}$$

$$0<\tilde{\beta}=\frac{\left(\dfrac{\mathrm{d}f}{\mathrm{d}a}\right)^{2}}{\left(\dfrac{\mathrm{d}f}{\mathrm{d}a}\right)^{2}+rb\sigma^{2}}<1 \tag{3.35}$$

3.3.2.4　正常审计费用区间的界定

上文分别就对称信息条件下最优审计契约以及非对称信息条件下审计契约的审计费用进行了数理推演，分析发现，在非对称信息条件下，正常审计费用随注册会计师承担风险的程度，在一定区间内变动。这一区间的上限，是对称信息条件下最优审计契约中审计委托方所要支付给会计师事务所的审计费用，即固定收益与注册会计师最优努力水平下努力成本之和；区间的下限是非对称信息下满足审计委托方审计质量要求的审计契约中审计委托方所要支付给会计师事务所的审计费用，即固定收益、次优努力水平下努力成本以及风险成本三者之和。

但因为在非对称信息条件下，并不存在一个最优审计契约，只存在合理的审计契约，合理的审计契约是审计委托方在激励与保险之间权衡的结果。而在证券审计市场上，审计委托方从广义而言，已不仅仅限于上市公司股东，还包括债权人、政府、潜在投资者等利益相关者，所谓"众口难调"，每类利益相关群体对会计信息的需求程度存在差异。另外，从对会计信息的保证程度而言，注册会计师审计作为降低上市公司委托代理风险的一种外部治理机制，审计委托方必须权衡审计监督成本与审计收益（注册会计师发现财务报表错报而为股东挽回的损失），如果注册会计师能够在既定的审计成本下发现财务报表的所有重大错报，实现对财务报表整体不存在重大错报的合理保证，对审计委托方而言，将是利益最大化的选择。实践证明，注册会计师审计准则是会计师事务以最合理的审计成本将所有重大错报审查出来的一系列规范化和系统化的程序与规则。注册会计师按照审计准则对财务报表进行审计，保证财务报表在所有重大方面均按照适用的财务报告编制基础得到公允反映，既能满足不同审计需求方对审计质量的基本要求，又能以合理的审计成本尽量降低审计风险，所以说满足审计准则要求的审计质量，即为平衡各利益相关方对审计质量要求的"最大公约数"，而此审计质量水平下的审计费用则成为审计费用区间的下限。假定 $\bar{w}$、$\bar{\beta}$、$\bar{\alpha}$ 分别是满足审计准则要求下的注册会计师的努力水平、风险激励系数以及固定收益，则满足审计准则基本要求的审计费用为：

$$\bar{w} + \frac{1}{2}\bar{a}^2 b + \frac{1}{2}r\bar{\beta}^2\sigma^2 \tag{3.36}$$

如果审计委托方提出了超出审计准则要求的、更高的审计质量要求，那么则需要设置更高的激励标准，支付给会计师事务所更高的审计费用，促使注册会计师提供更高质量的审计服务，但这一激励水平，最高超不过对称信息条件下最优审计契约中审计委托方所要支付给会计师事务所的审计费用，即固定收益与注册会计师最优努力水平下努力成本之和。因此，合理审计费用的分布区间应该是：

$$\left(\bar{w} + \frac{1}{2}\bar{a}^2 b + \frac{1}{2}r\bar{\beta}^2\sigma^2,\ \bar{w} + \frac{1}{2}a^{*2}b\right) \tag{3.37}$$

3.4　审计悖论与异常审计费用的形成

通过委托代理框架下的分析，本书认为，审计定价也即审计费用存在一个合理的区间，而不应畸高或畸低。合理审计费用区间的上限是对称条件下最优审计契约下的审计费用，区间下限是满足审计准则基本要求的审计质量下的审计费用。但是由于现实条件下审计契约非对称性三方关系所导致的审计悖论的存在，造成审计定价过程中存在机会主义行为，进而审计费用畸高畸低，偏离正常审计费用区间，导致异常审计费用的产生。

3.4.1 审计契约非对称性三方关系与审计悖论

在审计契约中，审计服务的委托方、提供方以及被审计单位构成了审计契约委托代理的三方关系。狭义的审计服务委托方是被审计单位股东，审计服务的提供方是注册会计师或会计师事务所，审计服务购买方也即审计费用的承担者（被审计单位）即上市公司。审计契约的三方关系，实质上体现的是双重代理关系。在现代公司治理环境下，第一种代理关系是委托方与被审计单位管理层之间在企业经营管理上的代理关系，股东将企业的经营管理权委托给职业经理人，职业经理人以财务报表等形式定期进行信息披露，向委托方即股东汇报受托责任的履行情况。为了对管理层受托责任的履行情况进行鉴定，股东委托会计师事务所和注册会计师对被审计单位的财务报表实施审计，即产生了第二种代理关系。第二种代理关系因第一种代理关系而存在，是第二种代理关系产生的基础性原因。随着上市公司的不断增多以及资本市场的不断发展，上市公司财务报表信息的使用者不再局限于股东、债权人等，已经泛化为社会公众，为了维护社会公众的权益，保证上市公司财务报表信息披露的真实性与公允性，注册会计师财务报表审计由自愿审计发展为法定审计，注册会计师审计责任不仅仅是对被审计单位管理层的受托责任进行审核，更重要的是对所有财务报表信息使用者负责，对被审计单位财务报表信息的公允性和真实性进行鉴证，以提高财务报告预期使用者对会计信息的信赖程度，因此，广义的审计委托方等同于审计需求方，即社会公众。

可以看出，在证券审计市场上审计契约的三方关系中，审计服务的需求方（或委托方）与审计的购买方并不一致。一般商品与服务，需求方按照商品或服务价格支付一定费用给商品生产者或服务提供者以获得使用价值，所以在一般商品与服务的价格体系中，只存在需求方（购买方）与提供方（生产者）之间对称的关系，需求方与购买方相重合。而在审计服务的价格体系中却存在三方关系，即审计需求方与审计购买方并不一致，这是审计服务的第一个悖论，即审计契约关系悖论。这一审计悖论同时又衍生出审计服务的第二悖论，审计服务过程的私人性与审计服务产出的公共性冲突，即审计定价机制悖论。一旦审计业务约定书签订，审计服务过程就具有竞争性和排他性，注册会计师或会计师事务所增加一个审计客户，必然会增加审计成本，注册会计师和会计师事务所在为一个客户提供审计服务的同时，不能为其他客户提供审计服务。所以说从审计服务过程而言，审计服务为客户所独享，属于私人物品。但是审计服务的产出——审计报告一经公告，就可以无限复制和传播，即具备了公共物品的非竞争性和非排他性，即审计报告属于公共物品。审计契约关系悖论是产生审计定价机制悖论的基础，审计定价机制悖论是审计契约关系悖论的衍生和必然结果。

3.4.2　异常审计费用的形成

3.4.2.1　审计悖论为异常审计费用的存在提供了理论上的可能性

审计悖论的存在，决定了审计服务本身并不完全存在一个通过市场完全竞争进行服务定价的合理机制。实物商品和服务的需求者和购买者是统一的，或者两者之间的利益具有一致性，需求方和购买方均希望所购买的商品或服务质量是好的，希望物有所值。在完全竞争的市场环境下，市场机制就形成合理的价格，并达到物有所值。而审计服务则有所不同，证券审计市场注册会计师审计服务的需求方与购买方并不统一，是不同的利益主体，利益最大化目标并不一致。作为审计服务购买方的管理层而言，一方面，关注审计服务的价格，希望能够以低于正常价格水平的审计费用购买审计服务；另一方面，则希望注册会计师能够为其出具"清洁"的审计意见，或者希望注册会计师能够容忍其盈余管理行为，这就有可能通过高审计定价，以超出正常审计费用区间的审计价格来实现审计意见购买或者提高注册会计师对其盈余操纵的容忍程度。而审计服务的需求方关系的是注册会计师审计服务的质量，是否能够通过审计服务对被审计单位的财务报表发表正确的审计意见，以提高其对被审计单位会计信息的可信赖度，进而优化投资决策，提高投资收益。但是，审计服务的需求方虽然关注审计质量，却不是审计服务的直接购买者，对注册会计师审计服务没有最终选择权，这就导致审计定价会偏离正常审计价格区间，形成异常审计费用。

3.4.2.2　证券审计市场环境为异常审计费用的存在提供了现实条件

由上文的分析可知，我国证券审计市场整体处于买方市场状态，在上市公司非流通股占绝对优势地位的特殊股权结构下，非流通股大股东与管理层共同控制着上市公司的决策与运营，既缺乏对高会计信息质量的需求，又缺乏对高质量审计服务的需求，盈余操纵甚至财务造假丛生。而就审计服务的提供方而言，在财政部与中注协注册会计师行业"做大做强战略"的推动和相关政策引导下，一批本土大中型会计师事务所进行优化整合或强强联合，随着我国证券审计市场的集中度在不断上升，证券审计市场从低寡占市场向高寡占市场的趋势发展，但目前证券审计市场的集中程度还比较低，还没有达到如美国证券审计市场的高寡占市场的状态，整个市场处于竞争状态下，不仅本土中小所之间为争夺市场份额存在竞争，本土大所之间以及本土大所与国际"四大"之间也存在激烈竞争。这就导致上市公司管理层和会计师事务所力量的博弈结果使上市公司管理层的力量和权力明显高于会计师事务所。一方面，在审计价格谈判过程中，被审计单位会利用其证券审计市场优势地位，尽量压低审计服务价格，以减少公司费用，而注册会计师和会计师事务所为了免于丧失客户，保持其市场份额，就会屈从于被审计单位，提供低价审计服务，造成审计费用低于正常审计费用区间，即出现负向异常审计费用。另一方面，当客户即被审计单位管理层都希望其财务报表被出具"清洁"审计意见，而一旦其报表存在重大错报风险或者过度的盈余管理行为，被审计单位管理层也有可能提高审计服务价格，诱使注册会计师或者会计师事务所为其进行审计意见变通，提高对其盈余操纵的容忍度，实际审计费用就可能偏离正常审计费用的合理区间，形成正向的异常审计费用。同时，由于我国证券市场投资者保护机制的不健全，"重行政处罚，轻民事责任"的状况一直并未得到改善，证券市场虚假陈述的收益远大于其处罚成本，更导致了异常审计费用的普遍存在。

3.5　本章小结

　　本章在对证券审计市场、异常审计费用、正向异常审计费用、负向异常审计费用等相关概念进行界定的前提下，首先，对我国证券审计市场的特征进行了分析，证券审计市场主要存在审计服务需求方、审计服务提供方、被审计单位以及审计市场监管者四种参与人，分析认为，证券审计市场上的审计产品不仅是一种服务产品，同时还具备公共物品的属性；同时，我国证券审计市场还存在集中度较低、处于买方市场状态等特征。其次，在分析审计成本构成的基础上，利于委托代理框架，通过分析对称信息和非对称信息条件下审计契约的设计，确定了正常审计费用的合理区间，分析发现，合理审计费用区间的下限为满足审计准则要求的固定收益、努力成本以及风险成本三者之和，区间上限为对称信息条件下最优审计契约中审计委托方所要支付给会计师事务所的审计费用，即固定收益与注册会计师最优努力水平下努力成本之和。合理审计费用区间的界定为异常审计费用的界定奠定了基础。最后，通过分析审计契约三方关系以及审计契约关系悖论与审计定价机制悖论，阐明异常审计费用在理论上具有存在的可能性，而中国证券审计市场缺乏高质量审计需求、低价竞争以及弱法律责任的市场为异常审计费用的存在提供了现实条件，最终导致了异常审计费用的产生。这为下一章进一步分析异常审计费用对审计质量的影响奠定基础。

第4章

博弈模型分析及假设提出

4.1 博弈理论分析的可行性

本书第 3 章分析认为，异常审计费用的形成具备理论上的可能性及其存在的现实条件。非对称的审计契约三方关系所导致的审计契约关系悖论与审计定价机制悖论使异常审计费用偏离合理审计费用区间成为可能，而中国证券审计市场缺乏高质量审计需求、低价竞争以及弱法律责任的市场为异常审计费用的存在提供了现实条件，两者相互作用导致了异常审计费用的产生。异常审计费用的存在，对审计质量会产生何种影响，其影响机理如何，本章将采用完全信息动态博弈模型，对异常审计费用存在条件下上市公司管理层与注册会计师的博弈展开分析，在寻找两者博弈均衡点的同时，阐明异常审计费用对审计质量的影响机理。

4.1.1 博弈的基本理论

博弈论（game theory）是研究决策主体的互动决策以及决策均衡问题的理论及方法论。互动决策是指决策主体的决策或行动，不仅依赖于自己的选择，同时还依赖于其他决策主体的决策或行动，而且决策主体最优的决策行为也是相互依赖的。虽然博弈论与传统新古典经济学均强调经济主体的个人理性以及决策符合个人效用最大化原则，但两者却在经济主体的决策或行动分析方式上存在差异。新古典经济学认为，在完全竞争市场条件下，价格在市场中自发形成，每一个经济主体只能是价格的接受者，个人决策行为是在价格参数以及收入等条件既定的情况下最大化个人效用的行为，个人效用函数只依赖于决策主体自己的选择，而与其他人的决策行为无关；决策主体的最优选择是价格和收入的函数，而非其他决策主体选择的函数。博弈论则认为，在经济系统中，每一个经济主体之间是相互作用的，尤其是在非完全竞争市场上，经济主体并不完全是价格的接受者，而是价格的决定者，因此，个人决策行为不再是价格参数以及收入既定条件下的个人效用最大化行为，而是考虑外部经济条件相互影响下的个人效用最大化行为，个人效用函数既依赖于决策主体自己的选择，同样依赖于其他决策主体的选择，决策主体的最优选择是其他决策主体选择的函数。所以说，博弈论的本质与精髓在于在预测别人最优行为决策的基础上决定自己的最优行为。

一个博弈至少存在以下三个要素：博弈参与人、策略空间以及支付。博弈参与人是指一个博弈中的决策主体，其目的是通过选择策略进行行动进而最大化自己的效用。策略空间是指在既定信息集条件下行动规则的集合。支付是指在特定策略下博弈参与人的个人效用，参与人支付是所有参与人策略组合的函数，参与人的目的是选择最优的战略以实现其效用最大化，因此，支付函数的结构以及取值，不仅会影响参与人的行动与策略，更会影响博弈的结果及均衡。博弈均衡是指所有参与人最优策略的组合。以上三个博弈基本要素构成了博弈的信息集，依照参与人对信息集的了解程度，可以将博弈分为完全信息博弈和不完全信息博弈，完全信息是指博弈参与人对参与人特征、策略空间以及支付函数均完全了解，否则即为不完全信息。从参与人的行动次序而言，博弈可分为静态博弈和动态博弈。

4.1.2 证券审计市场特征及其利用博弈论分析的可行性

基于我国证券审计市场与审计服务的特征，本书拟采用完全信息动态博弈模型对上市公司管理层与注册会计师之间的互动行为进行分析，完全信息动态博弈是指博弈双方参与人不同时序行动，但对博弈的结果具备完全信息的动态博弈模型。

首先，从博弈的基本定义而言，证券审计市场上注册会计师与上市公司管理层的互动行为属于博弈论的研究范畴。证券审计市场并非完全竞争市场，审计服务价格是在会计师事务所与上市公司的谈判过程中形成的，会计师事务所以及上市公司管理层是审计服务价格的决定者，而非审计服务价格的被动接受者。双方的决策行为不是在审计服务价格既定条件下的各自效用最大化行为，而是在双方相互影响下的个人效用最大化行为，上市公司通过辞退威胁或者高价诱惑均可以影响会计师事务所的审计行为，同时，会计师事务所的应聘与不应聘、合谋与不合谋也影响上市公司管理层的效用最大化行为，这符合博弈分析的基本原理。

其次，从博弈的要素构成而言，证券审计市场博弈具备博弈的基本构成要素。证券审计市场博弈的参与人可以简化为上市公司管理层和会计师事务所或注册会计师。[①]上市公司管理层在这一双人博弈中的行动为聘用与不聘用、威胁与不威胁、诱惑与不诱惑，而会计师事务所或注册会计师的行动有应聘与不应聘、合谋与不合谋，双方的不同行动在不同的行动次序下就构成了双人博弈的策略空间。对于上市公司而言，该双人博弈的支付是粉饰财务报表所获得的收益；对于会计师事务所或注册会计师而言，其支付是审计费用。审计服务不同于实物商品，实物商品的价格是质量的信号和反映，质量的好坏决定了价格的高低，在正常情况下，价格很难影响质量。但审计服务是一种先付费后提供服务的活动，即在价格确定之后才提供服务，因此，审计价格的构成及高低使得注册会计师存在着机会主义的行为，可以按照效用最大化的原则选择最优的行动策略，而注册会计师的行动策略直接影响着审计服务的质量。另外，博弈参与人双方对博弈参与人、博弈策略空间以及支付函数所构成的博弈信息集均完全了解，而且参与人行动具有先后，这符合完全信息动态博弈分析的基本假定。

显然，引入博弈论的方法研究证券审计市场上市公司管理层与会计师事务所的行为，寻找博弈的均衡点，有助于分析和发现博弈双方各自行动的动机、条件以及审计费用影响审计质量的作用机理，同时也为研究防范、消除异常审计费用对审计质量消极影响的对策，为改变非效率博弈均衡提供理论支持。

---

① 证券审计市场的博弈参与人并不局限于上市公司管理层与会计师事务所或注册会计师，同时还包括上市公司股东、市场监管者、潜在投资者以及其他利益相关方，但基于本书分析需要，假定证券审计市场的参与人只有上市公司管理层和会计师事务所或注册会计师。

4.2　基于完全信息动态博弈模型的上市公司与会计师事务所行为分析

本节拟通过构建上市公司与会计师事务所之间的完全信息动态博弈模型，分析其博弈均衡，刻画异常审计费用与审计质量之间的关系。虽然正向异常审计费用与负向异常审计费用同时存在于证券审计市场中，但由于两者产生的原因、机理不同，进而对审计质量的影响机制也存在差异，因此，本书分别对负向异常审计费用与正向异常审计费用存在条件下上市公司管理层与注册会计师的行为展开博弈分析，以探讨异常审计费用与审计质量的关系。

4.2.1　负向异常审计费用存在条件下上市公司管理层与注册会计师博弈分析

负向异常审计费用的存在，主要原因在于证券审计市场上低价竞争的存在。在一个对高质量审计不存在现实需求的证券审计市场上，会计师事务所之间的价格战成为其竞争的主要手段。德安吉洛（DeAngelo，1981b）认为，审计质量是注册会计师发现财务信息重大错报并报告这种错报的联合概率。一方面，低价竞争只能导致会计师事务所以减少期初审计专用性投资来降低审计成本，以招揽客户，扩大市场份额，获得竞争优势，进而注册会计师发现会计信息重大错报的概率变低。另一方面，低价竞争的存在，还会导致会计师事务所与被审计单位管理层之间存在博弈，为了维持其主审会计师事务所地位，保证不被客户解聘，会计师事务所就有可能屈从于被审计单位管理层的压力和威胁，丧失其审计独立性，导致审计合谋，注册会计师报告重大错报的概率变小。由此，低价竞争所导致的异常审计费用的存在，必然会有损于审计质量。本节通过构建会计师事务所与被审计单位管理层之间的完全信息动态博弈模型刻画负向低价竞争对审计独立性的损害。

4.2.1.1　博弈参与人

会计师事务所（OFFICE）与被审计单位管理层（FIRM）。由于股东等

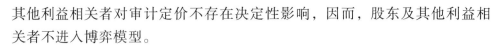

其他利益相关者对审计定价不存在决定性影响，因而，股东及其他利益相关者不进入博弈模型。

4.2.1.2 博弈参与人策略及行动

被审计单位进行财务报表审计招标，会计师事务所（OFFICE）选择正常价格或者低价进行报价投标；被审计单位管理层（FIRM）观察到会计师事务所（OFFICE）的行动后选择是否对其进行威胁，而会计师事务所（OFFICE）观察到被审计单位管理层（FIRM）的威胁后选择是否合谋。在被审计单位管理层（FIRM）不威胁的情况下，会计师事务所（OFFICE）无论是否妥协，均不会被解聘；而被审计单位管理层（FIRM）威胁的情况下，会计师事务所（OFFICE）若不合谋，就会被解聘。

4.2.1.3 博弈参与人的理性假设以及信息背景

假定会计师事务所（OFFICE）与被审计单位管理层（FIRM）均是完全理性经济人，利益最大化是各自的目标；参与人双方对彼此的策略与行动都是了解的，同时假定会计师事务所（OFFICE）能够完全观察到被审计单位的财务状况，两者拥有共同知识。

4.2.1.4 博弈参与人支付情况

如表 4.1 所示，博弈双方的支付情况。E_1 和 E_2 分别表示会计师事务所（OFFICE）与被审计单位管理层（FIRM）的期望收益。P_{11} 和 P_{12} 分别表示会计师事务所（OFFICE）以正常价和低价投标时的签约概率，显然有 $P_{11} < P_{12}$。A 表示会计师事务所（OFFICE）以低价竞标时的折价率，则 $E(1-A)$ 为负向异常审计费用值。L 为会计师事务所（OFFICE）与被审计单位管理层（FIRM）合谋时的预期法律诉讼损失，必有 $E_1 > L$。R 为被审计单位管理层（FIRM）实施"威胁"策略达成两者合谋时的超额收益。由于证券审计市场上存在竞争，当会计师事务所（OFFICE）实施"不合谋"的策略和行动时，被审计单位管理层（FIRM）总能够从市场上聘请另一家会计师事务所，此时其超额收益为 r，由于被审计单位再次聘任其他会计师事务所存在搜寻成本等，因此，可以假设 $R > r$。需要说明的是，当被审计单位管理层（FIRM）实施"不威胁"策略时，由于会计师事务所（OF-

FICE）也是理性经济人，肯定不会实施"合谋"策略，故而此时被审计单位管理层（FIRM）的期望收益均为 E_2。

表4.1 策略与支付矩阵

OFFICE	FIRM	
	不威胁	威胁
（正常价，合谋）	$(E_1 P_{11}, E_2)$	$((E_1 - L)P_{11}, E_2 + R)$
（正常价，不合谋）	$(E_1 P_{11}, E_2)$	$(0, E_2 + r)$
（低价，合谋）	$(E_1 A P_{12}, E_2)$	$((E_1 A - L)P_{12}, E_2 + R)$
（低价，不合谋）	$(E_1 A P_{12}, E_2)$	$(0, E_2 + r)$

4.2.1.5 博弈过程分析及纳什均衡解

当会计师事务所（OFFICE）选择以正常价格报价时，由于 $E_2 + R > E_2$，$E_2 + r > E_2$，此时被审计单位管理层（FIRM）的最优行动选择为"威胁"，而 $(E_1 - L)P_{11} > 0$，则会计师事务所（OFFICE）的最优行动策略为"合谋"；即此时的纳什均衡为（正常价，威胁，合谋）。当会计师事务所（OFFICE）选择以低价进行报价时，同样由于 $E_2 + R > E_2$，$E_2 + r > E_2$，被审计单位管理层（FIRM）的最优行动选择为"威胁"，而 $(E_1 A - L)P_{12} > 0$，则会计师事务所（OFFICE）的最优行动策略为"合谋"；即此时的纳什均衡为（低价，威胁，合谋）。对两种情况下的纳什均衡进行比较，求解整个博弈模型的子博弈精炼纳什均衡。当 $(E_1 - L)P_{11} < (E_1 A - L)P_{12}$，即：$\dfrac{AP_{12} - P_{11}}{P_{12} - P_{11}} > \dfrac{L}{E_1}$ 时，该博弈模型的子博弈精炼纳什均衡为（低价，威胁，合谋）。这一子博弈精炼纳什均衡的成立在数理模型上具有一定的条件，但就证券审计市场的实际情况而言，还是满足其成立条件的。一方面，在价格竞争的市场环境下，会计师事务所采取正常价中标的概率非常小，可以趋近于 0；另一方面，在我国目前的市场下，虽然《注册会计师法》《证券法》等对会计师事务所的民事责任进行了规定，但是会计师事务所的民事责任相对而言较轻，几乎接近于 0，因此可以认为 $\dfrac{AP_{12} - P_{11}}{P_{12} - P_{11}} > \dfrac{L}{E_1}$ 必然成立，即纳什均衡（正常价，威胁，合谋）是不可置信的。所以该完全信息动态博弈的子博弈精炼纳什均衡为（低价，威胁，合谋）。该子博弈精炼纳什均衡解表明，低价竞争条件下会计师事务所与被审计单位合谋的可能性是很大的，进而必然导致审计质量下降。而且，审计折价越多，为了能够在后期审计过程中弥补成本，会计师事务所与被审计单位合谋的可能性就越大，进而对审计质量的损害越大。

4.2.2 正向异常审计费用存在条件下上市公司管理层与注册会计师的博弈分析

上市公司的业绩具有随机性，其业绩情况通过财务状况进行反映，公司业绩为好即财务状况为 G 的概率为 λ，则其财务状况为 B 时，其概率为 $1-\lambda$，则可将 $1-\lambda$ 看作企业的经营风险。上市公司财务报告程序如下，首先，上市公司聘请会计师事务所签订审计业务约定书，确定审计费用。上市公司将公司财务报表提请注册会计师进行审计，上市公司的财务报告有两种，即 RG 或者 RB，报告 RG 表明客户财务状况是 G，而 RB 表明客户财务状况是 B。出于个人效用最大化目的的上市公司管理层倾向于 RG 报告，排斥 RB 报告。注册会计师或会计师事务所的责任是通过搜集充分适当的审计证据对上市公司的财务报表进行鉴证。其过程如图 4.1 所示。注册会计师设计和实施审计程序，搜集审计证据，假定审计过程的质量为 q，$q \in [0, 1]$。审计成本为 $c(q)$，是 q 的单调函数和凸函数，即有 $c(0) = 0$，$c'(0) = 0$，$c'(1) = +\infty$。在概率 q 的水平下，注册会计师获得确定性审计证据，G 或 B；在 $1-q$ 的概率水平下，注册会计师获得非确定性审计证据 I。本书将收集到确定性审计证据的概率 q 定义为审计质量，审计质量越高，注册会计师越能发现客户财务报告中的重大错报。

在审计程序实施完毕后，注册会计师依据搜集到的审计证据，决定是否赞同对客户的财务报告 RG。若注册会计师赞同，则客户公布 RG 报告；若注册会计师不赞同，则客户公布 RB 报告。而当审计证据是非确定性的，此时注册会计师应该运用其职业判断能力评估企业的财务状况。此时，为了发表鉴证意见，注册会计师需要对其获得的预期审计费用以及审计失败所应承担的法律责任进行权衡。若赞同客户的 RG 报告，则注册会计师或

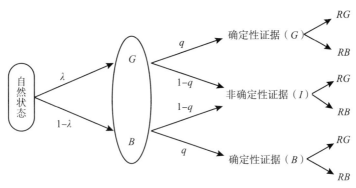

图 4.1　财务报告信息生成及审计过程

会计师事务所在获得正常审计费用 F 的同时，还会获得异常审计费用 r，而如反对客户的 RG 报告，会计师事务所则有可能被解聘或丧失正常审计费用 F。假定若注册会计师作虚假陈述时，所应承担的法律责任为 L。

一方面，注册会计师和会计师事务所面临着客户要求出具"清洁"审计意见的压力和诱惑，客户的压力源自事务所被解聘，诱惑源自正向异常审计费用 r。另一方面，如果注册会计师为客户出具了"清洁"审计意见，则就面临着法律风险 L。

客户通过解聘压力以及异常审计费用 r 的诱惑，促使注册会计师或会计师事务所为其 RG 报告出具"清洁"审计意见。如果注册会计师为其报告出具了"清洁"意见，则会得到 r，否则就丧失 r。另外，一旦注册会计师或会计师事务所与被审计单位合谋，为其财务报告作了虚假陈述，则其将面临法律风险 L。当注册会计师发表审计意见时，会对其得到的 r 以及面临的 L 进行权衡，其期望支付矩阵与其审计意见决策如表 4.2、表 4.3 所示。

表 4.2　　　　　　　　　　　　期望支付矩阵

审计证据	RG	RB
确定性证据（G）	r	0
非确定性证据（I）	$r-(1-\lambda)L$	0
确定性证据（B）	$r-L$	0

表4.3   注册会计师审计认定决策标准

审计证据	发布 RG	发布 RB
G	$r > 0$	$r < 0$
I	$r - (1 - \lambda)L > 0$	$r - (1 - \lambda)L < 0$
B	$r - L > 0$	$r - L < 0$

如表4.2所示，当注册会计师发表非"清洁"审计意见时，其获得的收益均未0；而当注册会计师发表"清洁"审计意见时，其获得的预期收益需要分情况讨论。即当其获得确定性证据（G）时，其收益为r；当其获得确定性证据（B）时，其收益为$r - L$，而当其获得非确定性证据（I）时，其收益为$r - (1 - \lambda)L$。

如表4.2所示，若注册会计师发表"清洁"审计意见，即赞同被审计单位发布RG报告，则在不同的审计证据情况下，需分别满足其预期收益大于0的条件，否则注册会计师必然发表非"清洁"审计意见。即：

若审计证据为确定性证据（G），注册会计师一贯发表"清洁"审计意见，即赞同发布RG。

若审计证据为非不确定性证据（I）：当$\dfrac{r}{L} > 1 - \lambda$时，注册会计师发表"清洁"审计意见，赞同被审计单位发布RG；当$\dfrac{r}{L} < 1 - \lambda$时，注册会计师发表非"清洁"审计意见，即不赞同被审计单位发布RB。

若审计证据为确定性证据（B）：当$\dfrac{r}{L} > 1$时，注册会计师发表"清洁"审计意见，赞同被审计单位发布RG；$\dfrac{r}{L} < 1$时，注册会计师发表"非清洁"审计意见，即不赞同被审计单位发布RB。

综合而言，当$\dfrac{r}{L} < 1 - \lambda$，注册会计师发表"非清洁"审计意见，即不赞同被审计单位发布RB，除非审计证据为确定性证据（G）。

当$\dfrac{r}{L} \in [1 - \lambda, 1]$时，注册会计师发表"清洁"审计意见，赞同被审计单位发布RG，除非审计证据为确定性证据（B）。

当 $\dfrac{r}{L} > 1$ 时，注册会计师一贯发表"清洁"审计意见，赞同被审计单位发布 RG。

因此，当 $\dfrac{r}{L} < 1 - \lambda$ 时，注册会计师的期望效用为：

$$U_1 = \lambda q \cdot r + F - C(q) \tag{4.1}$$

则： $$q_1{}^* = C'^{-1}(\lambda r) \tag{4.2}$$

当 $\dfrac{r}{L} > 1 - \lambda$ 时，注册会计师的期望效用为：

$$U_2 = \lambda q \cdot r + (1 - q) \cdot [r - (1 - \lambda)L] + F - C(q) \tag{4.3}$$

则： $$q_2^* = C'^{-1}[(1 - \lambda)(L - r)] \tag{4.4}$$

由此可见，不同的法律环境、不同的异常审计费用以及不同的企业经营状况，均对注册会计师审计意见的发表存在重要影响，进而影响注册会计师财务报表的审计质量。因为 $c(q)$ 是 q 的单调函数和凸函数，则函数 $c'^{-1}(\cdot)$ 为单调增函数。因此，在强法制环境，即注册会计师法律责任很重的法制环境下，注册会计师审计质量与 r 呈正相关关系，即 r 是审计质量溢价。而当法制环境弱，即注册会计师法律责任弱的法制环境下，注册会计师审计质量与 r 呈负相关关系，即 r 作为异常审计费用，形成了对审计意见的购买，或者降低了注册会计师对被审计单位盈余操纵的容忍度。

4.2.3 完全动态博弈分析总结

通过上文分别对负向异常审计费用与正向异常审计费用存在条件下上市公司管理层与注册会计师的互动行为的博弈分析可以看出，在我国证券市场集中度较低的情况下，低价竞争是会计师事务所进行竞争的主要方式，低价竞争不仅导致注册会计师对客户的专用性投入不足，同时还会威胁注册会计师的独立性，所以负向异常审计费用的存在有损于审计质量；同样，在存在正向异常审计费用的情况下，由于我国市场环境的影响，导致异常审计费用并未以质量溢价的形式存在，而是以审计意见的购买，或者降低了注册会计师对被审计单位盈余操纵的容忍度的费用形式存在，因此，正向异常审计费用有损于审计质量。总之，博弈分析结果表明，异常审计费用的存在有损于审计质量。

4.3　相关假设的提出

上文分别从负向异常审计费用、正向异常审计费用与审计质量之间的关系进行了博弈模型分析，以此为基础，本节提出本书的相关研究假设。由于客户即被审计单位与注册会计师和会计师事务所所处的内外部环境，均会影响注册会计师和会计师事务所的审计决策。因此，为了更为深入地分析异常审计费用与审计质量之间的关系，本节在提出异常审计费用与审计质量之间关系的基本假设基础上，同时还考察相关因素对两者之间关系的调节作用，以更深入地分析异常审计费用与审计质量之间的关系。

4.3.1　异常审计费用对审计质量的影响

现阶段，我国上市公司审计市场的集中度虽然在逐渐上升，但市场竞争依然激烈。以客户家数衡量市场占有率，国际"四大"所占比例未超过10%，这说明"四大"的市场占有率并不集中，而国内大会计师事务所的客户数量和资产规模虽然逐渐稳步增长，但是并未达到垄断地位，证券审计市场的买方市场状态没有改变。同时由于我国上市公司的很多行为更多是面向政府以及相应的管制机构，因此，审计市场总体上缺乏对高质量审计的需求（DeFond et al.，1999；刘峰等，2002；朱红军等，2004），虽然随着市场经济的不断成熟以及法制环境的不断健全，有效审计需求缺乏的现象有所缓解（Wang et al.，2008），但作为一种强制性变迁的制度安排，注册会计师审计的功能发挥还与预期有相当的一段距离。所以，证券审计市场上的竞争以价格竞争为主要表现形式。一方面，低价竞争造成会计师事务所所能利用的资源受限，为了节省审计成本，注册会计师就会减少执行相关审计程序，所搜集到的相关证据在充分性和有效性方面受到局限，进而财务舞弊行为就不容易被揭露和遏制，审计后财务报表存在重大错报的概率上升，审计工作的质量无法得到真正保证。另一方面，由上文会计师事务所与被审计单位管理层在低价竞争环境下的完全信息动态博弈的子博弈精炼纳什均衡解可以看出，会计师事务所在竞争性的市场环境下，出于弥补审计成本以及保持自身市场份额的目的，不得不屈从于客户的一些不合理要求，与被审计单位管理层进行合谋，进而导致审计质量的下降。而且，审计折价越多，即负向异常审计费用值越大，为了能够在后期审计过程中弥补成本，会计师事务所与被审计单位合谋的可能性就越大，进而对审计质量的损害越大。

在证券审计市场上，除了存在低价竞争导致审计合谋的现象外，同时还存在通过正向异常审计费用购买审计意见或者降低注册会计师对盈余操纵容忍度的现象。4.1.2 节的博弈模型对正向异常审计费用与审计质量之间关系的推演表明，在中国这种法制环境下，正向异常审计费用不会作为以提高审计质量水平的审计质量溢价存在，而是作为会计师事务所与被审计单位审计合谋的超额收益存在的，这种超额收益，只能损害审计质量，而无法提升审计质量。同时，一些实证文献也证明了本书的博弈分析的正确性。朱小平和郭志英（2004）发现，在审计收费的政府管制环境下，审计收费越高，上市公司审计意见购买的意愿越强；陈杰平（2005）研究发现，在不发生审计师变更的条件下，审计意见改善与异常审计费用的上升呈正向关系。杨和雄（2009）通过分析审计费用异常增长情况，推断出部分上市公司存在审计意见购买的重大嫌疑，且该部分公司占整个市场比重应在 2%，同时以中国证监会处罚的上市公司为例，进一步验证了 A 股市场存在提高审计费用以进行审计意见购买的行为。据此，提出本书研究假设 H1。

H1：在其他条件一定的情况下，异常审计费用的存在有损于审计质量。

H1.1：在其他条件一定的情况下，正向异常审计费用值越大，越有损审计质量；

H1.2：在其他条件一定的情况下，负向异常审计费用值越大，越有损审计质量。

4.3.2　会计师事务所声誉对异常审计费用与审计质量关系的调节作用

在证券审计市场上，会计师事务所声誉是会计师事务所对其所提供的审计质量可信性进行投资的结果。会计师事务所声誉不仅是信息不对称条件下的一种信号显示机制，同时也是一种独特的激励和约束机制。由于会计师事务所声誉是一项极其重要的无形资产，需要高昂的投资才能获得和保持，因此，已经具有优质声誉的会计师事务所为了保持其声誉和品牌所带的市场竞争优势以及审计费用的溢价，在为客户提供审计服务时，会有更强的执业谨慎性以约束机会主义行为，努力维持和提高审计质量。以其他会计师事务所相比，国际"四大"会计师事务所有更强的声誉保护动机。虽然有研究表明，由于中国资本市场投资者保护力度不够，会计师事务所法律风险较低，国际"四大"分所在中国市场上并未提供高质量的审计服务（刘峰、周福源，2007），但更多文献显示，随着中国法律环境的不断强化以及会计师事务所合并的推进，大会计师事务所的声誉保护动机均在不断提升，国际"四大"中国分所的审计服务质量也逐渐得以提高（廖义刚，等，2009；Chan & Wu, 2011；Chen et al., 2011，宋衍蘅、肖星，2012）。

本书认为，国际"四大"的品牌声誉更是一种市场相对优势地位的体现。一方面，与本土会计师事务所相比，国际"四大"品牌声誉更能吸引客户，以品牌声誉在证券审计市场上取胜，而非主要依靠价格战。因此，与非"四大"会计师事务所相比，国际"四大"采取低价竞争的概率较小。另一方面，由于客源广，证券审计市场份额较大，在进行定价谈判时，国际"四大"处于相对强势的谈判地位，其议价能力更强；同时出于对自身品牌声誉的维护和执业的谨慎性，国际"四大"屈从于客户压力，降低审计质量的概率较小。由此，提出本书假设 H2。

H2.1：在其他条件一定的情况下，若主审会计师事务所为国际"四大"，正向异常审计费用与审计质量之间的负向关系较弱，而主审会计师事务所为非"四大"时，正向异常审计费用与审计质量之间的负向关系更明显。

H2.2：在其他条件一定的情况下，在主审会计师事务所为国际"四大"时，负向异常审计费用与审计质量之间的负向关系较弱，而主审会计师事务所为非"四大"时，负向异常审计费用与审计质量之间的负向关系更明显。

4.3.3 会计师事务所变更对异常审计费用与审计质量关系的调节作用

会计师事务所变更是指上市公司财务报表年度审计的主审会计师事务

所变更。注册会计师发表非标准审计意见、签字注册会计师跳槽、上市公司控股股东或者高管变更、公司财务状况恶化以及公司规模扩张等因素均会引致上市公司主审会计师事务所变更。尽管引致事务所变更的因素不同，但相关研究发现，会计师事务所变更后导致两个后果：其一，上市公司主审会计师事务所变更后年度的审计费用支出降低，即会出现审计招标中的"低价揽客"现象，继任会计师事务所为了扩大审计市场份额，降低审计费用以争取客户；其二，上市公司在变更主审会计师事务所后，审计质量会有所降低，主要表现为继任会计师事务所可能与被审计单位合谋，发表的审计意见的严重程度会有所降低，即出现审计意见变通行为，或者事务所变更，继任注册会计师默许被审计单位的盈余管理行为，上市公司盈余管理程度提升。

　　本书认为，在中国证券审计市场集中度较低、竞争激烈的状态下，"低价揽客"行为在会计师事务所变更后的普遍现象会对审计质量有所损害。但若在不存在会计师事务所变更的情况下，审计费用明显降低至合理水平之下，与存在会计师事务所变更的情况相比，对审计质量的损害更大。同时，若是在主审会计师事务所存在变更的情况下，上市公司审计费用没有降低，反而上升甚至超过合理费用水平，这很有可能是上市公司通过提高审计费用，诱使会计师事务所与上市公司达成合谋，默许其盈余管理行为或者进行审计意见变通，进而导致审计质量降低。由此，提出本书假设H3。

　　H3.1：在其他条件一定的情况下，在主审会计师事务所变更的公司中，正向异常审计费用与审计质量之间的负向关系更加明显；而在主审会计师事务所未变更的公司中，正向异常审计费用与审计质量之间的负向关系较弱。

　　H3.2：在其他条件一定的情况下，在主审会计师事务所未变更的公司中，负向异常审计费用与审计质量之间的负向关系更加明显；而在主审会计师事务所变更的公司中，负向异常审计费用与审计质量之间的负向关系较弱。

4.3.4　客户重要性程度对异常审计费用与审计质量关系的调节作用

　　就客户重要性程度与审计质量的关系而言，有两种观点，即经济依赖假说和声誉保护假说。经济依赖假说认为，相对于中小客户而言，审计市场上大客户是会计师事务所收入的主要来源，因此，会计师事务所有可能屈从于大客户的威胁或者压力，进而发表对客户有利的审计意见或者降低对客户盈余操纵的容忍度，导致了审计质量的下降。声誉保护假说认为，在为大客户提供审计服务的过程中出现过失行为或者发生审计失败，会计师事务所遭受的声誉损失会更大，审计失败所带来的法律诉讼风险更大，因此，在为大客户提供审计服务时，会计师事务所的审计投入会更多，执业谨慎性会更强，其审计质量会更高。会计师事务所对重要客户的经济依赖动机与声誉保护动机同时存在，但在不同的制度背景下，两种动机强弱会有所不同，进而导致客户重要性程度与审计质量关系有不同的表现形式。

在中国的现实环境下，一方面，资本市场缺乏对投资者强有力的保护机制，对高质量审计的需求不高，注册会计师法律风险较低；另一方面，证券审计市场集中度较低，会计师事务所之间存在激烈竞争。两者共同决定了在中国证券审计市场上，会计师事务所对重要客户的经济依赖动机将大于声誉保护动机。因此本书认为，相对于中小客户而言，会计师事务所的大客户在定价谈判中，处于强势地位，其讨价还价能力更强，进而会将所要支付的审计费用压得更低，进而会导致会计师事务所的审计投入不足，甚至为了弥补前期成本，不得不屈从于客户的威胁和压力，进而导致审计质量降低。而这将会强化异常审计费用与审计质量之间的负向关系。而对于重要审计客户而言，若出现正向异常审计费用，则可能表明，重要客户为了获得有利的审计意见或者降低注册会计师对其盈余操纵的容忍度，利用超出合理审计费用区间的审计价格，诱使会计师事务所与其进行审计合谋，进而导致审计质量降低。由此，提出本书假设 H4。

H4.1：在其他条件一定的情况下，会计师事务所客户越重要，正向异常审计费用与审计质量之间的负向相关性越明显。

H4.2：在其他条件一定的情况下，会计师事务所客户越重要，负向异常审计费用与审计质量之间的负向相关性越明显。

4.3.5　上市公司产权性质对异常审计费用与审计质量关系的调节作用

产权性质不同的上市公司因委托代理方式以及融资模式的不同而对审

计质量存在不同的需求，进而导致注册会计师审计质量存在差异。首先，国有上市公司的产权属于全体国民，其实际控制人为国家。国家委托相关政府部门对上市公司进行监督和管理，而相关政府部门并非上市公司的实际控制人，缺乏对公司进行监督和管理的动机和积极性。而非国有上市公司则不然，其实际控制人为其他非国有企业、家族或者个人，产权归属清晰、明确，控制人对上市公司的经营管理、监督及其严格，因此，审计作为外部监督的重要机制之一，必然受到重视。其次，国有上市公司凭借其国有背景，更容易获得融资，相对而言，审计结果对其融资影响不大。而非国有上市公司融资则需要满足诸多条件，严格的审计结果即是条件之一。综上而言，本书认为，相对非国有上市公司而言，国有上市公司缺乏对高质量审计的需求。

国有上市公司因其背景使其与会计师事务所谈判时处于强势地位，议价能力较强，因此，为了能够成功签约国有上市公司，会计师事务所会尽可能降低审计费用。因此，如果存在负向异常审计费用的上市公司是国有产权，则其审计质量会更差。而对于非国有上市公司而言，由于其会计信息质量为其实际控制人所关注以及为了满足融资条件，公司管理层更倾向于粉饰财务报表，因此，极有可能通过正向异常审计费用购买审计意见或降低注册会计师对其盈余操纵的容忍度。据此，提出本书假设 H5。

H5.1：在其他条件一定的情况下，若上市公司产权为非国有，则正向异常审计费用与审计质量之间的负向关系更加明显；若上市产权为国有，正向异常审计费用与审计质量之间的负向关系较弱。

H5.2：在其他条件一定的情况下，若上市产权为国有，负向异常审计费用与审计质量之间的负向关系更加明显；而若上市公司产权为非国有，负向异常审计费用与审计质量之间的负向关系较弱。

4.3.6 上市公司治理水平对异常审计费用与审计质量关系的调节作用

公司治理是一种企业权利的制约与平衡机制和制度性安排，其功能是通过合理地配置公司利益相关者的权利和责任关系，以降低代理成本。良好的公司治理机制是企业不断发展壮大的必要条件之一，同时也为外部注册会计师审计功能的发挥提供重要保障。审计质量依赖于注册会计师发现财务报表重大错报以及报告错报的联合概率（DeAngelo，1981）。良好的公司治理机制，能够从制度层面和实际行动上有效缓解公司管理层对注册会计师的压力，一方面，支持注册会计师和会计师事务所在设计和实施更为有效的审计程序，在更大范围内进行审计，以发现被审计单位财务报表的重大错报；另一方面，当注册会计师与客户管理层出现矛盾与分歧时，有效的公司治理机制能够约束管理层的行为，支持注册会计师和会计师事务所保持独立性，同时还能够保证注册会计师不会因与管理层的压力而被解聘。综上所述，有效的公司治理有助于注册会计师财务报告审计职能的发挥，进而达到提升审计质量的目的。

本书认为，如果存在异常审计费用的客户的公司治理机制存在缺陷，则注册会计师或会计师事务所屈从于被审计单位管理层的威胁和诱惑，进而导致审计意见购买或者降低对客户盈余操纵的容忍度，致使审计质量下降；若客户的公司治理机制完善，则公司治理机制能够支持注册会计师发挥独立审计职能，免于屈从客户管理层压力，或者在一定程度上遏制审计合谋，进而提升审计质量。由此，提出本书假设 H6。

H6.1：在其他条件一定的情况下，在治理水平较低的公司中，正向异常审计费用与审计质量之间的负向关系更加明显；而在治理水平较高的公司中，正向异常审计费用与审计质量之间的负向关系较弱。

H6.2：在其他条件一定的情况下，在治理水平较低的公司中，负向异常审计费用与审计质量之间的负向关系更加明显；而在治理水平较高的公司中，负向异常审计费用与审计质量之间的负向关系较弱。

4.3.7 上市公司财务状况对异常审计费用与审计质量关系的调节作用

财务状况是公司资产负债情况、运营成果以及现金流情况等公司基本面的综合反映。财务状况的好坏，对上市公司信息披露的积极性存在重要影响。上市公司信息披露的程度取决于信息披露的边际成本与边际收益之间权衡。只有当上市公司信息披露的边际收益大于其边际成本时，上市公司管理层才有提高信息披露质量的动力。当反映上市公司基本面信息的财务状况良好时，公司管理层提高信息披露质量的积极性会更强。而当上市公司财务状况较差或者存在财务危机的状态下，公司管理层对外披露信息的积极性会更差，甚至会在财务报表中进行虚假陈述，导致财务报表存在重大错报。在财务报表审计时，为了防止注册会计师和会计师事务所为其财务报表出具非标准无保留审计意见，上市公司管理层就会对注册会计师施加压力或实施诱惑，促使其进行审计意见变通或者降低其对财务报表错报的容忍度。

从上文负向异常审计费用与审计质量的博弈模型可以看出，如果存在负向异常审计费用的公司的财务状况不好，则公司管理层极有可能一方面通过竞价竞争的博弈压低审计费用；另一方面对会计师事务所施加更大压力和威胁，导致注册会计师丧失独立性，审计质量进一步降低。从正向异常审计费用与审计质量关系的数理模型中可以看出，公司存在财务风险的概率越大，正向异常审计费用与审计质量之间负相关关系的系数就越大，表明若存在正向异常审计费用的公司财务状况不好，则公司更有可能通过超额费用诱使注册会计师或会计师事务所与其合谋，进行虚假陈述，更有损于审计质量。由此，提出本书假设 H7。

H7.1：在其他条件一定的情况下，在财务状况不好的公司中，正向异常审计费用与审计质量之间的负向关系更加明显；而在财务状况良好的公司中，正向异常审计费用与审计质量之间的负向关系较弱。

H7.2：在其他条件一定的情况下，在财务状况不好的公司中，负向异常审计费用与审计质量之间的负向关系更加明显；而在财务状况良好的公司中，负向异常审计费用与审计质量之间的负向关系较弱。

4.3.8　法律责任对异常审计费用与审计质量关系的调节作用

作为审计质量的最后一道防线，注册会计师法律责任合理安排和切实履行是促使注册会计师保持应有的职业谨慎、提高审计质量的根本保障（吴联生、顾智勇，2002）。吕鹏、陈小悦（2005）研究发现，在中国证券审计市场买方强势的市场状态下，注册会计师审计质量较低的一个关键原因是注册会计师法律风险较低，注册会计师法律责任意识较弱；强化注册会计师的法律责任，提升注册会计师法律责任意识，健全和完善投资者保护机制，是提高注册会计师审计服务质量的重要途径。

20世纪90年代初期"老三案"——深圳经济特区会计师事务所案、北京中诚会计师事务所验资案和海南新华会计师事务所案的发生，标志着中国注册会计师法律责任的萌芽。[①] 自此之后，注册会计师法律责任制度不断得以发展完善。2007年，最高人民法院发布《关于审理涉及会计师事务所在审计业务活动中民事侵权赔偿案件的若干规定》（以下简称《规定》）就中国注册会计师在审计业务活动中的民事责任定位、归责原则、举证责任以及利害关系人的范围做出了明确规定，进一步规范了中国注册会计师的民事责任制度，注册会计师民事责任制度的发展进入新阶段。相关研究发现，《规定》的颁布，整体上提高了社会公众对会计师事务所的监督，注册会计师的法律责任明显加大，会计师事务所更为谨慎地接受审计风险高的客户，尤其是大会计师事务所审计质量明显地得到了提升（廖义刚等，2009；宋衍蘅、肖星，2012）。

从上文负向异常审计费用与审计质量的博弈模型可以看出，如果注册会计师的法律责任加大，潜在诉讼损失变大，则该博弈模型的子博弈精炼纳什均衡将会是（正常定价，威胁，合谋），而如潜在诉讼损失超过预期收益，则博弈模型的子博弈精炼纳什均衡甚至会是（正常价，不威胁，不合谋）。这说明，注册会计师法律责任的增大，有助于打破低价竞争市场状态下审计质量无法保障的僵局。同样，从正向异常审计费用与审计质量关系的数理模型中可以看出，注册会计师法律责任变大，有助于减弱正向异常审计费用与审计质量之间的负向关系，当满足$\frac{r}{L} < 1 - \lambda$时，超额的审计费用，即正向异常审计费用与审计质量正相关，其并不损害审计质量，而是审计质量的溢价。据此，提出本书假设H8。

H8.1：在其他条件一定的情况下，《规定》颁布之前，则正向异常审计费用与审计质量之间的负向关系更加明显；《规定》颁布之前，正向异常审计费用与审计质量之间的负向关系较弱。

H8.2：在其他条件一定的情况下，《规定》颁布之前，负向异常审计

---

① "老三案"是指深圳经济特区会计师事务所案、北京中诚会计师事务所验资案以及海南新华会计师事务所案。详见中国注册会计师协会. 中国注册会计师法律责任：案例与研究 [M]. 沈阳：辽宁人民出版社，1998：291-340.

费用与审计质量之间的负向关系更加明显；而《规定》颁布之前，负向异常审计费用与审计质量之间的负向关系较弱。

4.4 本 章 小 结

本书第 4 章给出了关于异常审计费用与审计质量关系的数理分析，并提出相关假设。分别构建负向异常审计费用与正向异常审计费用条件下注册会计师与被审计单位管理层的完全信息动态博弈模型，探讨在中国的市场环境下博弈模型的纳什均衡解，进而分析异常审计费用与审计质量的基本关系，并依此提出异常审计费用与审计质量关系的基本假设。由于客户即被审计单位与注册会计师或会计师事务所所处的内外部环境，均会影响注册会计师和会计师事务所的审计决策。因此，为了更为深入地分析异常审计费用与审计质量之间的关系，在提出异常审计费用与审计质量之间关系的基本假设基础上，同时还考察会计师事务所声誉、会计师事务所变更、客户重要性程度、公司治理水平、公司产权性质、公司财务状况、法律环境七个相关因素对两者之间关系的调节作用，以更深入地分析异常审计费用与审计质量之间的关系。

第 5 章

研 究 设 计

5.1 实证模型构建

为对本书第 4 章所提假设进行检验，本书构建实证模型如下：

$$AuditQuality = f(ABFEE, \ ABFEE \times ABFEE, \ HABFEE, \ LABFEE, \ Controls)$$
$$(5.1)$$

$$AuditQuality = g(HABFEE, \ HABFEE \times Moderator, \ Controls) \quad (5.2)$$

$$AuditQuality = h(LABFEE, \ LABFEE \times Moderator, \ Controls) \quad (5.3)$$

其中，$AuditQuality$ 表示审计质量，$ABFEE$、$HABFEE$、$LABFEE$ 分别表示异常审计费用、正向异常审计费用以及负向异常审计费用，$Moderator$ 表示调节变量，$Controls$ 表示其他控制变量。

模型中之所以要引入异常审计费用平方项 $ABFEE \times ABFEE$ 并且重点考察其与审计质量三个替代变量之间的关系，原因有二：其一，该模型主要分析异常审计费用值与审计质量之间的关系问题，不涉及异常审计费用的方向性问题，而异常审计费用 $ABFEE$ 变量值存在正负，单纯分析 $ABFEE$ 与审计质量的关系不易得出正确结论；其二，就 $ABFEE$ 变量的估计方法而言，该估计方法无法完全剔除审计费用中所包含的正常审计费用部分，也就是说，在变量 $ABFEE$ 值中还存在审计成本值，设置平方项有助于实现对审计成本部分与异常审计费用部分的分离，进而达到模型构建的精确性，有效地分析异常审计费用与审计质量之间的关系。

5.2　变 量 定 义

5.2.1　异常审计费用变量定义及计算

为了研究异常审计费用与审计质量之间的关系，首先，需要对异常审计费用进行估计。西莫尼奇（1980）认为，会计师事务所的预期（正常）审计收费定价模型主要由会计师事务所的生产函数、审计风险状况以及损失的分担机制三部分构成。自西莫尼奇（1980）起，大量的文献对影响预期审计费用的相关因素进行了分析，发现正常审计费用能够由被审计单位规模、审计业务复杂度以及被审计单位审计风险、财务风险以及事务所特征等因素进行解释，也即这些变量能够作为审计成本、预期法律诉讼损失以及正常利润的替代变量。若审计定价模型是确定的，则实际审计费用扣除正常审计费用后所剩余的审计费用或差额反映的是注册会计师事务所从被审计单位获得的异常利润或异常损失，即异常审计费用。在一定程度上，影响异常审计费用的因素是不容易观测的，在审计定价模型中多以残差项的形式存在，因此，可以用审计定价模型的残差项对异常审计费用进行估计。

但是这种估计方法对研究样本特别敏感，研究样本规模以及研究样本时间区间的变化，均会导致审计定价模型中回归系数发生显著性变化（方军雄、洪剑峭，2009），同时由于研究偏好以及变量选取不同，审计定价模型的设定也存在差异，这也是造成以往研究结果不一致的重要原因。另外，实务中正如陈杰平等（2005）以及方军雄和洪剑峭（2009）所言，监管机构以及会计信息使用者通常不会利用数理统计方法对上市公司审计费用的异常变动进行考察，因此借鉴方军雄和洪剑峭（2009）的方法，直接采用实际审计费用的变动作为异常审计费用的替代变量。[①] 计算方法如式

[①]　陈杰平等（2005）研究发现，审计收费实际观察值变动与异常审计收费变动两者 *Pearson* 相关系数为 0.510，*p* 值为 0.000，即两者存在显著的高度正相关关系。方军雄、洪剑峭（2009）的研究结果也支持这一观点。

（5.4）所示，即异常审计费用等于前后期审计费用率①的变动额，这是从公司层面对异常审计费用进行估计的。

$$ABFEE_{firm,i,t} = \frac{FEE_{i,t}}{Asset_{i,t}} - \frac{FEE_{i,t-1}}{Asset_{i,t-1}} \tag{5.4}$$

同时，设计正向异常审计费用（$HABFEE$）和负向异常审计费用（$LABFEE$）两个变量，分别表示偏高和偏低的异常审计费用，从两个方向研究异常审计费用和审计质量的关系。当 $ABFEE > 0$ 时，$HABFEE = ABFEE$，否则为 0；当 $ABFEE < 0$ 时，$LABFEE = ABSABFEE$，即 $ABFEE$ 的绝对值，否则为 0。

5.2.2 审计质量代理变量的定义及计算

审计质量具有不可观测性，在实践中很难区分审计质量和财务报表质量，由于审计的目的是保证被审计单位财务报表信息的可靠性，审计质量越高意味着会计盈余质量越高。有关审计质量的代理变量，本书使用公司盈余质量 EQ 从公司会计信息质量层面衡量审计质量，具体使用迪凯等（Dechow et al.，1995）给出的 Modified Jones Model 计算的可操控应计利润 DA_Jones、$ABSDA\_Jones$，迪凯和迪切夫（Dechow & Dichev，2002）给出的可操控应计利润 DA_DD、$ABSDA\_DD$，以及罗伊乔杜里（Roychowdhury，2006）给出的真实活动产生的可操控应计利润 DA_Real、$ABSDA\_Real$，本书通过考察盈余管理的程度的大小来衡量注册会计师的审计质量。

5.2.2.1 可操控应计利润 DA_Jones 的计算

首先，运用式（5.5）对 A 股正常交易的上市公司相关数据进行年度—行

---

① 自西莫尼奇（1980）后，大量研究发现，上市公司资产规模是决定审计费用最为主要的因素，资产规模越大，审计费用越高。另外，中国国家以及地方物价部门制定的审计收费法规，通常要求会计师事务所以审计客户的资产作为收费的依据。如 2010 年发改委和财政部联合发布的《会计师事务所服务收费管理办法》第六条规定："实行计件收费的审计服务，可以实收资本、资产总额或营业收入等反映审计对象规模的指标为计费依据，采取差额定率累进计算的办法收取服务费。即按实收资本、资产总额或营业收入等划分收费档次，分档计算收费额，各档相加为收费总额。"地方物价部门如吉林省物价局与吉林省财政厅于 2012 年联合发布的《吉林省会计师事务所服务收费管理实施办法》中《吉林省会计师事务所服务收费标准》（试行）规定，上市公司年度财务报表审计收费一般以资产总额为计价标准，总资产规模在 5 亿元以下的企业，审计收费率为 0.1%，总资产规模在 5 亿～10 亿元之间的企业，审计收费率为 0.045，等等。

业回归，然后将估计出来的回归系数代入式（5.6），计算企业非操控应计利润，最后利用式（5.7）估计出可操控应计利润 DA_Jones。

$$\frac{TA_{i,t}}{Asset_{i,t-1}} = \alpha_0 \frac{1}{Asset_{i,t-1}} + \alpha_1 \frac{\Delta REV_{i,t}}{Asset_{i,t-1}} + \alpha_2 \frac{PPE_{i,t}}{Asset_{i,t-1}} + \varepsilon_{i,t} \qquad (5.5)$$

$$\frac{NDA_{i,t}}{Asset_{i,t-1}} = \hat{\alpha}_0 \frac{1}{Asset_{i,t-1}} + \hat{\alpha}_1 \frac{\Delta REV_{i,t} - \Delta REC_{i,t}}{Asset_{i,t-1}} + \hat{\alpha}_2 \frac{PPE_{i,t}}{Asset_{i,t-1}} \qquad (5.6)$$

$$DA\_Jones_{i,t} = \frac{TA_{i,t}}{Asset_{i,t-1}} - \frac{NDA_{i,t}}{Asset_{i,t-1}} \qquad (5.7)$$

其中，TA 为应计利润，等于当期营业利润减去当期经营活动现金净流量，[①] ΔREV 是与上一期相比当期营业收入增长额，ΔREV 为与上一期相比当期应收账款增长额，PPE 为固定资产账面原值，NDA 为非操控应计利润。为了控制异方差的影响，所有变量均除以期初总资产 $Asset$。

5.2.2.2 可操控应计利润 DA_DD 的计算

与利用 Modified Jones Model 计算的可操控应计利润 DA_Jones 方法类似，首先，运用式（5.8）对 A 股正常交易的上市公司相关数据进行年度 – 行业回归，然后将估计出来的回归系数代入式（5.9），计算企业非操控应计利润，最后利用式（5.10）估计出可操控应计利润 DA_DD。

$$\frac{WCA_{i,t}}{Asset_{i,t-1}} = \alpha_0 \frac{1}{Asset_{i,t-1}} + \alpha_1 \frac{CFO_{i,t-1}}{Asset_{i,t-1}} + \alpha_2 \frac{CFO_{i,t}}{Asset_{i,t-1}} + \alpha_3 \frac{CFO_{i,t+1}}{Asset_{i,t-1}} + \varepsilon_{i,t}$$
$$(5.8)$$

$$\frac{NWCA_{i,t}}{Asset_{i,t-1}} = \hat{\alpha}_0 \frac{1}{Asset_{i,t-1}} + \hat{\alpha}_1 \frac{CFO_{i,t-1}}{Asset_{i,t-1}} + \hat{\alpha}_2 \frac{CFO_{i,t}}{Asset_{i,t-1}} + \hat{\alpha}_3 \frac{CFO_{i,t+1}}{Asset_{i,t-1}} \qquad (5.9)$$

$$DA\_DD_{i,t} = \frac{WCA_{i,t}}{Asset_{i,t-1}} - \frac{NWCA_{i,t}}{Asset_{i,t-1}} \qquad (5.10)$$

---

① 依据对应计利润的不同定义，应计利润有三种处理方法：第一种处理方法是将应计利润定义为总应计利润，等于净利润减去经营活动现金净流量；第二种处理方法是将应计利润定义为线下项目前总应计利润，等于营业利润减去经营活动现金净流量；第三种处理方法是将应计利润定义为营运资金应计项目，等于线下应计利润加上当期折旧和摊销额。夏立军（2003）研究发现，在中国股票市场上，采用线下项目前应计利润作为因变量估计特征参数的基本 Jones 模型比采用包含线下项目的应计总利润作为因变量更能有效地揭示盈余管理。因此，本书采用夏立军（2003）的研究结论，在利用 Modified Jones Model 计算可操控应计利润时，将因变量应计利润定义为线下项目前应计利润。由于 DD 模型主要考察经营活动对盈余管理的影响，因此，在利用 DD 模型估计可操控应计利润时，将因变量应计利润定义为营运资金应计项目。

其中，*WCA* 为应计利润，等于当期营业利润减去当期经营活动现金净流量加上当期折旧和摊销额；$CFO_{i,t-1}$、$CFO_{i,t}$、$CFO_{i,t+1}$ 分别是前一期、当时、下一期经营活动现金净流量；$NWCA_{i,t}$ 为非操控应计利润。同样为了控制异方差的影响，所有变量均除以期初总资产 *Asset*。

5.2.2.3 可操控应计利润 *DA_Real* 的计算

罗伊乔杜里（Roychowdhury，2006）认为，应该从销售操控、生产操控以及酌量性费用操控三个方面来衡量真实盈余管理水平，三种操控方式分别表现为操控性经营活动现金净流量、操控性产品成本以及操控性酌量费用。首先，本书通过行业—年度回归估计经营活动现金净流量、生产成本以及操控性费用非操控值，然后利用相应的当期实际发生额减去估计的非操控值，计算得到操控性值。具体计算过程如下：第一步利用式（5.11）对相关样本数据进行行业—年度回归，估计非操控性经营现金活动净流量；由于产品成本等于当期产品销售成本与当期存货变动额之和，因此，第二步利用式（5.12）、式（5.13）、式（5.14）估计非操控性产品成本；第三步利用式（5.15）进行行业—年度回归，估计非操控性酌量性费用；第四步利用这三个项目的实际发生额减去回归估计非操控值，得到这三个项目当期操控性值，而三个项目当期操控性值之和即为真实盈余管理水平，如式（5.16）所示。

其中，*CFO*、*COGS*、Δ*INV*、*PROD*、*DISX* 分别是当期经营活动现金净流量、当期产品销售成本、当期存货变动额、当期产品成本以及当期酌量性费用，当期产品成本等于当期产品成本与当期存货变动额之和，当期酌量性费用等于当期管理费用和当期销售费用之和；分别表示当期销售收入、当期销售收入变动额以及上一期销售收入变动额；*NCFO*、*NPROD*、*NDISX* 分别表示当期非操控性经营活动现金净流量、当期非操控性产品成本以及当期非操控性酌量费用。同样为了控制异方差的影响，所有变量均除以期初总资产。

$$\frac{CFO_{i,t}}{Asset_{i,t-1}} = \alpha_0 \frac{1}{Asset_{i,t-1}} + \alpha_1 \frac{Sales_{i,t}}{Asset_{i,t-1}} + \alpha_2 \frac{\Delta Sales_{i,t}}{Asset_{i,t-1}} + \varepsilon_{i,t} \qquad (5.11)$$

$$\frac{COGS_{i,t}}{Asset_{i,t-1}} = \alpha_0 \frac{1}{Asset_{i,t-1}} + \alpha_1 \frac{Sales_{i,t}}{Asset_{i,t-1}} + \varepsilon_{i,t} \qquad (5.12)$$

$$\frac{\Delta INV_{i,t}}{Asset_{i,t-1}} = \alpha_0 \frac{1}{Asset_{i,t-1}} + \alpha_1 \frac{\Delta Sales_{i,t}}{Asset_{i,t-1}} + \alpha_2 \frac{\Delta Sales_{i,t-1}}{Asset_{i,t-1}} + \varepsilon_{i,t} \quad (5.13)$$

$$\frac{PROD_{i,t}}{Asset_{i,t-1}} = \alpha_0 \frac{1}{Asset_{i,t-1}} + \alpha_1 \frac{Sales_{i,t}}{Asset_{i,t-1}} + \alpha_2 \frac{\Delta Sales_{i,t}}{Asset_{i,t-1}} + \alpha_3 \frac{\Delta Sales_{i,t-1}}{Asset_{i,t-1}} + \varepsilon_{i,t}$$

$$(5.14)$$

$$\frac{DISX_{i,t}}{Asset_{i,t-1}} = \alpha_0 \frac{1}{Asset_{i,t-1}} + \alpha_1 \frac{Sales_{i,t-1}}{Asset_{i,t-1}} + \varepsilon_{i,t} \quad (5.15)$$

$$DA\_real_{i,t} = \frac{CFO_{i,t}}{Asset_{i,t-1}} - \frac{NCFO_{i,t}}{Asset_{i,t-1}} + \frac{PROD_{i,t}}{Asset_{i,t-1}} - \frac{NPROD_{i,t}}{Asset_{i,t-1}} + \frac{DISX_{i,t}}{Asset_{i,t-1}} - \frac{NDISX_{i,t}}{Asset_{i,t-1}}$$

$$(5.16)$$

5.2.3 相关调节变量的定义及计算

5.2.3.1 会计师事务所声誉代理变量的定义及计算

德安吉洛（DeAngelo，1981b）认为，与规模较小的会计师事务所相比，大规模会计师事务所在审计业务中面临更多和更大的声誉风险，因而具有更强的职业谨慎性，其审计质量也就更高。诸多实证文献也发现，国际范围内的大会计师事务所，如国际"八大""四大"等会计师事务所执行的审计业务的质量更高（Francis，2004；DeFond & Francis，2005；Lin & Hwang，2010；Lennox & Pittman，2010）。尽管国内有实证文献发现，国际"四大"在中国证券审计市场上并没有高质量的审计服务（刘峰、周福源，2007），但是更多文献显示，随着中国法律环境的不断强化以及会计师事务所合并的推进，大会计师事务所的职业谨慎性得到了提升，审计服务质量进而得以改善和提高（廖义刚等，2009；Chan & Wu，2011；Chen et al.，2011，宋衍蘅、肖星，2012）。因此，本书认为，大会计师事务所具有较高的职业声誉，小规模会计师事务所职业声誉较低，即样本公司主审会计师事务所若为国际"五大"或者"四大"，*BIGN* 则为 1，否则为 0。

5.2.3.2 会计师事务所变更代理变量的定义及计算

会计师事务所变更为哑变量，若样本公司当期存在会计师事务所变更，

则 $CHANG=1$，否则，$CHANG=0$。若样本公司主审会计师事务所因合并而导致会计师事务所名称更换或注册会计师更换情况，视为会计师事务所为发生变更，仍赋值为 0。

5.2.3.3 客户重要性代理变量的定义及计算

从现有文献看，要有三个替代变量对客户重要性进行衡量，从特定客户获得的审计收入或总收入占该会计师事务所业务收入的比值（Stice，1991；Lys & Watts，1994；Chung & Kallapur，2003；Khurana & Raman，2006；Li，2009；倪慧萍，2008；李思飞等，2014），特定客户的资产规模占该会计师事务所所有客户资产规模之和的比值（Chen et al.，2010；刘启亮，2006；喻小明，2008；曹强，2012；李明辉、刘笑霞，2013；陈波，2013），特定客户的营业收入占该会计师事务所所有客户营业收入之和的比值（Reynolds & Francis，2000；喻小明，2008；Chi et al.，2012；李明辉、刘笑霞，2013）。

本书采用特定客户的资产规模占该会计师事务所所有客户资产规模之和的比值对客户重要性进行衡量，值越大，表明客户重要性越大。其计算公式如下：

$$CIMP_{i,t} = \frac{\mathrm{Ln}Asset_{i,t}}{\sum\limits_{i=1}^{n} \mathrm{Ln}Asset_{i,t}} \tag{5.17}$$

5.2.3.4 产权性质代理变量的定义及计算

如果样本公司的实际控制人为国有企业或者国有单位，则定义该样本公司的产权形式为国有，即 $SOE=1$，若样本公司的实际控制人为民营企业或非国有单位、组织或自然人，则定义该样本公司的产权性质为非国有，即 $SOE=0$。

5.2.3.5 公司治理水平代理变量的定义及计算

借鉴德丰等（DeFond et al.，2005）以及李明辉、刘笑霞（2013）的公司治理水平代理变量的设计方法，本书用哑变量将 6 个衡量公司治理的分项指标综合成一个衡量上市公司治理整体水平的指标 CGS。衡量公司治理水平的 6 个分项指标分别是：六个公司治理指标分别为：（1）年度股东大会出席股份比例，如果上市公司年度股东大会股份出息比率大于或等于本年度上市公司年度股东大会出息比率的中位数，则赋值为 1；否则赋值为 0。（2）公司董事会规模状况，如果公司董事会人数不少于本年度所有样本公司董事会人数的中位数，则赋值为 1；否则赋值为 0。（3）董事会独立性，如果样本公司独立董事所占董事会总人数的比重超过证监会《关于在上市公司建立独立董事制度的指导意见》所规定超过董事会的 1/3，则赋值为 1；否则赋值为 0。[①]（4）董事会勤勉性，如果公司年度董事会召开会议次数不小于本年度所有样本公司董事会会议次数的中位数，则赋值为 1；否则赋值为 0。（5）董事会专门委员会设置状况，如果样本公司按照证监会 2002 年 1 月 7 日颁布的《上市公司治理准则》要求，同时设立战略、审计、提名、薪酬与考核四个专门委员会，则赋值为 1；否则赋值为 0。（6）董事长和总经理的两职分离状况，如果样本公司的董事长和总经理是两职分离，则赋值为 1；否则赋值为 0。将以上 6 个衡量公司治理水平的分项指标得分相加，获得样本公司整体治理水平 CGS 的得分，$0 < CGS \leqslant 6$，本书将 $CGS \leqslant 3$ 的样本公司定义为治理水平较低的公司，赋值为 1；否则赋值为 0。

5.2.3.6　公司财务状况代理变量的定义及计算

为了避免单变量衡量公司财务状况片面性的缺陷，本书借鉴奥特曼（Altman，1968）构建的上市公司 $Z - Score$ 财务危机预警模型，计算样本公司的 $Z - Score$，以此综合衡量企业的财务风险状况。

$$Z - SCORE = 0.012X_1 + 0.014X_2 + 0.033X_3 + 0.006X_4 + 0.999X_5$$

$$(5.18)$$

---

① 2001 年 8 月 16 日，证监会发布《关于在上市公司建立独立董事制度的指导意见》（以下简称《意见》）。《意见》指出，上市公司应建立独立董事制度，聘任适当的人员担任独立董事；在 2002 年 6 月 30 日之前，董事会成员中应当至少包括 2 名独立董事；在 2003 年 6 月 30 日前，上市公司董事会成员中应当至少包括 1/3 独立董事。本书研究样本始点为 2002 年，其中存在设有 2 名独立董事的样本，仍按 1/3 的最小比率处理。另外，该赋值规则与李明辉、刘笑霞（2013）的赋值规则有所不同，李明辉、刘笑霞（2013）中对董事会独立性的赋值规则为：独董比例大于或者等于本年度非金融行业上市公司独董比率的中位数。本书认为，以《意见》规定的最小比率设置独董，有为满足证监会公司治理要求、消极设置之嫌，如独董比率大于《意见》规定的最小比率，则在一定程度上说明该公司设置独立董事有积极主动的一面，充分考虑了本公司治理的实际情况，可以认为其治理水平应该比消极设置者较高。

其中，X_1 =（营运资金/资产总额）×100，X_2 =（留存收益/资产总额）×100，X_3 =（息税前利润/资产总额）×100，X_4 =（股票市价总额/负债账面价值总额）×100，X_5 =（销售收入/资产总额）×100。若样本公司财务状况 $Z - Score < 1.81$，说明样本公司存在破产风险，则赋值为1，否则为0。

5.2.3.7 法律制度环境变迁代理变量的定义及计算

2006年2月15日，中华人民共和国财政部发布《企业会计准则》和《中国注册会计师执业准则》，两项准则于2007年1月1日开始施行。2007年6月11日，最高人民法院发布《关于审理涉及会计师事务所在审计业务活动中民事侵权赔偿案件的若干规定》（以下简称《规定》），该法释于2007年6月15日开始施行。本书主要考察两项准则以及《规定》所带来的法律制度环境变迁是否对审计质量以及异常审计费用与审计质量之间的关系是否具有调节作用。由于准则以及法释的实施需要有一定的过渡适应期，故而，本书将2007年作为过渡期。法律制度环境变迁哑变量的定义方法为：如果研究样本期间处于2008年（包括2008年），则赋值 $LAW = 1$，否则 $LAW = 0$。

5.2.4 其他相关因素代理变量的定义及计算

参考以往文献（DeFond et al，1999；Chen et al.，2010b；Lim & Tan，2010；Reichelt & Wang，2010；Firth et al.，2011；Asthana & Boone，2012），本书还控制了其他影响可操控应计利润的公司财务层面以及会计师事务所层面的因素，主要包括公司资产规模（$SIZE$）、公司杠杆（LEV）、流动比率（CR）、总资产收益率（ROA）、账面价值与市值比（B/M）、经营现金净流量（OCF）、公司成长性（$GROWTH$）、会计师事务所规模（$OFFICESIZE$）、审计时滞（$DELAY$）等相关变量。同时为了控制其他宏观经济因素的影响，本书还设置了年度与行业哑变量。具体变量定义详见表5.1。

表 5.1 变量定义及描述

变量	变量名称	变量描述
Panel A：被解释变量		
DA_Jones	可操控应计利润（*J*）	根据 *Modified Jones – Model* 估计
DA_DD	可操控应计利润（*D*）	根据 *Dehow/Dichev – Model* 估计
ABSDA_Real	可操控应计利润（*R*）绝对值	根据 *Real Earning Management Model* 估计
ABSDA_Jones	可操控应计利润（*J*）绝对值	*DA_Jones* 的绝对值
ABSDA_DD	可操控应计利润（*D*）绝对值	*DA_DD* 的绝对值
ABSDA_Real	可操控应计利润（*R*）绝对值	*DA_Real* 的绝对值
Panel B：解释变量		
ABFEE	异常审计收费	由公式（5.4）计算得到
HABFEE	正向异常审计费用	ABFEE >0 时，取 ABFEE；否则值为 0
LABFEE	负向异常审计费用	ABFEE <0 时，取 ABFEE 绝对值；否则值为 0
Panel C：调节变量		
BIGN	国际"五大"或"四大"	哑变量，若为"五大""四大"等于 1；否则为 0
CHANG	会计师事务所变更	哑变量，若事务所更换，则值为 1；否则为 0
CIMP	客户重要性程度	根据公式（5.17）计算得出
Z – SCORE	公司财务状况	哑变量，$Z – SCORE < 1.81$，则赋值为 1；否则为 0
CGS	公司治理水平	哑变量，$CGS \leq 3$，赋值为 1；否则为 0
SOE	公司产权性质	哑变量，产权为国有性质，赋值为 1；否则为 0
LAW	法制环境变迁	哑变量，2008 年之后，赋值为 1；否则为 0
Panel D：控制变量		
SIZE	总资产	公司当期期末总资产的自然对数
CR	流动比率	流动资产/流动负债
ROA	总资产收益率	净利润除以总资产
LEV	资产负债率	负债总额除以资产总额的百分比
CFO	经营性现金净流量	当期经营现金净流量/当期期末总资产
GROWTH	公司成长性	当期与上期营业收入差额/上期营业收入总额
B/M	公司账面市值比	当期公司账面价值除以当期市场价值
OFFICESIZE	会计师事务所规模	年度事务所业务收入自然对数
DELAY	审计时滞	财报公布日与资产负债表日间隔天数的自然对数

变量	变量名称	变量描述
Industry	行业哑变量	哑变量，处于该行业，则值为1；否则为0
Year	年度哑变量	哑变量，处于该年度，则值为1；否则为0

注：表5.1列示的是最终进入本书实证分析的变量，其他中间计算环节变量未加列示。

5.3 样本选择与数据来源

5.3.1 各研究模型样本选取

我国沪深两市上市公司公开披露审计费用数据始于2001年。2001年证监会发布《公开发行证券的公司信息披露内容与格式准则第2号——年度报告的内容与格式》（2001年修订稿），明确要求上市公司在年度报告中应当将支付给会计师事务所的报酬作为重要事项加以披露，同时在《公开发行证券的公司信息披露规范问答第6号——支付会计师事务所报酬及其披露》中指出，上市公司支付给会计师事务所的报酬应按照财务审计费用和财务审计以外的其他费用分别进行披露。[①] 本书选取2001～2013年沪深两市A股上市公司公开披露的数据作为初始研究样本数据。由于本书异常审计费用的估计与计算需要以前一期审计费用数据为基础，故而，最终异常审计费用样本区间为2002～2013年。因此，进入实证分析的样本数据也始于2002年。另外，估计可操控应计利润 *DA_DD* 需要以当期、前一期以及下一期经营现金流量数据，故而，最终可操控应计利润 *DA_DD* 的样本区间为2002～2012年。具体而言，以 *DA_Jones* 以及 *DA_Real* 为被解释变量的模型样本区间为2002～2013年，以 *DA_DD* 为被解释变量的模型样本区间为

---

① 在《公开发行证券的公司信息披露内容与格式准则第2号——年度报告的内容与格式（2001年修订稿）》发布之前，证监会在《上市公司股东大会规范意见》（2000年修订）等文件中指出，上市公司向股东报告支付给会计师事务所的费用是公司管理当局应尽的责任。在此背景下，沪深两市有500多家上市公司在其年报中披露了审计费用数据，但也存在披露不尽规范的问题。2012年12月24日，证监会发布的《公开发行证券的公司信息披露规范问答第6号——支付会计师事务所报酬及其披露》，对披露内容和方式作了进一步的规范，2001年沪深两市几乎所有上市公司对审计费用进行了披露。本书基于审计费用数据的准确性、规范性考虑，以及大样本研究的需要，样本年度从2001年开始。

2002～2012 年。

5.3.2 数据来源和处理

本书所用财务数据、审计费用、审计意见数据源自国泰安 *CSMAR* 数据库，会计师事务所综合评价排名数据源自中国注册会计师协会网站（http：//www. cicpa. org. cn/）。其中一些数据通过翻阅上市公司年报进行了矫正。

本书对 2002～2013 的样本公司进行了如下步骤筛选。（1）剔除金融行业样本公司，与其他行业公司相比，金融行业上市公司财务数据以及应计利润具有特殊性，为了研究方法的一致性以及研究结论的一般性，需要将金融行业样本剔除。（2）剔除当年首次公开发行股票的公司，因为异常审计费用以及可操控应计利润 *DA_DD* 的估计需要用到前一期数据。（3）剔除当期被会计师事务所签发非标准无保留审计意见的公司，一旦上市公司财务报告被出具非标准无保留审计意见，即表明该公司财务报告存在重大错报风险。剔除该类公司，所剩样本公司财务报告均被出具标准无保留审计意见，即至少从注册会计师角度而言，样本公司的财务报告不存在重大错报风险的极端情况。如此，从样本的纯洁性而言，利用样本公司可操控应计利润更能反映审计质量的高低。（4）剔除数据残缺的样本，为保证回归的有效性以及准确性，本书对数据残缺样本也进行了剔除。[①] 最后对纳入实证分析的连续变量进行 1% 和 99% 的 Winsorize 截尾处理，以避免异常值对模型检验产生影响。样本选取过程及样本年度分布和样本行业分布如表 5.2、表 5.3 所示。

上市公司行业分类来自中国证监会 2012 年新颁布的《上市公司行业分类指引》（以下简称《指引》），以经会计师事务所审计并公开披露的上市公司合并报表中的营业收入等财务数据为主要分类标准和依据，具有较高的科学性和权威性。本书将所有样本公司按《指引》的行业分类结果分为35 类，其中制造业大类由于行业类型多、公司数多，因此，取制造业二级

---

① 为了充分有效地利用样本数据，本书并未对被解释变量样本数多于调节变量样本数的样本公司进行剔除。故而在本书第 6 章的实证分析中样本数据会有不一致的现象。

分类对制造业行业进行细分，其中年度行业样本数少于 10 的制造业企业划分为 C0。其他行业采用一级分类，当年度行业样本数少于 10 时，将其划分为 T 类。

本书数据处理使用 Excel 2010，实证分析利用 Stata 11 计量分析软件。主要实证方法为普通最小二乘法进行回归分析。

表 5.2 样本行业分布

行业类别及代码	样本数量（个）	所占比重（%）	累计比重（%）
A 农、林、牧、渔业	227	1.51	1.50
B 采掘业	503	3.33	4.83
C 制造业	8887	58.85	63.68
D 电力、热力、燃气及水生产和供应业	726	4.81	68.49
E 建筑业	373	2.47	70.96
F 批发和零售业	1267	8.39	79.35
G 交通运输、仓储和邮政业	671	4.44	83.80
I 信息传输、软件和信息技术服务业	398	2.64	86.43
K 房地产业	1221	8.09	94.52
L 租赁和商务服务业	150	0.99	95.51
N 水利、环境和公共设施管理业	159	1.05	96.56
R 文化、体育和娱乐业	150	0.99	97.56
S 综合	237	1.57	99.13
T 其他	132	0.87	100.00
合计	15101	100.00	

注：表 5.2 列示的是以 *DA_Jones* 样本总数为标准的行业分布，未列示以 *DA_DD* 样本、*DA_Real* 样本为标准的样本行业分布。

表 5.3

样本选取过程及样本年度分布

样本删选过程	2002 年	2003 年	2004 年	2005 年	2006 年	2007 年	2008 年	2009 年	2010 年	2011 年	2012 年	2013 年	合计
初始样本	1204	1266	1355	1351	1434	1548	1602	1694	1919	2048	2115	2113	19649
减：金融行业	19	20	20	18	21	29	33	35	39	43	44	41	362
减：未披露及首次公开发行样本	28	37	101	152	254	333	214	181	259	214	20	12	1805
减：非标准审计意见样本	149	94	136	147	111	85	86	100	101	95	86	82	1272
异常审计费用样本（基础样本）	1008	1115	1098	1034	1048	1101	1269	1378	1520	1696	1965	1978	16210
减：Modified Jones – Model 数据残缺样本	122	76	92	22	68	108	67	72	134	153	187	8	1109
DA_Jones 最终样本	886	1039	1006	1012	980	993	1202	1306	1386	1543	1778	1970	15101
减：Dechow/Dichev – Model 数据残缺样本	124	78	97	26	70	122	83	75	140	154	191	1978	3138
DA_DD 最终样本	884	1037	1001	1008	978	979	1186	1303	1380	1542	1774	0	13072
减：Real Earning Model 数据残缺样本	188	140	153	98	78	166	164	114	187	263	286	73	1910
DA_Real 最终样本	820	975	945	936	970	935	1105	1264	1333	1433	1679	1905	14300

注：三组最终样本在减去数据残缺样本时，均是以异常审计费用样本（基础样本）为被减数的。

5.4 本 章 小 结

为对本书第 4 章所提的研究假设进行验证，首先，本章在相关文献研究的基础上，结合本书研究需要，分别构建异常审计费用与审计质量关系的实证研究模型、正向异常审计费用与审计质量关系的实证研究模型、负向异常审计费用与审计质量关系的实证研究模型，以及包含调节变量与异常审计费用交互项的实证研究模型。其次，结合以往文献研究，给出本书研究的被解释变量、解释变量、调节变量以及控制变量的变量选取，相应代理变量的计算方法或模型，以及部分稳健性检验中所涉及的变量设计等。再次，介绍本书所使用数据的来源，根据本书研究模型以及变量设计和计算方法，进行数据搜集，按照相应的整理规则进行数据整理，并对本书研究样本的行业、年度等相关分布特征进行介绍。最后，给出本书实证研究所使用的统计和计量方法，以及实现这些研究所使用的计量软件。

第6章

实证研究结果及分析

6.1 变量描述性统计分析

6.1.1 主要变量的描述性统计分析

表 6.1 是本书主要变量的描述性统计。[①] 2002～2013 年期间，上市公司以可操控应计利润 DA_Jones、DA_DD 以及 DA_Real 的均值分别为 -0.096、0.001、-0.004，中位数分别为 -0.049、-0.002、-0.005，说明 DA_Jones 数据分布存在一定的左偏，DA_DD 数据以及 DA_Real 数据分布存在一定的右偏，而且也可见 DD 模型对上市公司可操控应计利润的估计要大于修正琼斯模型以及真实盈余模型对可操控应计利润的估计；从标准差来看，DA_Jones 数据的波动性最大，DA_DD 次之，DA_Real 数据的波动性最小。从上市公司可操控应计利润的绝对值 $ABSDA\_Jones$、$ABSDA\_DD$、$ABSDA\_Real$ 数据的分布情况来看，三者的中位数均小于平均数，数据分布均存在一定的右偏现象；从标准差来看，$ABSDA\_Jones$ 数据的波动性同样大于后两者的数据波动性。同期异常审计费用 $ABFEE$ 的均值、中位数分别为 -0.074、-0.049，中位数大于均值，说明异常审计费用数据分布呈现左偏，而正向异常审计费用（$HABFEE$）以及负向异常审计费用（$LABFEE$）的均值分别为 0.194、0.244，

---

① 在表 6.1 主要变量描述性统计分析中，多个样本变量的最小值（Min.）在表中呈现为"0.000"数值，这并不表明该样本变量的最小值为 0，这是数据保留小数点后三位以及四舍五入处理的结果。以下各表中"0.000"均是同样处理的结果。

中位数分别为 0.129、0.150，两者中位数均小于均值，说明两者数据分布呈
右偏状态，从标准差而言，*ABFEE* 的数据波动性大于 *HABFEE* 和 *LABFEE*。
从事务所选择看，有 7.1% 的公司选择了国际"五大"或"四大"会计师事
务所进行审计；会计师事务所变更 *CHANG* 的均值为 0.172，说明研究样本期
间有 17.2% 的上市公司发生了会计师事务所变更；上市公司最终控制人背
景 *SOE* 的均值为 0.603，表明研究样本中 60.3% 的上市公司最终控制人具
有国有背景；样本公司 *Z – SCORE* 均值为 0.286，表明有 28.6% 的样本在
研究期间内存在财务危机状况；上市公司治理水平 *CGS* 均值为 0.435，说
明有 43.5% 的样本在研究期间内公司治理水平较差，得分小于 4 分。其他
控制变量的描述性统计结果如表 6.1 所示。

表 6.1 主要变量描述性统计分析

Variable	N	Mean	Min.	Q1	Median	Q3	Max.	Std. Dev.
DA_Jones	15101	– 0.096	– 3.209	– 0.119	– 0.049	0.012	0.279	0.354
DA_DD	13072	0.001	– 1.438	– 0.054	– 0.002	0.051	1.394	0.258
DA_Real	14300	– 0.004	– 0.659	– 0.033	– 0.005	0.025	0.672	0.146
ABSDA_Jones	15101	0.138	0.000	0.034	0.075	0.136	3.209	0.340
ABSDA_DD	13072	0.117	0.023	0.053	0.109	1.438	0.230
ABSDA_Real	14300	0.074	0.000	0.012	0.030	0.071	0.672	0.126
ABFEE	15101	– 0.074	– 1.466	– 0.190	– 0.049	0.080	0.788	0.329
HABFEE	5868	0.194	0.000	0.051	0.129	0.276	0.788	0.190
LABFEE	9233	0.244	0.000	0.069	0.150	0.298	1.466	0.282
CIPM	15101	0.038	0.000	0.004	0.014	0.041	0.434	0.068
SIZE	15101	21.706	19.291	20.865	21.565	22.370	25.391	1.196
CR	15101	1.762	0.255	0.932	1.311	1.931	10.756	1.607
LEV	15101	0.485	0.065	0.343	0.495	0.630	0.909	0.194
ROA	15101	0.037	– 0.164	0.013	0.033	0.060	0.200	0.052
B/M	15101	0.626	0.121	0.417	0.612	0.822	1.258	0.269
DELAY	15101	9.354	5.099	8.775	9.434	10.392	10.955	1.260
OFFICESIZE	15101	26.117	22.725	24.722	25.797	27.446	30.858	1.756

Variable	N	Mean	Min.	Q1	Median	Q3	Max.	Std. Dev.
GROWTH	15089	0.235	− 0.592	0.000	0.139	0.313	4.080	0.565
OCF	15101	0.058	− 0.270	0.008	0.055	0.109	0.392	0.100
BIGN	15101	0.071	0	0	0	0	1	0.256
Z − SCORE	15101	0.286	0	0	0	1	1	0.452
CHANG	15101	0.172	0	0	0	0	1	0.377
CGS	14980	0.435	0	0	0	1	1	0.496
LAW	15101	0.674	0	0	1	1	1	0.469
SOE	15010	0.603	0	1	1	1	1	0.489

6.1.2　异常审计费用的年度与行业描述性统计分析

在对主要研究变量进行统一的描述性统计分析后，为了进一步挖掘主要研究变量——异常审计费用的数据信息，本书对正向异常审计费用（*HABFEE*）以及负向异常审计费用（*LABFEE*）分别从年度、行业两个维度进行描述性统计分析，从更为深入的视角发掘异常审计费用的数据分布特征。[①] 年度、行业描述性统计分析结果如表 6.2、表 6.3 所示。[②]

表 6.2 列示的是正向异常审计费用与负向异常审计费用的年度描述性统计结果。可以看出，在研究样本期间，即 2002～2013 年，除个别年份以及个别统计量外，正向异常审计费用的均值（Mean）、1/4 分位数（Q1）、中位数（Median）、3/4 分位数（Q3）以及最大值（Max.）均小于负向异常审计费用的均值（Mean）、1/4 分位数（Q1）、中位数（Median）、3/4 分位数（Q3）以及最大值（Max.）；图 6.1 更为直观地呈现了正向与负向异常审计费用均值的年度分布状态，除 2012 年与 2013 年之外，其他年份中

---

① 为了更为准确地呈现异常审计费用数据的分布状态，6.1.2 节"异常审计费用的年度与行业描述性统计分析"所用异常审计费用数据是未经过 1% 和 99% 的 Winsorize 截尾处理的原始样本数据。

② 表 6.3 以及图 6.2 中的行业以上市公司行业分类来自中国证监会 2012 年颁布的《上市公司行业分类指引》，A 农、林、牧、渔业，B 采掘业，C 制造业，D 电力、热力、燃气及水生产和供应业，E 建筑业，F 批发和零售业，G 交通运输、仓储和邮政业，I 信息传输、软件和信息技术服务业，K 房地产业，L 租赁和商务服务业，N 水利、环境和公共设施管理业，R 文化、体育和娱乐业，S 综合；年度行业样本公司数不足 10 的，划归为 T。

正向异常审计费用的均值均小于负向异常审计费用的均值。说明 A 股证券审计市场中低价竞争策略普遍,进而导致了审计费用低于正常值的程度要大于审计费用高于正常值的程度;如果把异常审计费用作为会计师事务所与客户博弈力量对比的表征,则该描述性统计分析结果表明,A 股证券审计市场呈买方市场状态,会计师事务所在博弈中处于劣势地位,谈判能力弱于被审计单位,致使会计师事务所不得不进行低价竞争以保持市场份额或竞争优势,进而导致负向异常审计费用大量存在。

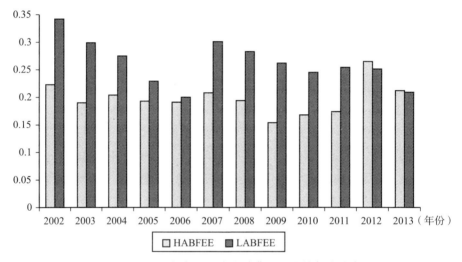

图 6.1　正向与负向异常审计费用均值的年度分布

表 6.2　　　　　　　　　　　异常审计费用的年度描述性统计分析

Year	Variable	Mean	Min.	Q1	Median	Q3	Max.	Std. Dev.
2002	*HABFEE*	0.223	0.000	0.059	0.146	0.305	1.285	0.232
	LABFEE	0.342	0.002	0.083	0.209	0.482	2.244	0.372
2003	*HABFEE*	0.190	0.000	0.046	0.110	0.263	2.208	0.232
	LABFEE	0.299	0.000	0.078	0.181	0.382	2.776	0.346
2004	*HABFEE*	0.204	0.000	0.048	0.110	0.256	2.157	0.268
	LABFEE	0.275	0.001	0.076	0.169	0.345	3.196	0.346
2005	*HABFEE*	0.193	0.000	0.046	0.108	0.242	2.747	0.295
	LABFEE	0.229	0.000	0.061	0.138	0.275	2.556	0.281

续表

Year	Variable	Mean	Min.	Q1	Median	Q3	Max.	Std. Dev.
2006	*HABFEE*	0.191	0.001	0.045	0.114	0.231	2.178	0.253
	LABFEE	0.200	0.000	0.059	0.132	0.243	2.707	0.242
2007	*HABFEE*	0.208	0.001	0.040	0.120	0.248	2.043	0.282
	LABFEE	0.301	0.000	0.088	0.198	0.407	2.659	0.331
2008	*HABFEE*	0.194	0.000	0.052	0.118	0.246	1.995	0.228
	LABFEE	0.283	0.000	0.068	0.146	0.310	7.414	0.488
2009	*HABFEE*	0.154	0.001	0.040	0.091	0.184	1.755	0.195
	LABFEE	0.262	0.000	0.076	0.161	0.296	8.014	0.423
2010	*HABFEE*	0.168	0.000	0.041	0.099	0.210	1.686	0.213
	LABFEE	0.245	0.001	0.073	0.156	0.298	3.918	0.323
2011	*HABFEE*	0.174	0.000	0.045	0.120	0.227	2.268	0.209
	LABFEE	0.254	0.001	0.062	0.134	0.253	7.612	0.488
2012	*HABFEE*	0.265	0.000	0.095	0.219	0.389	2.333	0.231
	LABFEE	0.251	0.000	0.056	0.130	0.265	5.693	0.451
2013	*HABFEE*	0.212	0.000	0.055	0.140	0.283	4.929	0.304
	LABFEE	0.209	0.001	0.059	0.125	0.223	4.962	0.371

另外，在时间序列方面，负向异常审计费用总体上呈递减状态，但分为两个阶段，以 2006 年为分野，从 2002 年到 2006 年，负向异常审计费用均值呈现大幅度递减，2007 年虽有反弹，但并未超越 2002 年的均值；2007 年之后，负向异常审计费用的年度变化虽有波动，但仍处于递减趋势，但递减速率较 2002～2006 年的递减速率要小。这说明，政府出台的几项遏制低价不正当竞争的政策的效果较为显著。而正向异常审计费用则在研究区间内虽有波动，但年度变化较小。

表 6.3 列示的是正向异常审计费用与负向异常审计费用的行业描述性统计结果。可以看出，在研究样本行业中，除个别行业以及个别统计量外，正向异常审计费用的均值（Mean）、1/4 分位数（Q1）、中位数（Median）、3/4 分位数（Q3）以及最大值（Max.）均小于负向异常审计费用的均值（Mean）、1/4 分位数（Q1）、中位数（Median）、3/4 分位数（Q3）以及最大值（Max.）。图 6.2 更为直观地呈现了正向与负向异常审计费用均值的

行业分布状态，在所有样本行业中，正向异常审计费用的均值均小于负向异常审计费用的均值。这从行业角度说明 A 股证券审计市场呈买方市场状态，会计师事务所在博弈中处于劣势地位，谈判能力弱于被审计单位，致使会计师事务所不得不进行低价竞争以保持市场份额或竞争优势，进而导致负向异常审计费用大量存在。另外，负向异常审计费用大于 0.3 的四个行业分别是 B 采矿业、D 电力、热力、燃气及水生产和供应业、K 房地产业以及 R 文化、体育和娱乐业，而这四个行业的正向异常审计费用均值也比其他行业较高。

表 6.3　　　　　　　异常审计费用的行业描述性统计分析

Industry	Variable	Mean	Min.	Q1	Median	Q3	Max.	Std. Dev.
A	HABFEE	0.181	0.001	0.035	0.106	0.267	1.119	0.208
A	LABFEE	0.216	0.001	0.065	0.139	0.253	1.505	0.253
B	HABFEE	0.226	0.002	0.054	0.143	0.294	4.194	0.353
B	LABFEE	0.332	0.000	0.072	0.164	0.394	4.42	0.489
C	HABFEE	0.202	0.000	0.052	0.126	0.27	4.929	0.245
C	LABFEE	0.239	0.000	0.066	0.145	0.282	4.945	0.319
D	HABFEE	0.218	0.001	0.056	0.143	0.302	2.141	0.251
D	LABFEE	0.306	0.000	0.07	0.157	0.332	4.962	0.455
E	HABFEE	0.198	0.000	0.052	0.132	0.238	1.274	0.229
E	LABFEE	0.257	0.001	0.089	0.174	0.326	1.911	0.278
F	HABFEE	0.197	0.000	0.051	0.132	0.27	2.333	0.217
F	LABFEE	0.228	0.000	0.066	0.14	0.277	2.972	0.294
G	HABFEE	0.209	0.001	0.037	0.107	0.281	2.081	0.293
G	LABFEE	0.22	0.000	0.065	0.139	0.283	2.224	0.263
I	HABFEE	0.183	0.001	0.032	0.103	0.258	2.055	0.27
I	LABFEE	0.262	0.000	0.069	0.142	0.29	4.916	0.442
K	HABFEE	0.222	0.000	0.066	0.157	0.3	2.214	0.246
K	LABFEE	0.369	0.001	0.083	0.195	0.398	8.014	0.658
L	HABFEE	0.229	0.001	0.051	0.122	0.323	1.756	0.305
L	LABFEE	0.29	0.001	0.06	0.147	0.278	2.676	0.449
N	HABFEE	0.245	0.007	0.053	0.13	0.364	1.755	0.284
N	LABFEE	0.286	0.005	0.056	0.152	0.296	4.178	0.497

Industry	Variable	Mean	Min.	Q1	Median	Q3	Max.	Std. Dev.
R	*HABFEE*	0.259	0.001	0.063	0.181	0.32	1.743	0.293
R	*LABFEE*	0.413	0.001	0.068	0.16	0.354	7.612	0.948
S	*HABFEE*	0.192	0.001	0.055	0.121	0.243	0.817	0.19
S	*LABFEE*	0.222	0.003	0.058	0.133	0.292	1.98	0.259
T	*HABFEE*	0.184	0.000	0.026	0.119	0.239	0.859	0.208
T	*LABFEE*	0.253	0.004	0.068	0.187	0.302	1.197	0.254

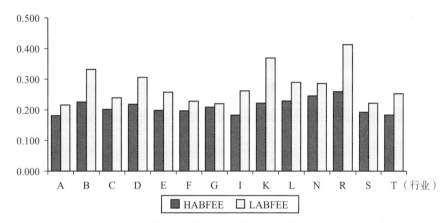

图 6.2 正向与负向异常审计费用均值的行业分布

6.2 变量相关分析及样本分组检验

6.2.1 样本相关分析

本书对主要连续性变量进行了 Pearson（Spearman）相关性检验，如表 6.4 所示。结果显示，测试变量与控制变量之间的相关系数均在 0.05 以下，不存在显著的相关关系，可以确定相关变量之间不存在较强的共线性；异常审计费用 ABFEE 与三个被解释变量之间存在显著的相关关系，具体关系有待在回归分析中进行深入分析。

表 6.4　　主要变量的相关性分析

Variable	ABSJONES	ABSDD	ABSREAL	ABFEE	ACIPM	SIZE	CR	ROA	LEV	B/M	OCF	DELAY	OSIZE	GROWTH
ABSJONES	1.000	0.428**	0.125**	0.057**	-0.002	0.001	-0.061**	-0.067***	0.133**	-0.041***	0.018**	0.020**	0.034**	0.042***
ABSDD	0.428**	1.000	0.133**	0.108*	0.029**	0.005	0.026	0.049**	0.046**	-0.091**	0.050**	0.017	0.027**	0.013
ABSREAL	0.125**	0.133*	1.000	0.040**	0.102**	0.521**	-0.035*	0.077**	0.230**	0.202**	0.497**	0.029*	0.249*	0.006
ABFEE	0.057**	0.108*	0.040**	1.000	-0.116**	-0.100**	-0.011	-0.166**	-0.073*	0.031**	-0.124**	0.089**	0.051*	0.000
ACIPM	-0.002	0.029*	0.149**	-0.074**	1.000	0.293**	-0.191**	-0.053*	0.227	0.294**	0.168**	-0.028*	-0.752**	-0.080*
SIZE	0.056**	0.084**	0.567**	-0.073**	0.277**	1.000	-0.195**	0.101**	0.329**	0.461**	0.881**	0.018*	0.353**	-0.031*
CR	-0.008	-0.006	-0.066**	0.013	-0.111**	-0.195**	1.000	0.309**	-0.648**	-0.261**	-0.086**	-0.019*	0.066**	0.006
ROA	-0.022*	0.034*	0.059**	-0.147**	0.017	0.109**	0.237**	1.000	-0.377**	-0.324**	0.268**	-0.226**	0.110*	0.028*
LEV	0.111***	0.041**	0.217**	-0.054**	0.150**	0.322**	-0.632**	-0.351	1.000	0.342**	0.203**	0.044*	-0.004	0.020*
B/M	0.054**	-0.035*	0.216**	0.028**	0.196**	0.478**	-0.243**	-0.274**	0.328**	1.000	0.046	0.070	0.013	-0.063
OCF	0.041**	0.111**	0.554**	-0.091**	0.224**	0.906**	-0.095**	0.261**	0.206**	0.084**	1.000	-0.014*	0.411**	-0.005
DELAY	0.012	-0.021*	0.038**	0.077**	-0.027*	0.054**	0.010	-0.180**	0.030*	0.089**	0.019*	1.000	0.053*	0.002
OFFICESIZE	0.048**	0.068**	0.284**	0.052**	-0.462**	0.420**	0.051*	0.103*	0.004	0.056**	0.454**	0.077**	1.000	0.040*
GROWTH	0.001	0.002	-0.006	-0.007	-0.039*	-0.010	-0.035*	0.036*	0.028*	-0.034*	0.003	-0.008	0.040	1.000

注：相关性矩阵左下三角为 Pearson 相关系数，右上三角为 Spearman 相关系数；***，**，* 分别表示在 0.01，0.05，0.10 的水平上显著；变量符号 ABSJONES 为 ABSDA_Jones，ABSDD 为 ABSDA_DD，ABSREAL 为 ABSDA_REAL，OSIZE 为 OFFICESIZE。

6.2.2 样本分组检验

为了分析会计师事务所声誉（*BIGN*）、会计师事务所变更（*CHANG*）、上市公司产权性质（*SOE*）、上市公司治理水平（*CGS*）、上市公司财务状况（*Z – SCORE*）以及法制环境变迁（*LAW*）等变量对异常审计费用与审计质量之间关系的调节效用，本书分别以以上六个变量作为样本分组依据，对样本进行分组检验。

表 6.5 列示的是会计师事务所声誉（*BIGN*）分组检验的结果。以注册会计师谨慎性即主审会计师事务所是否为国际"五大"或"四大"（*BIGN*）为标准，将样本分为两组，考察两组样本的可操控应计利润、可操控应计利润的绝对值以及异常审计费用是否存在差异。从表 6.5 可以看出，总体而言，主审会计师事务所为国际"五大"或"四大"的样本公司的可操控应计利润要小于非"五大"或者"四大"审计的样本公司可操控应计利润，且存在显著性差异。对于异常审计费用（*ABFEE*）以及负向异常审计费用（*LABFEE*），*BIGN* 组与非 *BIGN* 组之间不存在显著性差异；而对于正向异常审计费用（*HABFEE*），*BIGN* 组的 *HABFEE* 大于非 *BIGN* 组的 *HABFEE*，且差异在 0.01 水平下显著。这说明国际"五大"或"四大"具有较强的职业谨慎性，审计质量较高，但同时存在一定的审计费用溢价。

表 6.5　　　　　　　　　会计师事务所声誉（*BIGN*）分组检验

Variable	Mean（0）	Mean（1）	difference	T-stat.	Z-stat.
DA_Jones	− 0.097	− 0.091	− 0.006	− 0.523	− 1.181
DA_DD	0.122	− 0.008	0.131	15.115 ***	16.519 ***
DA_Real	0.039	− 0.007	0.047	9.798 ***	7.955 ***
ABSDA_Jones	0.139	0.129	0.010	0.910 ***	2.554 **
ABSDA_DD	0.203	0.111	0.092	11.933 ***	11.187 ***
ABSDA_Real	0.169	0.067	0.102	25.256 ***	17.645 ***
ABFEE	− 0.074	− 0.073	− 0.001	− 0.090	− 1.201
HABFEE	0.191	0.236	− 0.045	− 4.598 ***	− 2.677 ***
LABFEE	0.243	0.256	− 0.014	− 1.200	− 1.865 *

注：*BIGN* =1，会计师事务所为国际"五大"或"四大"，即谨慎性的注册会计师，*BIGN* =0，会计师事务所为国际"五大"或"四大"；Z-stat. 为 Wilcoxon 秩检验统计量；*** 、** 、* 分别表示在 0.01、0.05、0.10 的水平上显著。

表 6.6 列示的是会计师事务所变更（*CHANG*）分组检验的结果。以样本公司在研究期间内是否存在主审会计师事务所变更（*CHANG*）为标准，将样本分为两组，考察两组样本的可操控应计利润、可操控应计利润的绝对值以及异常审计费用是否存在差异。从表 6.6 可以看出，总体而言，存在会计师事务所变更的样本公司的可操控应计利润要大于为变更主审会计师事务所公司的可操控应计利润，且存在显著性差异。对于异常审计费用（*ABFEE*）、正向异常审计费用（*HABFEE*）以及负向异常审计费用（*LABFEE*）而言，存在会计师事务所变更组的异常审计费用值均大于非变更组的异常审计费用，且差异均在 0.01 的水平上显著。这说明存在会计师事务所变更的样本公司同期审计质量较差，且审计费用的异常度较为明显，即存在"低价揽客"现象，还有可能存在"高价合谋"现象。

表 6.6　　　　　　　　　会计师事务所变更（*CHANG*）分组检验

Variable	Mean（0）	Mean（1）	difference	T-stat.	Z-stat.
DA_Jones	− 0.093	− 0.114	0.021	2.731 ***	− 1.521
DA_DD	− 0.001	0.011	− 0.012	− 1.863 *	− 1.236
DA_Real	− 0.005	0.000	− 0.005	− 1.397	− 1.482
ABSDA_Jones	0.134	0.160	− 0.026	− 3.501 ***	− 3.513 ***
ABSDA_DD	0.114	0.135	− 0.021	− 3.889 ***	− 3.630 ***
ABSDA_Real	0.073	0.081	− 0.009	− 3.129 ***	− 4.222 ***
ABFEE	− 0.065	− 0.113	0.048	6.747 ***	− 4.892 ***
HABFEE	0.187	0.228	− 0.041	− 6.129 ***	− 5.617 ***
LABFEE	0.229	0.308	− 0.079	− 10.294 ***	− 7.699 ***

注：*CHANG* = 1，存在事务所变更，*CHANG* = 0，不存在事务所变更；Z-stat. 为 Wilcoxon 秩检验统计量；***、**、* 分别表示在 0.01、0.05、0.10 的水平上显著。

表 6.7 列示的是上市公司产权性质（*SOE*）分组检验的结果。以样本公司在研究期间内最终控制人是否为国有背景（*SOE*）为标准，将样本分为两组，考察两组样本的可操控应计利润、可操控应计利润的绝对值以及异常审计费用是否存在差异。从表 6.7 可以看出，总体而言，国有样本公

司的盈余管理程度要低于非国有样本公司的盈余管理程度，且存在显著性差异。对于异常审计费用（ABFEE）、正向异常审计费用（HABFEE）以及负向异常审计费用（LABFEE）而言，国有背景样本组的异常审计费用（HABFEE）均值为负且小于非国有样本组的异常审计费用均值；国有背景样本组的正向异常审计费用显著小于非国有样本组的正向异常审计费用，而国有背景样本组的负向异常审计费用显著大于非国有样本组的负向异常审计费用。这说明国有样本公司往往压低审计费用，而非国有企业更倾向于利用高审计费用来诱使注册会计师合谋。

表 6.7　　　　　　　　　　上市公司产权性质（SOE）分组检验

Variable	Mean（0）	Mean（1）	difference	T-stat.	Z-stat.
DA_Jones	− 0. 112	− 0. 094	− 0. 017	− 2. 777 ***	− 1. 619
DA_DD	0. 009	− 0. 003	0. 012	2. 529 **	3. 576 ***
DA_Real	− 0. 002	− 0. 005	0. 003	1. 142	− 1. 733 *
ABSDA_Jones	0. 156	0. 133	0. 023	3. 897 ***	− 5. 070
ABSDA_DD	0. 121	0. 116	0. 005	1. 188	− 4. 502 ***
ABSDA_Real	0. 060	0. 087	− 0. 027	− 11. 979 ***	− 9. 266 ***
ABFEE	− 0. 065	− 0. 078	0. 013	2. 283 **	1. 576
HABFEE	0. 199	0. 181	0. 018	3. 456 ***	2. 768 ***
LABFEE	0. 243	0. 234	0. 009	1. 415	− 1. 683 *

注：SOE = 1，上市公司最终控制人为国有背景，SOE = 0，上市公司最终控制人为非国有背景；Z-stat. 为 Wilcoxon 秩检验统计量；*** 、** 、* 分别表示在 0. 01、0. 05、0. 10 的水平上显著。

表 6.8 列示的是上市公司治理水平（CGS）分组检验的结果。以样本公司在研究期间内公司治理水平（CGS）为标准，将样本分为两组，考察两组样本的可操控应计利润、可操控应计利润的绝对值以及异常审计费用是否存在差异。从表 6.8 可以看出，总体而言，公司治理水平高的样本公司的盈余管理程度要低于公司治理水平差的样本公司的盈余管理程度，且存在显著性差异。对于异常审计费用（ABFEE）、正向异常审计费用（HABFEE）以及负向异常审计费用（LABFEE）而言，公司治理水平高的

样本组的异常审计费用（*ABFEE*）均值为负且小于公司治理水平差的样本组的异常审计费用均值；公司治理水平低的样本组的负向异常审计费用显著小于公司治理水平高的样本组的负向异常审计费用值。这说明治理水平高的样本公司盈余管理程度要低于治理水平差的样本公司的盈余管理程度，进而前者的审计质量比后者的审计质量较高，故而上市公司在与会计师事务所谈判时，更具有较强的讨价还价能力，进而导致负向异常审计费用较为明显。

表6.8　　　　　　　　　　上市公司治理水平（*CGS*）分组检验

Variable	Mean（0）	Mean（1）	difference	T-stat.	Z-stat.
DA_Jones	− 0.08	− 0.109	0.029	4.995 ***	− 2.981 ***
DA_DD	0.023	− 0.024	0.047	10.329 ***	− 11.436 ***
DA_Real	− 0.002	− 0.005	0.003	1.188	− 1.433
ABSDA_Jones	0.122	0.151	− 0.029	− 5.215 ***	− 3.055 ***
ABSDA_DD	0.114	0.12	− 0.006	− 1.585	− 0.968
ABSDA_Real	0.05	0.094	− 0.044	− 21.136 ***	− 22.759 ***
ABFEE	− 0.083	− 0.061	− 0.022	− 4.154 ***	− 6.100 ***
HABFEE	0.191	0.196	− 0.005	− 1.023	− 1.64
LABFEE	0.247	0.237	0.011	1.764 *	4.492 ***

注：*CGS* = 0，公司治理水平高，*CGS* = 1，公司治理水平低；Z-stat. 为 Wilcoxon 秩检验统计量；***、**、* 分别表示在0.01、0.05、0.10 的水平上显著。

表6.9列示的是上市公司财务状况（*Z - SCORE*）分组检验的结果。以样本公司在研究期间内是否存在财务危机（*Z - SCORE*）为标准，将样本分为两组，考察两组样本的可操控应计利润、可操控应计利润的绝对值以及异常审计费用是否存在差异。从表6.9可以看出，总体而言，存在财务危机的样本公司的可操控应计利润要大于为财务状况良好公司的可操控应计利润，且存在显著性差异。对于异常审计费用（*ABFEE*）、正向异常审计费用（*HABFEE*）以及负向异常审计费用（*LABFEE*）而言，存在财务危机组的异常审计费用值均大于财务状况良好组的异常审计费用，且差异均在0.01水平下显著。这说明存在财务危机的样本公司盈余管理程度要高于财

务状况良好公司的盈余管理程度，进一步说明前者的审计质量比后者的审计质量较差，且审计费用的异常度较为明显。

表6.9   上市公司财务状况（*Z – SCORE*）分组检验

Variable	Mean（0）	Mean（1）	difference	T-stat.	Z-stat.
DA_Jones	– 0.072	– 0.158	0.085	13.502 ***	– 14.383 ***
DA_DD	0.002	– 0.002	0.004	0.871	– 10.503 ***
DA_Real	– 0.014	0.020	– 0.034	– 12.929 ***	– 15.066 ***
ABSDA_Jones	0.119	0.188	– 0.069	– 11.360 ***	– 8.102 ***
ABSDA_DD	0.116	0.121	– 0.005	– 1.065	– 0.107
ABSDA_Real	0.066	0.095	– 0.029	– 12.782 ***	– 12.888 ***
ABFEE	– 0.077	– 0.066	– 0.011	– 1.786 *	– 1.944 *
HABFEE	0.190	0.203	– 0.013	– 2.383 **	– 2.707 ***
LABFEE	0.241	0.250	– 0.008	– 1.275	– 2.151 **

注：*Z – SCORE* = 1，公司存在财务危机，*Z – SCORE* = 0，公司不存在财务危机；Z-stat. 为 Wilcoxon 秩检验统计量；*** 、** 、* 分别表示在 0.01、0.05、0.10 的水平上显著。

表6.10列示的是法制环境变迁（*LAW*）分组检验的结果。以样本公司在研究期间内处于2008年前后为标准，将样本分为两组，考察两组样本的可操控应计利润、可操控应计利润的绝对值以及异常审计费用是否存在差异。从表6.10可以看出，总体而言，2008年之前样本公司的盈余管理程度要高于2008年之后样本公司的盈余管理程度，且差异显著。对于异常审计费用（*ABFEE*）、正向异常审计费用（*HABFEE*）以及负向异常审计费用（*LABFEE*）而言，2008年之后样本组的正向异常审计费用（*HABFEE*）均值小于2008年之前样本组的正向异常审计费用均值；两个样本组的负向异常审计费用（*LABFEE*）差异显著，且在0.01水平下显著。这说明《关于审理涉及会计师事务所在审计业务活动中民事侵权赔偿案件的若干规定》的颁布加大了注册会计师的法律责任，因而2008年之后样本公司盈余管理程度要低于2008年之前样本公司的盈余管理程度；法律责任的增大，导致上市公司只有通过更高的正向异常审计费用才能降低注册会计师对盈余管

理的容忍程度，而 2008 年之后负向异常审计费用值较 2008 年之前较小，也说明了这一点。

表 6.10   法制环境变迁（*LAW*）分组检验

Variable	Mean（0）	Mean（1）	difference	T-stat.	Z-stat.
DA_Jones	− 0.135	− 0.037	− 0.098	− 16.746 ***	− 17.958 ***
DA_DD	0.022	− 0.025	0.048	10.519 ***	− 7.282 ***
DA_Real	− 0.005	− 0.002	− 0.003	− 1.230	− 1.595
ABSDA_Jones	0.170	0.089	0.082	14.548 ***	− 11.804 ***
ABSDA_DD	0.126	0.107	0.019	4.652 ***	− 0.499
ABSDA_Real	0.096	0.040	0.056	26.321 ***	− 29.634 ***
ABFEE	− 0.056	− 0.101	0.044	8.115 ***	− 7.681 ***
HABFEE	0.187	0.198	− 0.011	− 2.196 **	− 3.879 ***
LABFEE	0.269	0.227	0.042	7.020 ***	− 7.025 ***

注：*LAW* = 1，2008 年之后，*LAW* = 0，2008 年之前；Z-stat. 为 Wilcoxon 秩检验统计量；*** 、** 、* 分别表示在 0.01、0.05、0.10 的水平上显著。

6.3　模型回归结果分析

6.3.1　异常审计费用对审计质量作用的实证结果分析

运用模型（1）检验异常审计费用与审计质量之间关系的问题。首先，分别以 *ABSDA_Jones*、*ABSDA_DD* 以及 *ABSDA_Real* 为审计质量的代理变量，进行全样本回归以及分年度回归，主要考察异常审计费用平方项 *ABFEE* × *ABFEE* 与审计质量三个替代变量的回归显著性，回归结果如表 6.11、表 6.12、表 6.13 所示；其次，对正向异常审计费用（*HABFEE*）以及负向异常审计费用（*LABFEE*）两个子样本进行回归分析，分别考察两者与审计质量之间的关系，回归结果如表 6.14、表 6.15 所示。

表 6.11　异常审计费用和审计质量的回归结果（Dependent Variable = ABSDA_Jones）

Variable	全样本	2002 年	2003 年	2004 年	2005 年	2006 年	2007 年	2008 年	2009 年	2010 年	2011 年	2012 年	2013 年
ABFEE	0.014	-0.001	-0.015*	-0.008	-0.007	-0.024***	-0.003	0.005	0.006	-0.003	-0.009	-0.028***	-0.010
ABFEE×ABFEE	0.092***	0.017**	0.017*	0.002	0.009	0.024*	0.026**	0.060***	0.057***	0.067***	0.031***	0.127***	0.097***
SIZE	-0.009***	0.005	-0.002	0.000	0.002	0.000	0.002	-0.007**	-0.017***	-0.008***	-0.006**	-0.010***	-0.009***
CR	-0.001	0.005**	0.002	0.003	0.003*	0.007***	0.001	-0.002	-0.008**	-0.002	-0.003	0.000	0.002
ROA	-0.229***	-0.238***	-0.313***	-0.202***	-0.173***	-0.406***	-0.150***	-0.427***	-0.393***	-0.429***	-0.475***	-0.625***	-0.470***
LEV	0.061***	0.053***	0.077***	0.058***	0.048***	0.067***	0.067***	0.030	-0.009	0.031*	0.029	0.059***	0.051***
B/M	0.053***	-0.034**	-0.028**	-0.022*	-0.011	-0.030***	-0.033**	-0.037**	0.018	0.003	-0.007	-0.002	-0.001
DELAY	0.000	-0.001	0.000	0.001	0.000	0.001	-0.001	0.005**	0.008***	0.001	-0.003	0.001	0.000
OFFICESIZE	-0.002	-0.002	0.000	-0.002	0.000	0.002	0.001	0.000	-0.003	0.000	-0.002	-0.001	0.001
CFO	0.291***	0.037	0.301***	0.196***	0.096***	0.256***	0.162***	0.517***	0.526***	0.329***	0.438***	0.473***	0.319***
GROWTH	0.029***	0.010***	0.003	0.001	0.000	-0.003	0.008**	-0.040***	0.099***	0.025***	0.039***	0.048***	0.040***
Constant	0.257***	-0.016	0.071	0.123*	0.010	-0.029	-0.027	0.138*	0.349***	0.189***	0.240***	0.523***	0.170***
Year	Control	NO	NO	NO	NO	NO	NO	NO	NO	NO	NO	NO	NO
Industry	Control	Control	Control	Control	Control	Control	Control	Control	Control	Control	Control	Control	Control
N	14151	886	1038	1006	1012	980	992	1197	1300	1381	1536	1766	1943
F-value	78.612	5.821	19.458	18.403	7.059	26.148	15.192	78.458	137.416	52.288	2170.779	376.238	36.984
Adj－R²	0.235	0.193	0.445	0.438	0.216	0.542	0.397	0.749	0.828	0.613	0.985	0.907	0.460

注：统计值已经过 White（1980）异方差稳健性修正；***、**、* 分别表示在 0.01、0.05、0.10 的水平上显著。

表6.12　异常审计费用和审计质量的回归结果（Dependent Variable = ABSDA_DD）

Variable	全样本	2002年	2003年	2004年	2005年	2006年	2007年	2008年	2009年	2010年	2011年	2012年
ABFEE	-0.004	0.001	0.024**	0.035***	0.010	0.039***	0.002	-0.003	0.007	-0.022	-0.010	-0.018*
ABFEE×ABFEE	0.068***	0.016	0.019	0.035**	0.092***	0.068***	0.060***	0.075***	0.039***	0.066***	0.015	0.094***
SIZE	0.029***	0.043***	0.044***	0.044***	0.045***	0.032***	0.030***	0.015***	0.041***	0.009*	0.022***	0.011***
CR	0.000	-0.001	0.000	0.001	0.001	0.003	0.006	0.001	-0.003	-0.002	-0.002	-0.002
ROA	-0.120***	-0.504***	-0.269***	-0.143	-0.289***	-0.097	0.099	-0.279***	-0.082	0.236***	-0.102	-0.105
LEV	-0.001	0.015	0.016	-0.027	-0.063***	0.016	0.059**	-0.007	0.003	0.045	-0.015	0.008
B/M	-0.075***	-0.108***	-0.117***	-0.094**	-0.096***	-0.070***	-0.126***	-0.064***	-0.134***	-0.028	-0.112***	-0.078***
DELAY	-0.003*	0.000	0.003	0.003	0.000	0.002	0.007*	0.004	-0.001	0.005	-0.003	-0.008***
OFFICESIZE	0.006***	0.005	0.003	0.010***	0.006*	0.005**	0.008**	0.009***	0.007***	0.005*	0.006***	0.005***
CFO	0.085***	0.076***	0.100***	0.141***	0.047	0.053	-0.017	0.095***	-0.001	0.045	0.104*	0.035
GROWTH	0.029***	0.009*	-0.002	0.008	0.006	0.010***	0.001	0.058***	-0.015***	0.030***	0.052***	0.051***
Constant	-0.043	-0.564***	0.029	0.315***	0.446***	-0.300***	-0.084	-0.438***	-0.595***	0.112	-0.417***	0.696***
Year	Control	NO	NO	NO	NO	NO	NO	NO	NO	NO	NO	NO
Industry	Control	Control	Control	Control	Control	Control	Control	Control	Control	Control	Control	Control
N	13062	884	1036	1001	1008	978	979	1183	1301	1380	1540	1772
F-value	77.751	114.968	121.028	73.146	105.447	10.271	40.955	41.618	175.954	10.263	73.851	36.121
Adj-R²	0.247	0.850	0.836	0.760	0.824	0.299	0.648	0.607	0.858	0.232	0.681	0.472

注：统计值已经过 White（1980）异方差稳健性修正；***、**、*分别表示在 0.01、0.05、0.10 的水平上显著。

表6.13　　　异常审计费用与审计质量的回归结果 （Dependent Variable = ABSDA_Real）

Variable	全样本	2002年	2003年	2004年	2005年	2006年	2007年	2008年	2009年	2010年	2011年	2012年	2013年
ABFEE	0.014***	0.005	-0.003	0.021***	0.018***	-0.005	-0.005	0.019*	0.024*	0.038***	0.023*	0.007	0.010
ABFEE×ABFEE	0.011***	0.009*	0.006	0.018**	0.007	0.010	0.002	0.034***	0.029**	0.035**	0.012	-0.002	0.007
SIZE	0.057***	0.022***	0.022***	0.028***	0.026***	0.030***	0.033***	0.054***	0.052***	0.058***	0.070***	0.083***	0.083***
CR	0.005***	0.002	0.003**	0.002	0.002	0.005***	0.005***	0.006**	0.007***	0.005***	0.005***	0.005***	0.005***
ROA	-0.063***	-0.011	-0.025	-0.045	-0.048	-0.065	0.008	-0.002	-0.102	-0.041	-0.149*	-0.100	-0.063
LEV	0.049***	0.012	0.034***	0.002	0.012	0.051***	0.050***	0.030	0.072***	0.035	0.035	0.053***	0.055***
B/M	-0.038***	-0.006	-0.018***	-0.013	-0.016*	-0.018*	-0.026	-0.046***	-0.070***	-0.046***	-0.064***	-0.108***	-0.071***
DELAY	-0.001	0.000	0.001	0.001	0.000	-0.001	-0.002	-0.001	0.001	0.002	-0.003	0.001	-0.003
OFFICESIZE	0.002***	-0.002	-0.001	0.000	0.000	-0.003	0.000	-0.002	0.004**	0.001	0.002	0.006***	0.003
CFO	-0.033***	-0.003	0.016	0.013	-0.001	0.049**	-0.018	-0.030	0.019	0.009	-0.078**	-0.063*	-0.089***
GROWTH	0.008***	0.005**	0.002	0.002	0.004	0.009***	0.004	0.003	0.012**	0.015***	0.017***	0.001	0.002
Constant	-1.224***	-0.398***	-0.440***	-0.583***	-0.535***	-0.558***	-0.671***	-1.047***	-1.200***	-1.236***	-1.429***	-1.849***	-1.761***
Year	Control	NO	NO	NO	NO	NO	NO	NO	NO	NO	NO	NO	NO
Industry	Control	Control	Control	Control	Control	Control	Control	Control	Control	Control	Control	Control	Control
N	14300	820	975	945	936	967	935	1105	1264	1333	1433	1679	1906
F-value	178.038	8.018	8.086	9.902	13.385	10.013	8.344	14.937	26.538	45.734	33.375	37.241	40.157
Adj-R²	0.409	0.274	0.242	0.293	0.373	0.295	0.261	0.362	0.476	0.602	0.504	0.493	0.481

注：统计值已经过 White (1980) 异方差稳健性修正；***，**，* 分别表示在 0.01，0.05，0.10 的水平上显著。

表6.14 正向异常审计费用与审计质量的回归结果

Variable	DV = ABSDA_Jones		DV = ABSDA_DD		DV = ABSDA_Real	
	Estimate	T-stat.	Estimate	T-stat.	Estimate	T-stat.
HABFEE	0.037 *	1.705	0.051 ***	3.85	0.006	0.954
SIZE	− 0.012 **	− 2.271	0.020 ***	6.263	0.055 ***	34.27
CR	− 0.002	− 0.49	− 0.001	− 0.543	0.003 ***	2.711
ROA	− 0.248 ***	− 2.845	− 0.282 ***	− 5.294	− 0.070 ***	− 2.628
LEV	0.032	1.076	− 0.021	− 1.121	0.034 ***	3.687
B/M	0.083 ***	3.531	− 0.057 ***	− 3.944	− 0.039 ***	− 5.39
DELAY	0.001	0.167	0.001	− 0.225	− 0.001	− 1.092
OFFICESIZE	− 0.001	− 0.207	0.005 ***	2.596	0.002 *	1.714
CFO	0.281 ***	5.175	0.251 ***	7.647	− 0.056 ***	− 3.32
GROWTH	0.006	0.601	0.015 ***	2.596	0.004	1.251
Constant	0.208 *	1.764	0.172 **	2.425	− 1.168 ***	− 32.212
Year	Control		Control		Control	
Industry	Control		Control		Control	
N	5867		5080		5618	
F-value	30.85		32.576		70.831	
Adj − R²	0.212		0.251		0.406	

注：统计值已经过 White（1980）异方差稳健性修正；*** 、 ** 、 * 分别表示在 0.01、0.05、0.10 的水平上显著。

表6.15 负向异常审计费用与审计质量的回归结果

Variable	DV = ABSDA_Jones		DV = ABSDA_DD		DV = ABSDA_Real	
	Estimate	T-stat.	Estimate	T-stat.	Estimate	T-stat.
LABFEE	0.067 ***	5.808	0.074 ***	8.227	0.001	0.176
SIZE	− 0.006 *	− 1.658	0.032 ***	10.209	0.059 ***	42.020
CR	0.001	0.265	0.000	0.184	0.006 ***	5.619
ROA	− 0.213 **	− 2.450	0.057	0.822	− 0.018	− 0.581
LEV	0.085 ***	3.455	0.007	0.370	0.061 ***	6.936
B/M	0.038 **	2.065	− 0.070 ***	− 4.776	− 0.034 ***	− 5.259

续表

Variable	DV = ABSDA_Jones		DV = ABSDA_DD		DV = ABSDA_Real	
	Estimate	T-stat.	Estimate	T-stat.	Estimate	T-stat.
DELAY	− 0. 001	− 0. 450	− 0. 003 *	− 1. 783	− 0. 001	− 0. 606
OFFICESIZE	− 0. 004 *	− 1. 704	0. 006 ***	3. 127	0. 002 *	1. 839
CFO	0. 262 ***	8. 274	0. 024	0. 943	− 0. 024 **	− 2. 119
GROWTH	0. 040 ***	7. 432	0. 036 ***	8. 451	0. 009 ***	4. 764
Constant	0. 168 *	1. 938	− 0. 158 **	− 2. 278	− 1. 265 ***	− 40. 970
Year	Control		Control		Control	
Industry	Control		Control		Control	
N	9222		7982		8682	
F-value	52. 583		49. 875		112. 066	
Adj − R²	0. 235		0. 248		0. 413	

注：统计值已经过 White（1980）异方差稳健性修正；*** 、** 、* 分别表示在 0.01、0.05、0.10 的水平上显著。

表 6.11 列示的是以 $ABSDA\_Jones$ 为审计质量替代变量，进行全样本以及年度样本回归的分析结果。全样本回归模型对年度效应以及行业效应进行了控制，模型拟合优度（$Adj − R^2$）为 0.235，F-value 为 78.612，在 0.01 水平下显著，说明模型解释力较强。12 个年度样本回归模型分别对行业效应进行了控制，其中 F-value 均在 0.01 水平上显著，模型拟合优度 $Adj − R^2$ 最大值为 0.985，最小值为 0.193，中位数为 0.501，均值为 0.564，说明各年度回归模型解释力较好。

从全样本回归模型看，9 个控制变量中有 7 个在 0.01 水平上显著，其中解释变量中异常审计费用的平方项 $ABFEE × ABFEE$ 的回归系数（0.092）为正，且在 0.01 水平上显著，这说明异常审计费用值与盈余管理程度之间存在正相关关系，即：在控制其他相关系数的情况下，异常审计费用值越大，上市公司的盈余管理程度越大，所以异常审计费用的存在，有损于审计质量。从年度样本回归结果看，除 2004 年、2005 年两个年度异常审计费用的平方项 $ABFEE × ABFEE$ 的回归系数不显著为正外，其余年份的回归系数至少在 0.10 水平上显著为正，这进一步说明，就年度单期决策而言，异常审计费用的存在有损于审计质量，且异常审计费用值越大，盈余管理程度越大，审计质量越差，从而验证了本书的研究假设 H1。

表 6.12 列示的是以 *ABSDA_DD* 为审计质量的替代变量，进行全样本以及年度样本回归分析结果。全样本回归模型对年度效应以及行业效应进行了控制，模型拟合优度（$Adj - R^2$）为 0.247，F-value 为 77.751，在 0.01 的水平上显著，说明模型解释力较强；12 个年度样本回归模型分别对行业效应进行了控制，其中 F-value 均在 0.01 的水平上显著，模型拟合优度 $Adj - R^2$ 最大值为 0.858，最小值为 0.232，中位数为 0.681，均值为 0.642，说明各年度回归模型解释力较好。

从全样本回归模型看，9 个控制变量中有 6 个在 0.01 的水平上显著，一个在 0.1 的水平上显著，其中解释变量中异常审计费用的平方项 *ABFEE × ABFEE* 的回归系数（0.068）为正，且在 0.01 的水平上显著，这说明异常审计费用值与盈余管理程度之间存在正相关关系，即：在控制其他相关系数的情况下，异常审计费用值越大，上市公司的盈余管理程度越大，所以异常审计费用的存在，有损于审计质量。从年度样本回归结果看，除 2002 年、2003 年以及 2011 年三个年度异常审计费用的平方项 *ABFEE × ABFEE* 的回归系数不显著为正外，其余年份的回归系数至少在 0.05 的水平上显著为正，这进一步说明，就年度单期决策而言，异常审计费用的存在有损于审计质量，且异常审计费用值越大，盈余管理程度越大，审计质量越差，从而验证了本书的研究假设 H1。

表 6.13 列示的是以 *ABSDA_Real* 为审计质量的替代变量，进行全样本以及年度样本回归分析结果。全样本回归模型对年度效应以及行业效应进行了控制，$Adj - R^2$ 为 0.409，F-value 为 77.751，在 0.01 的水平上显著，说明模型解释力较强；12 个年度样本回归模型分别对行业效应进行了控制，其中 F-value 均在 0.01 的水平上显著，$Adj - R^2$ 最大值为 0.602，最小值为 0.242，中位数为 0.373，均值为 0.398，说明各年度回归模型解释力较好。

从全样本回归模型看，9 个控制变量中有 8 个在 0.01 的水平上显著，其中解释变量中异常审计费用的平方项 *ABFEE × ABFEE* 的回归系数（0.011）为正，且在 0.01 的水平上显著，这说明异常审计费用值与盈余管理程度之间存在正相关关系，即：在控制其他相关系数的情况下，异常审计费用值越大，上市公司的盈余管理程度越大，所以异常审计费用的存在，有损于审计质量。从年度样本回归结果看，除 2002 年、2004 年、2008 年、2009 年以及 2010 年五个年度异常审计费用的平方项 $ABFEE \times ABFEE$ 的回归系数显著为正外，其余年份的回归系数均不显著为正，虽然无法完全从单期角度确定 $ABFEE \times ABFEE$ 与 $ABSDA\_Real$ 存在显著的正相关关系，但至少可以从整体上确认，$ABFEE \times ABFEE$ 与 $ABSDA\_Real$ 存在显著的正相关关系，异常审计费用的存在有损于审计质量，且异常审计费用值越大，盈余管理程度越大，审计质量越差，在一定程度上支持了本书的研究假设 H1。

　　表 6.14 和表 6.15 列示的是正向异常审计费用（$HABFEE$）与负向异常审计费用（$LABFEE$）两个子样本的回归结果。从表 6.14 的回归结果来看，在以 $ABSDA\_Jones$ 为审计质量的代理变量的回归模型中，$HABFEE$ 回归系数为 0.037，在 0.10 的水平上显著，在以 $ABSDA\_DD$ 为审计质量的代理变量的回归模型中，$HABFEE$ 系数为 0.051，在 0.01 的水平上显著，在以 $ABSDA\_Real$ 为审计质量的代理变量的回归模型中，$HABFEE$ 的回归系数为 0.006，但不显著。总体而言，正向异常审计费用与可操控应计利润之间存在正相关关系，即在控制其他相关因素下，正向异常审计费用的存在，会降低注册会计师对盈余操纵的容忍度，导致审计质量下降。从表 6.15 的回归结果来看，除以 $ABSDA\_Real$ 为审计质量的代理变量的回归模型中，$LABFEE$ 的回归系数不显为正外，在以 $ABSDA\_Jones$ 与 $ABSDA\_DD$ 为审计质量代理变量的回归模型中，$LABFEE$ 的回归系数均为正，且在 0.01 的水平上显著；总体而言，负向异常审计费用的存在容易导致注册会计师减少应有的审计关注，增加审计后财务报表存在重大错报的可能性，进而损害审计质量。

6.3.2　会计师事务所声誉对异常审计费用与审计质量关系的调节效用实证结果分析

　　表 6.16 与表 6.17 分别列示的是会计师事务所声誉对异常审计费用与审计质量关系的调节效应实证结果。从表 6.16 的实证结果来看，在未加入会计师事务所声誉（$BIGN$）与正向异常审计费用（$HABFEE$）交互项时，三个不同审计质量代理变量模型中正向异常审计费用（$HABFEE$）的回归系数均显著为正，说明正向异常审计费用与可操控应计利润存在正相关关系，即与审计质量负相关；会计师事务所声誉（$BIGN$）的回归系数显著为

负，即会计师事务所声誉与审计质量存在正相关关系，说明作为注册会计师谨慎性代理变量的 *BIGN* 比非 *BIGN* 更能有效地降低上市公司的盈余管理程度，因而 *BIGN* 的审计质量较非 *BIGN* 要高。在加入会计师事务所声誉（*BIGN*）与正向异常审计费用（*HABFEE*）交互项后，三个不同审计质量代理变量模型中正向异常审计费用（*HABFEE*）与会计师事务所声誉（*BIGN*）的回归系数的正负方向以及显著性水平与引入交互项之前模型基本上保持一致，未发生本质性变化。而除被解释变量为 *ABSDA_Real* 的回归模型外，交互项 *HABFEE* × *BIGN* 的符号在其他两个模型中均显著为负，且分别在 0.05 和 0.10 的水平上显著，说明会计师事务所声誉对正向异常审计费用与审计质量之间的关系存在负向调节作用；当被解释变量为 *ABSDA_Jones* 时，正向异常审计费用（*HABFEE*）的回归系数为 0.049，而交互项 *HABFEE* × *BIGN* 的回归系数为 - 0.148，说明当样本公司主审会计师事务所为国际"五大"或者"四大"时，正向异常审计费用（*HABFEE*）的回归系数为 0.049 - 0.148 = - 0.099，回归系数的符号发生反转，即正向异常审计费用（*HABFEE*）与 *ABSDA_Jones* 呈负相关关系；当被解释变量为 *ABSDA_DD* 时，实证结果与被解释变量为 *ABSDA_Jones* 时基本一致，这均说明对于国际"五大"或者"四大"（*BIGN*）而言，正向异常审计费用是作为审计质量的溢价部分存在的，是会计师事务所声誉的价值，因此，异常审计费用与审计质量存在正相关关系。从而本书的假设 H2 - 1 得到验证，即在其他条件一定的情况下，若主审会计师事务所为国际"四大"，正向异常审计费用与审计质量之间的负向关系较弱，而主审会计师事务所为非"四大"时，正向异常审计费用与审计质量之间的负向关系更明显。

表 6.16　　会计师事务所声誉对正向异常审计费用与审计质量关系的调节作用检验

Variable	DV = ABSDA_Jones		DV = ABSDA_DD		DV = ABSDA_Real	
	（1）	（2）	（1）	（2）	（1）	（2）
Constant	0.417 *** 2.789	0.404 *** 2.704	0.411 *** 5.034	0.48 5.496	- 1.139 *** - 27.539	- 1.141 *** - 27.548
HABFEE	0.032 ** 2.478	0.049 ** 1.983	0.046 *** 3.486	0.038 ** 2.643	0.016 * 1.852	0.008 1.107
BIGN	- 0.073 * - 1.752	- 0.039 *** - 2.609	- 0.076 *** - 5.867	- 0.074 *** - 4.713	- 0.029 * - 2.471	- 0.014 * - 1.724

续表

Variable	DV = ABSDA_Jones		DV = ABSDA_DD		DV = ABSDA_Real	
	（1）	（2）	（1）	（2）	（1）	（2）
HABFEE × BIGN		− 0.148 ** − 2.004		− 0.063 * − 4.569		− 0.019 − 0.913
Controls Included	Control	Control	Control	Control	Control	Control
Year	Control	Control	Control	Control	Control	Control
Industry	Control	Control	Control	Control	Control	Control
N	5518	5518	5079	5079	5618	5618
F-value	29.578	29.145	30.822	34.192	69.62	71.411
Adj − R²	0.225	0.243	0.256	0.282	0.401	0.406

注：统计值已经过 White（1980）异方差稳健性修正；***、**、* 分别表示在 0.01、0.05、0.10 的水平上显著。

表 6.17　会计师事务所声誉对负向异常审计费用与审计质量关系的调节作用检验

Variable	DV = ABSDA_Jones		DV = ABSDA_DD		DV = ABSDA_Real	
	（1）	（2）	（1）	（2）	（1）	（2）
Constant	0.152 1.491	0.151 1.484	0.102 1.251	0.102 1.251	− 1.200 *** − 33.193	− 1.200 *** − 33.207
LABFEE	0.067 *** 5.808	0.075 *** 6.161	0.074 *** 8.26	0.078 *** 8.29	0.001 0.193	0.007 1.521
BIGN	− 0.005 − 0.296	− 0.017 − 0.911	− 0.074 *** − 5.924	− 0.085 *** 5.645	− 0.019 *** − 3.438	− 0.036 *** − 5.367
LABFEE × BIGN		− 0.084 ** − 2.081		− 0.041 − 1.307		− 0.066 *** − 4.511
Controls Included	Control	Control	Control	Control	Control	Control
Year	Control	Control	Control	Control	Control	Control
Industry	Control	Control	Control	Control	Control	Control
N	9222	9222	7982	7982	8682	8682
F-value	51.64	50.829	49.817	48.962	110.414	109.077
Adj − R²	0.235	0.247	0.252	0.254	0.414	0.436

注：统计值已经过 White（1980）异方差稳健性修正；***、**、* 分别表示在 0.01、0.05、0.10 的水平上显著。

从表 6.17 的实证结果来看，在未加入会计师事务所声誉（*BIGN*）与负向异常审计费用（*LABFEE*）交互项时，除被解释变量为 *ABSDA_Real* 的回归模型外，其他两个模型中负向异常审计费用（*LABFEE*）的回归系数均显著为正，说明负向异常审计费用与可操控应计利润存在正相关关系，即与审计质量负相关；除被解释变量为 *ABSDA_Jones* 的回归模型外，其他两个模型中会计师事务所声誉（*BIGN*）的回归系数显著为负，即注册会计师谨慎性与审计质量存在正相关关系，说明作为注册会计师谨慎性代理变量的 *BIGN* 比非 *BIGN* 更能有效地降低上市公司的盈余管理程度，因而，*BIGN* 的审计质量较非 *BIGN* 要高。加入会计师事务所声誉（*BIGN*）与负向异常审计费用（*LABFEE*）交互项后，三个不同审计质量代理变量模型中负向异常审计费用（*LABFEE*）与会计师事务所声誉（*BIGN*）的回归系数的正负方向以及显著性水平与引入交互项之前模型基本上保持一致，未发生本质性变化。而除被解释变量为 *ABSDA_DD* 的回归模型外，交互项 *LABFEE* × *BIGN* 的符号在其他两个模型中均显著为负，且分别在 0.05 和 0.01 的水平上显著，说明注册会计师谨慎性对负向异常审计费用与审计质量之间的关系存在负向调节作用；被解释变量为 *ABSDA_Jones* 时，负向异常审计费用（*LABFEE*）的回归系数为 0.075，而交互项 *LABFEE* × *BIGN* 的回归系数为 −0.084，说明当样本公司主审会计师事务所为国际"五大"或者"四大"时，负向异常审计费用（*LABFEE*）的回归系数为 0.075 − 0.084 = −0.009，回归系数的符号发生反转，即负向异常审计费用（*LABFEE*）与 *ABSDA_Jones* 呈负相关关系；当被解释变量为 *ABSDA_Real* 时，实证结果与被解释变量为 *ABSDA_Jones* 时基本一致，这说明对于国际"五大"或者"四大"（*BIGN*）而言，负向异常审计费用源自其行业专长而导致的成本降低，因此，负向异常审计费用的存在并不对审计质量造成显著性的损害。从而本书的假设 H2 − 2 得到支撑，即在其他条件一定的情况下，在主审会计师事务所为国际"四大"时，负向异常审计费用与审计质量之间的负向关系较弱，而主审会计师事务所为非"四大"时，负向异常审计费用与审计质量之间的负向关系更明显。

6.3.3 会计师事务所变更对异常审计费用与审计质量关系的调节效用实证结果分析

表 6.18 与表 6.19 分别列示的是会计师事务所变更对异常审计费用与审

计质量关系的调节作用检验实证结果。从表 6.18 的实证结果来看，未加入会计师事务所变更（CHANG）与正向异常审计费用（HABFEE）交互项时，在被解释变量为 ABSDA_DD 回归模型中，正向异常审计费用（HABFEE）的回归系数均显著为正，说明正向异常审计费用与可操控应计利润存在正相关关系，即正向异常审计费用与审计质量负相关。而其他两个回归模型中，HABFEE 回归系数均不显著，但回归系数符号为正；会计师事务所变更（CHANG）的回归系数在三个模型中均不显著。在加入会计师事务所变更（CHANG）与正向异常审计费用（HABFEE）交互项后，除被解释变量为 ABSDA_Real 的回归模型中，交互项 HABFEE × CHANG 的回归系数显著为正外，其他两个模型中交互项的回归系数均不显著；这说明，总体而言，会计师事务所变更对正向异常审计费用与审计质量之间的关系不存在显著的调节作用，即在中国证券审计市场低价竞争十分激烈的情况下，在会计师事务所变更时，上市公司并不会倾向于通过提高审计费用来诱使会计师事务所进行合谋，因而交互项系数整体不显著。本书的研究假设 H3 – 1 未得到验证。

表 6.18　会计师事务所变更对正向异常审计费用与审计质量关系的调节作用检验

Variable	DV = ABSDA_Jones		DV = ABSDA_DD		DV = ABSDA_Real	
	(1)	(2)	(1)	(2)	(1)	(2)
Constant	0.209 * 1.77	0.210 * 1.779	0.172 ** 2.424	0.174 ** 2.448	− 1.168 *** − 32.203	− 1.164 *** − 32.09
HABFEE	0.036 1.642	0.033 1.36	0.051 *** 3.881	0.048 *** 3.288	0.006 0.89	− 0.001 − 0.097
CHANG	0.01 0.845	0.007 0.403	− 0.004 − 0.586	− 0.008 − 0.77	0.003 0.843	− 0.004 − 0.859
HABFEE × CHANG		0.013 0.246		0.017 0.506		0.033 ** 1.984
Controls Included	Control	Control	Control	Control	Control	Control
Year	Control	Control	Control	Control	Control	Control
Industry	Control	Control	Control	Control	Control	Control
N	5867	5867	5080	5080	5618	5618

续表

Variable	DV = ABSDA_Jones		DV = ABSDA_DD		DV = ABSDA_Real	
	（1）	（2）	（1）	（2）	（1）	（2）
F-value	29.829	29.302	31.986	31.414	69.576	68.46
Adj – R^2	0.216	0.218	0.251	0.257	0.406	0.411

注：统计值已经过 White（1980）异方差稳健性修正；***、**、* 分别表示在 0.01、0.05、0.10 的水平上显著。

从表 6.19 的实证结果来看，在未加入会计师事务所变更（CHANG）与负向异常审计费用（LABFEE）交互项时，除被解释变量为 ABSDA_Real 的回归模型外，其他两个模型中负向异常审计费用（LABFEE）的回归系数均显著为正，说明负向异常审计费用与审计质量存在负相关关系；除被解释变量为 ABSDA_Jones 的回归模型外，其他两个模型会计师事务所变更（CHANG）的回归系数均不显著，但回归系数符号均为正，这在一定程度上说明，存在会计师事务所变更的样本公司的盈余管理程度要较未出现会计师事务所变更的公司高。加入会计师事务所变更（CHANG）与负向异常审计费用（LABFEE）交互项后，三个不同审计质量的代理变量模型中负向异常审计费用（LABFEE）与会计师事务所变更（CHANG）的回归系数的正负方向以及显著性水平与引入交互项之前模型基本上保持一致，未发生本质性变化。而除被解释变量为 ABSDA_Real 的回归模型外，交互项 LABFEE × CHANG 的符号在其他两个模型中均显著为正，且分别在在 0.01 水平下显著，说明会计师事务所变更对负向异常审计费用与审计质量之间的关系存在正向调节作用；被解释变量为 ABSDA_Jones 时，负向异常审计费用（LABFEE）的回归系数为 0.038，而交互项 LABFEE × CHANG 的回归系数为 0.107，说明当样本公司存在会计师事务所变更时，负向异常审计费用（LABFEE）的回归系数为 0.038 + 0.107 = 0.145，当被解释变量为 ABSDA_DD 时，实证结果与被解释变量为 ABSDA_Jones 时基本一致。这一结果与预期并不一致，假设 H3 – 2 认为，其他条件一定的情况下，在主审会计师事务所未变更的公司中，负向异常审计费用与审计质量之间的负向关系更加明显；而在主审会计师事务所变更的公司中，负向异常审计费用与审计质量之间的负向关系较弱。但经验证据表明，会计师事务所变更增强了负向异常审计费用与审计质量之间的负相关关系，即与未存在会计师事务所变更的公司相比，会计师事务所存在变更时，负向异常审计费用与审计质量之间的负相关关系更强。这说明更倾向于通过变更会计师事务所，在威胁会计师事务所审计合谋的同时压低审计费用；而对于注册会计师而言，由于减少了对客户的专用性成本，必要的审计程序也进而减少，审计质量相应更低。

表 6.19　会计师事务所变更对负向异常审计费用与审计质量关系的调节作用检验

Variable	DV = ABSDA_Jones		DV = ABSDA_DD		DV = ABSDA_Real	
	（1）	（2）	（1）	（2）	（1）	（2）
Constant	0.166 * 1.912	0.180 ** 2.08	− 0.159 ** − 2.299	− 0.148 ** − 2.135	− 1.266 *** − 40.983	− 1.264 *** − 40.915
LABFEE	0.065 *** 5.59	0.038 *** 2.93	0.073 *** 8.039	0.056 *** 5.469	0.001 0.048	− 0.003 − 0.502
CHANG	0.015 * 1.883	0.015 1.455	0.008 1.28	0.013 1.513	0.003 1.151	0.002 0.128
LABFEE × CHANG		0.107 *** 4.424		0.072 *** 3.746		0.01 1.145
Controls Included	Control	Control	Control	Control	Control	Control
Year	Control	Control	Control	Control	Control	Control
Industry	Control	Control	Control	Control	Control	Control
N	9222	9222	7982	7982	8682	8682
F-value	51.722	51.261	49.002	48.456	110.092	112.188
Adj − R²	0.235	0.247	0.249	0.257	0.413	0.418

注：统计值已经过 White（1980）异方差稳健性修正；*** 、** 、* 分别表示在 0.01、0.05、0.10 的水平上显著。

6.3.4　客户重要性程度对异常审计费用与审计质量关系的调节效用实证结果分析

表 6.20 与表 6.21 分别列示的是客户重要性程度对异常审计费用与审计质量关系的调节效应实证结果。从表 6.20 的实证结果来看，未加入客户重要

性程度（*CIMP*）与正向异常审计费用（*HABFEE*）交互项时，除被解释变量为 *ABSDA_Real* 的回归模型外，其余两个中正向异常审计费用（*HABFEE*）的回归系数均显著为正，说明正向异常审计费用与审计质量存在显著负相关关系；除被解释变量为 *ABSDA_Jones* 的回归模型外，其余两个模型中客户重要性程度（*CIMP*）的回归系数显著为正，即客户重要性程度与审计质量存在负相关关系，说明当客户重要性程度越高时，注册会计师降低了对其盈余操纵的容忍程度，导致了审计质量的下降。引入客户重要性程度（*CIMP*）与正向异常审计费用（*HABFEE*）交互项后，三个不同审计质量代理变量模型中正向异常审计费用（*HABFEE*）与客户重要性程度（*CIMP*）的回归系数的正负方向以及显著性水平与引入交互项之前模型基本上保持一致，未发生本质性变化。而交互项 *HABFEE* × *CIMP* 的符号在三个模型中均不显著，说明客户重要性程度对正向异常审计费用与审计质量之间的关系不存在显著的负向调节作用，假设 H4 – 1 没有得到验证。这说明大客户在于会计师事务所博弈时，处于力量优势地位，这种地位足以使其可以迫使注册会计师与其合谋，而并非通过提高审计费用诱使注册会计师与其合谋。

表 6.20　客户重要性程度对正向异常审计费用与审计质量关系的调节作用检验

Variable	DV = ABSDA_Jones		DV = ABSDA_DD		DV = ABSDA_Real	
	(1)	(2)	(1)	(2)	(1)	(2)
Constant	0.202 * 1.711	0.196 * 1.659	0.159 ** 2.241	0.160 ** 2.258	– 1.176 *** – 32.461	– 1.179 *** – 32.508
HABFEE	0.036 * 1.671	0.049 ** 2.009	0.048 *** 3.665	0.045 *** 3.045	0.006 0.842	0.012 1.531
CIMP	0.099 1.107	0.184 1.578	0.262 *** 4.921	0.246 *** 3.558	0.124 ** 4.514	0.161 *** 4.564
HABFEE × CIMP		– 0.371 – 1.137		0.071 0.374		– 0.068 – 1.373
Controls Included	Control	Control	Control	Control	Control	Control
Year	Control	Control	Control	Control	Control	Control
Industry	Control	Control	Control	Control	Control	Control
N	5867	5867	5080	5080	5618	5618

续表

Variable	DV = ABSDA_Jones		DV = ABSDA_DD		DV = ABSDA_Real	
	（1）	（2）	（1）	（2）	（1）	（2）
F-value	29.841	31.342	32.572	35.987	70.173	70.516
Adj – R²	0.216	0.235	0.255	0.265	0.408	0.416

注：统计值已经过 White（1980）异方差稳健性修正；***、**、* 分别表示在 0.01、0.05、0.10 的水平上显著。

　　从表 6.21 的实证结果来看，在未加入客户重要性程度（CIMP）与负向异常审计费用（LABFEE）交互项时，除被解释变量为 ABSDA_Real 的回归模型外，其他两个模型中负向异常审计费用（LABFEE）的回归系数均显著为正，说明负向异常审计费用与审计质量存在显著负相关关系；除被解释变量为 ABSDA_DD 的回归模型外，其他两个模型中客户重要性程度（CIMP）的回归系数均不显著。引入客户重要性程度（CIMP）与负向异常审计费用（LABFEE）交互项后，当被解释变量为 ABSDA_DD 时，交互项 LABFEE × CIMP 的回归系数为正且在 0.10 的水平上显著，这说明，大客户在会计师事务所博弈时，处于力量优势地位，这种地位有助于其压力审计费用，进而导致了负向异常审计费用与审计质量之间的负相关关系更强。而在其他两个模型中，交互项的回归系数均不显著，因此，假设 H4 – 2 只在一定程度上得到验证。

表 6.21　客户重要性程度对负向异常审计费用与审计质量关系的调节作用检验

Variable	DV = ABSDA_Jones		DV = ABSDA_DD		DV = ABSDA_Real	
	（1）	（2）	（1）	（2）	（1）	（2）
Constant	0.166 * 1.909	0.169 * 1.952	− 0.168 ** − 2.434	− 0.173 ** − 2.503	− 1.267 *** − 40.988	− 1.268 *** − 40.973
LABFEE	0.067 *** 5.803	0.060 *** 4.415	0.074 *** 8.225	0.084 *** 7.975	0.001 0.16	0.002 0.348
CIMP	0.036 0.593	− 0.011 − 0.155	0.167 *** 3.53	0.226 *** 3.958	0.029 1.363	0.035 1.353

续表

Variable	DV = ABSDA_Jones		DV = ABSDA_DD		DV = ABSDA_Real	
	（1）	（2）	（1）	（2）	（1）	（2）
LABFEE × CIMP		0.162 1.142		0.199* 1.844		−0.021 −0.409
Controls Included	Control	Control	Control	Control	Control	Control
Year	Control	Control	Control	Control	Control	Control
Industry	Control	Control	Control	Control	Control	Control
N	9222	9222	7982	7982	8682	8682
F	51.647	57.765	49.265	50.461	110.109	112.169
R^2	0.235	0.265	0.25	0.261	0.413	0.422

注：统计值已经过 White（1980）异方差稳健性修正；***、**、*分别表示在0.01、0.05、0.10的水平上显著。

6.3.5　上市公司产权性质对异常审计费用与审计质量关系的调节效用实证结果分析

表6.22与表6.23分别列示的是上市公司产权性质对异常审计费用与审计质量关系的调节作用检验实证结果。从表6.22的实证结果来看，未引入公司产权性质（SOE）与正向异常审计费用（HABFEE）交互项时，除被解释变量为 ABSDA_Real 的回归模型外，其余两个模型中正向异常审计费用（HABFEE）的回归系数均显著为正，说明正向异常审计费用与可操控应计利润存在正相关关系，即正向异常审计费用与审计质量显著负相关；公司最终控制人背景（SOE）的回归系数在被解释变量为 ABSDA_Jones 的回归模型显著为负，在其他两个模型中，回归系数虽然为负，但不显著，这至少说明，对于产权为国有的样本公司而言，与非国有的样本公司相比，其盈余操控程度较低。引入公司产权性质（SOE）与正向异常审计费用（HABFEE）交互项后，三个不同审计质量代理变量模型中正向异常审计费用（HABFEE）与公司最终控制人背景（SOE）的回归系数的正负方向以及显著性水平与引入交互项之前模型基本上保持一致，未发生本质性变化。在被解释变量为 ABSDA_Jones 的回归模型外，交互项 HABFEE × SOE 的回归

系数为 – 0.015，且在 0.10 水平下显著，正向异常审计费用（*HABFEE*）的回归系数为 0.045，说明当样本公司的最终控制人具有国有背景时，正向异常审计费用（*HABFEE*）的回归系数为 0.045 – 0.015 = 0.030；而当样本公司为非国有控股时，正向异常审计费用（*HABFEE*）的回归系数为 0.045，这说明上市公司产权性质对正向异常审计费用与审计质量之间负相关的关系有弱化作用，从而假设 H5 – 1 得到验证，即：在其他条件一定的情况下，若上市公司产权为非国有，则正向异常审计费用与审计质量之间的负向关系更加明显；若上市产权为国有，正向异常审计费用与审计质量之间的负向关系较弱。

表 6.22 上市公司产权性质对正向异常审计费用与审计质量关系的调节作用检验

Variable	DV = ABSDA_Jones		DV = ABSDA_DD		DV = ABSDA_Real	
	（1）	（2）	（1）	（2）	（1）	（2）
Constant	0.285 ** 2.208	0.283 ** 2.193	0.177 ** 2.361	0.180 ** 2.401	– 1.158 *** – 29.438	– 1.159 *** – 29.434
HABFEE	0.035 * 1.732	0.045 * 2.185	0.048 *** 3.565	0.033 1.441	0.006 0.868	0.012 1.01
SOE	– 0.012 ** – 2.164	– 0.010 * 1.921	– 0.003 – 0.471	– 0.007 – 0.896	– 0.003 – 0.932	– 0.001 – 0.28
HABFEE SOE		– 0.015 * – 1.876		– 0.023 – 0.815		– 0.009 – 0.61
Controls Included	Control	Control	Control	Control	Control	Control
Year	Control	Control	Control	Control	Control	Control
Industry	Control	Control	Control	Control	Control	Control
N	5518	5518	4744	4744	5293	5293
F-value	30.049	31.509	34.386	35.37	66.86	67.665
Adj – R^2	0.225	0.244	0.275	0.275	0.406	0.416

注：统计值已经过 White（1980）异方差稳健性修正；*** 、** 、* 分别表示在 0.01、0.05、0.10 的水平上显著。

从表 6.23 的实证结果来看，未引入公司产权性质（*SOE*）与负向异常审计费用（*LABFEE*）交互项时，除被解释变量为 *ABSDA_Real* 的回归模型外，其他两个模型中负向异常审计费用（*LABFEE*）的回归系数均显著为正，说明负向异常审计费用与可操控应计利润存在正相关关系；公司最终控制人背景（*SOE*）的回归系数虽然为负，但不显著。引入公司最终控制人背景（*SOE*）与负向异常审计费用（*LABFEE*）交互项后，三个不同审计质量代理变量模型中负向异常审计费用（*LABFEE*）与公司产权性质（*SOE*）的回归系数的正负方向以及显著性水平与引入交互项之前模型基本上保持一致，未发生本质性变化。而除被解释变量为 *ABSDA_Real* 的回归模型外，交互项 *LABFEE* × *SOE* 的回归系数在其他两个模型中均为正，且分别在 0.05 和 0.01 的水平上显著。在解释变量为 *ABSDA_Jones* 的模型中，负向异常审计费用（*LABFEE*）的回归系数为 0.103，而交互项 *LABFEE* × *SOE* 的回归系数为 0.049，说明当样本公司产权性质具有国有背景时，负向异常审计费用（*LABFEE*）的回归系数为 0.103 + 0.049 = 0.152；而当样本公司为非国有控股时，负向异常审计费用（*LABFEE*）的回归系数为 0.103，这表明上市公司产权性质对负向异常审计费用与审计质量之间的负向关系具有强化作用。从而本书的假设 H7 - 2 得到支持，即在其他条件一定的情况下，若上市产权为国有，负向异常审计费用与审计质量之间的负向关系更加明显；而若上市公司产权为非国有，负向异常审计费用与审计质量之间的负向关系较弱。

表 6.23   上市公司产权性质对负向异常审计费用与审计质量关系的调节作用检验

Variable	DV = ABSDA_Jones		DV = ABSDA_DD		DV = ABSDA_Real	
	（1）	（2）	（1）	（2）	（1）	（2）
Constant	0.252 ***	0.240 **	- 0.150 **	- 0.166 **	- 1.250 ***	- 1.251 ***
	2.629	2.498	- 2.02	- 2.241	- 36.633	- 36.587
LABFEE	0.073 ***	0.103 ***	0.075 ***	0.114 ***	0.001	0.003
	5.834	5.445	7.831	7.695	0.181	0.469
SOE	- 0.003	0.009	- 0.007	0.009	0.001	0.002
	- 0.4	0.951	- 1.188	1.192	0.467	0.655
LABFEE SOE		0.049 **		0.062 ***		- 0.004
		2.086		3.454		- 0.465

Variable	DV = ABSDA_Jones		DV = ABSDA_DD		DV = ABSDA_Real	
	(1)	(2)	(1)	(2)	(1)	(2)
Controls Included	Control	Control	Control	Control	Control	Control
Year	Control	Control	Control	Control	Control	Control
Industry	Control	Control	Control	Control	Control	Control
N	8633	8633	7407	7407	8137	8137
F-value	51. 597	55. 733	59. 95	61. 315	104. 567	109. 293
$Adj - R^2$	0. 244	0. 256	0. 267	0. 271	0. 412	0. 426

注：统计值已经过 White（1980）异方差稳健性修正；*** 、** 、* 分别表示在 0.01、0.05、0.10 的水平上显著。

6.3.6　公司治理水平对异常审计费用与审计质量关系的调节效用实证结果分析

表 6.24 与表 6.25 分别列示的是上市公司治理水平对异常审计费用与审计质量关系的调节作用检验实证结果。从表 6.24 的实证结果来看，未引入公司治理水平（CGS）与正向异常审计费用（HABFEE）交互项时，除被解释变量为 ABSDA_Real 的回归模型外，其余两个模型中正向异常审计费用（HABFEE）的回归系数均显著为正，说明正向异常审计费用与可操控应计利润之间存在正相关关系，即：与审计质量显著负相关；除被解释变量为 ABSDA_DD 的回归模型外，其他两个模型中公司治理水平（CGS）回归系数显著为负，即公司治理水平与可操控应计利润正相关，即与审计质量存在显著负相关关系，说明与治理水平高的样本公司相比，治理水平差的样本公司盈余管理程度较高，可操控应计利润较大，审计质量较低。引入公司治理水平（CGS）与正向异常审计费用（HABFEE）交互项后，三个不同审计质量代理变量模型中正向异常审计费用（HABFEE）与公司治理水平（CGS）的回归系数的正负方向以及显著性水平与引入交互项之前模型基本上保持一致，未发生本质性变化。而除被解释变量为 ABSDA_DD 的回归模型外，其他两个模型中交互项 HABFEE × CGS 的回归系数均显著为正；当被解释变量为 ABSDA_Jones 时，正向异常审计费用（HABFEE）的回归系数

为 0.040，而交互项 $HABFEE \times CGS$ 的回归系数为 0.037，说明当样本公司治理水平低时，正向异常审计费用（$HABFEE$）的回归系数为 0.040 + 0.037 = 0.077；当被解释变量为 $ABSDA\_Real$ 时，实证结果与被解释变量为 $ABSDA\_Jones$ 时基本一致，这说明与治理水平高的样本公司相比，治理水平差的公司更倾向于通过提高审计费用诱使注册会计师与其合谋，进而更降低了审计质量。从而假设 H6 – 1 得到验证，即：在其他条件一定的情况下，在治理水平较低的公司中，正向异常审计费用与审计质量之间的负向关系更加明显；而在治理水平较高的公司中，正向异常审计费用与审计质量之间的负向关系较弱。

表 6.24　　上市公司治理水平对正向异常审计费用与审计质量关系的调节作用检验

Variable	$DV = ABSDA\_Jones$		$DV = ABSDA\_DD$		$DV = ABSDA\_Real$	
	（1）	（2）	（1）	（2）	（1）	（2）
Constant	0.231 * 1.935	0.228 * 1.905	0.175 ** 2.428	0.172 ** 2.388	– 1.171 *** – 31.885	– 1.176 *** – 31.999
HABFEE	0.035 ** 2.586	0.040 * 1.731	0.050 *** 3.763	0.054 *** 3.832	0.006 0.947	0.013 * 1.797
CGS	0.012 * 1.874	0.011 * 1.535	0.002 0.387	0.001 0.022	0.021 * 2.443	0.014 * 1.753
HABFEE × CGS		0.037 ** 1.709		0.027 0.888		0.044 *** 2.72
Controls Included	Control	Control	Control	Control	Control	Control
Year	Control	Control	Control	Control	Control	Control
Industry	Control	Control	Control	Control	Control	Control
N	5807	5807	5021	5021	5561	5561
F-value	29.847	30.001	31.731	31.771	68.991	69.99
Adj – R^2	0.218	0.224	0.252	0.256	0.406	0.427

注：统计值已经过 White（1980）异方差稳健性修正；***、**、* 分别表示在 0.01、0.05、0.10 的水平上显著。

表 6.25　　　上市公司治理水平对负向异常审计费用与审计质量关系的调节作用检验

Variable	DV = ABSDA_Jones		DV = ABSDA_DD		DV = ABSDA_Real	
	（1）	（2）	（1）	（2）	（1）	（2）
Constant	0.166 * 1.902	0.166 * 1.909	− 0.169 ** − 2.433	− 0.169 ** − 2.427	− 1.267 *** − 40.774	− 1.267 *** − 40.797
LABFEE	0.066 *** 5.639	0.076 *** 6.064	0.072 *** 7.934	0.082 *** 8.355	0.001 0.132	0.005 1.112
CGS	0.013 2.232	0.006 0.818	0.017 ** 2.473	0.011 1.122	0.002 0.046	0.003 1.042
LABFEE × CGS		0.054 ** 2.229		0.049 *** 2.689		0.025 *** 2.748
Controls Included	Control	Control	Control	Control	Control	Control
Year	Control	Control	Control	Control	Control	Control
Industry	Control	Control	Control	Control	Control	Control
N	9161	9161	7922	7922	8626	8626
F-value	50.789	50.007	48.593	47.892	109.408	109.703
Adj − R²	0.233	0.246	0.248	0.249	0.413	0.414

注：统计值已经过 White（1980）异方差稳健性修正；*** 、** 、* 分别表示在 0.01、0.05、0.10 的水平上显著。

从表 6.25 的实证结果来看，未引入公司治理水平（CGS）与负向异常审计费用（LABFEE）交互项时，除被解释变量为 ABSDA_Real 的回归模型外，其他两个模型中负向异常审计费用（LABFEE）的回归系数均显著为正，说明负向异常审计费用与可操控应计利润存在正相关关系；引入公司治理水平（CGS）与负向异常审计费用（LABFEE）交互项后，三个模型中 LABFEE × CGS 的回归系数均显著为正，当被解释变量为 ABSDA_Jones 时，负向异常审计费用（LABFEE）的回归系数为 0.076，而交互项 LABFEE × CGS 的回归系数为 0.054，说明当样本公司治理水平低时，负向异常审计费用（LABFEE）的回归系数为 0.076 + 0.054 = 0.130，当被解释变量为 ABS-DA_DD 时，实证结果与被解释变量为 ABSDA_Jones 时基本一致，这说明与上市公司治理水平对负向异常审计费用与审计质量之间的关系具有强化作用，即在其他条件一定的情况下，在治理水平较低的公司中，负向异常审计费用与审计质量之间的负向关系更加明显；而在治理水平较高的公司中，正向异常审计费用与审计质量之间的负向关系较弱。假设 H6 - 2 得到验证。

6.3.7 公司财务状况对异常审计费用与审计质量关系的调节效用实证结果分析

表 6.26 与表 6.27 分别列示的是上市公司财务状况对异常审计费用与审计质量关系的调节作用检验实证结果。从表 6.26 的实证结果来看，未引入公司财务状况（$Z - SCORE$）与正向异常审计费用（$HABFEE$）交互项时，除被解释变量为 $ABSDA\_Real$ 的回归模型外，其余两个模型中正向异常审计费用（$HABFEE$）的回归系数均显著为正，说明正向异常审计费用与可操控应计利润存在显著正相关关系，即与审计质量显著负相关；三个模型中公司财务状况（$Z - SCORE$）的回归系数显著为正，即公司财务状况与可操控应计利润存在显著正相关关系，说明当存在财务危机的情况下，公司有更大的动机进行盈余操纵，进而导致盈余质量降低。引入公司财务状况（$Z - SCORE$）与正向异常审计费用（$HABFEE$）交互项后，三个不同审计质量代理变量模型中正向异常审计费用（$HABFEE$）与公司财务状况（$Z - SCORE$）的回归系数的正负方向以及显著性水平与引入交互项之前模型基本上保持一致，未发生本质性变化。而除被解释变量为 $ABSDA\_Real$ 的回归模型外，交互项 $HABFEE \times Z - SCORE$ 的回归系数均为正，且在 0.05 的水平上显著；被解释变量为 $ABSDA\_Jones$ 时，正向异常审计费用（$HABFEE$）的回归系数为 0.048，而交互项 $HABFEE \times Z - SCORE$ 的回归系数为 0.040，说明当样本公司财务危机时，正向异常审计费用（$HABFEE$）的回归系数为 $0.048 + 0.040 = 0.088$，即财务危机状态强化了正向异常审计费用与可操控应计利润之间的正相关关系；当被解释变量为 $ABSDA\_DD$ 时，实证结果与被解释变量为 $ABSDA\_Jones$ 时基本一致，这说明在财务危机的状况下，样本公司为了粉饰其财务报表，有动机通过正向异常审计费用降低注册会计师对其盈余操纵的容忍程度，进而有损于审计质量，也就是说，在其他条件一定的情况下，在财务状况不好的公司中，正向异常审计费用与审计质量之间的负向关系更加明显；而在财务状况良好的公司中，正向异常审

计费用与审计质量之间的负向关系较弱，从而假设 H7 – 1 得到验证。

表 6. 26　上市公司财务状况对正向异常审计费用与审计质量关系的调节作用检验

Variable	DV = ABSDA_Jones		DV = ABSDA_DD		DV = ABSDA_Real	
	（1）	（2）	（1）	（2）	（1）	（2）
Constant	0. 230 * 1. 951	0. 228 * 1. 932	0. 176 ** 2. 468	0. 175 ** 2. 454	− 1. 177 *** − 32. 48	− 1. 176 *** − 32. 457
HABFEE	0. 036 * 1. 646	0. 048 * 0. 026	0. 050 *** 3. 828	0. 053 *** 3. 386	0. 007 1. 045	0. 005 0. 617
Z – SCORE	0. 044 *** 3. 514	0. 052 *** 0. 016	0. 018 ** 5. 004	0. 01 1. 02	0. 019 *** 4. 905	0. 020 *** 4. 245
HABFEE × Z – SCORE		0. 040 ** 2. 046		0. 010 ** 2. 348		0. 006 0. 439
Controls Included	Control	Control	Control	Control	Control	Control
Year	Control	Control	Control	Control	Control	Control
Industry	Control	Control	Control	Control	Control	Control
N	5867	5867	5080	5080	5618	5618
F-value	30. 097	29. 581	32. 002	31. 427	70. 285	69. 045
Adj – R^2	0. 217	0. 217	0. 251	0. 251	0. 409	0. 408

注：统计值已经过 White（1980）异方差稳健性修正；*** 、** 、* 分别表示在 0.01、0.05、0.10 的水平上显著。

表 6. 27　上市公司财务状况对负向异常审计费用与审计质量关系的调节作用检验

Variable	DV = ABSDA_Jones		DV = ABSDA_DD		DV = ABSDA_Real	
	（1）	（2）	（1）	（2）	（1）	（2）
Constant	0. 170 * 1. 963	0. 174 ** 2. 009	− 0. 159 ** − 2. 293	− 0. 161 ** − 2. 327	− 1. 268 *** − 41. 059	− 1. 268 *** − 41. 051
LABFEE	0. 067 *** 5. 802	0. 048 *** 3. 569	0. 074 *** 8. 234	0. 084 *** 8. 029	0. 001 0. 211	0. 001 0. 013
Z – SCORE	0. 017 * 1. 776	0. 01 0. 893	0. 005 0. 668	0. 004 0. 403	0. 010 *** 2. 931	0. 010 *** 2. 646

续表

Variable	DV = ABSDA_Jones		DV = ABSDA_DD		DV = ABSDA_Real	
	(1)	(2)	(1)	(2)	(1)	(2)
$LABFEE \times Z - SCORE$		0.069 *** 2.913		0.033 * 1.813		0.003 0.315
Controls Included	Control	Control	Control	Control	Control	Control
Year	Control	Control	Control	Control	Control	Control
Industry	Control	Control	Control	Control	Control	Control
N	9222	9222	7982	7982	8682	8682
F-value	51.652	50.937	48.973	48.171	110.315	108.37
Adj – R^2	0.235	0.236	0.248	0.249	0.414	0.415

注：统计值已经过 White（1980）异方差稳健性修正；*** 、** 、* 分别表示在 0.01、0.05、0.10 的水平上显著。

从表 6.27 的实证结果来看，未引入公司财务状况（$Z - SCORE$）与负向异常审计费用（$LABFEE$）交互项时，除被解释变量为 $ABSDA\_Real$ 的回归模型外，其他两个模型中负向异常审计费用（$LABFEE$）的回归系数均显著为正，说明负向异常审计费用与审计质量存在显著负相关关系；引入公司财务状况（$Z - SCORE$）与负向异常审计费用（$LABFEE$）交互项后，而除被解释变量为 $ABSDA\_Real$ 的回归模型外，其他两个模型中 $LABFEE \times Z - SCORE$ 的回归系数均显著为正，即与财务状况好相比，财务状况差增强了负向异常审计费用与审计质量之间的负相关关系，也就是说，在其他条件一定的情况下，在财务状况不好的公司中，负向异常审计费用与审计质量之间的负向关系更加明显；而在财务状况良好的公司中，负向异常审计费用与审计质量之间的负向关系较弱，从而假设 H7 – 2 得到验证。

6.3.8 法制环境变迁对异常审计费用与审计质量关系的调节效用实证结果分析

表 6.28 与表 6.29 分别列示的是法制环境变迁对异常审计费用与审计质量关系的调节作用检验实证结果。从表 6.28 的实证结果来看，未引入法

制环境变迁（*LAW*）与正向异常审计费用（*HABFEE*）交互项时，除被解释变量为 *ABSDA_Real* 的回归模型外，其余两个模型中正向异常审计费用（*HABFEE*）的回归系数均显著为正，说明正向异常审计费用与可操控应计利润存在正相关关系，即与审计质量负相关；法制环境变迁（*LAW*）的回归系数在三个回归模型中均显著为负，这说明《关于审理涉及会计师事务所在审计业务活动中民事侵权赔偿案件的若干规定》（以下简称《规定》）的颁布，对于会计责任以及审计责任的明确，对于提高审计质量有一定的显著作用，因此，2008 年之后可操控应计利润低于 2008 年之前的可操控应计利润。引入法制环境变迁（*LAW*）与正向异常审计费用（*HABFEE*）交互项后，三个不同审计质量代理变量模型中正向异常审计费用（*HABFEE*）与法制环境变迁（*LAW*）的回归系数的正负方向以及显著性水平与引入交互项之前模型基本上保持一致，未发生本质性变化。但在三个模型中，交互项 *HABFEE* × *LAW* 的回归系数均不显著，不能得出法制环境变迁弱化了异常审计费用与审计质量之间负相关关系的结论，故而，假设 H8 - 1 没有得到验证。虽然如此，交互项回归系数的符号为负，这说明《规定》的颁布，在一定程度上提升了注册会计师和会计师事务所的风险意识，其风险成本增加导致了审计费用的提升，这部分审计费用属于合理审计费用的组成部分，并不损害审计质量。

表 6.28　法制环境变迁对正向异常审计费用与审计质量关系的调节作用检验

Variable	DV = ABSDA_Jones		DV = ABSDA_DD		DV = ABSDA_Real	
	(1)	(2)	(1)	(2)	(1)	(2)
Constant	0.296 ** 2.401	0.255 ** 2.146	0.140 * 1.887	0.163 ** 2.268	− 1.148 *** − 30.352	− 1.148 *** − 31.394
HABFEE	0.037 * 1.705	0.060 ** 2.137	0.051 *** 3.85	0.041 ** 2.309	0.006 0.954	0.01 1.215
LAW	− 0.087 *** − 3.992	− 0.046 * − 1.841	− 0.032 ** − 2.55	− 0.009 − 0.644	− 0.020 *** − 2.882	− 0.019 ** − 2.478
HABFEE × *LAW*		− 0.057 − 1.29		− 0.021 − 0.789		− 0.01 − 0.753

续表

Variable	DV = ABSDA_Jones		DV = ABSDA_DD		DV = ABSDA_Real	
	(1)	(2)	(1)	(2)	(1)	(2)
Controls Included	Control	Control	Control	Control	Control	Control
Year	Control	Control	Control	Control	Control	Control
Industry	Control	Control	Control	Control	Control	Control
N	5867	5867	5080	5080	5618	5618
F-value	30. 36	39. 851	32. 576	31. 992	70. 831	78. 571
Adj – R^2	0. 216	0. 225	0. 251	0. 251	0. 406	0. 412

注：统计值已经过 White（1980）异方差稳健性修正；*** 、** 、* 分别表示在 0.01、0.05、0.10 的水平上显著。

表 6. 29   法制环境变迁对负向异常审计费用与审计质量关系的调节作用检验

Variable	DV = ABSDA_Jones		DV = ABSDA_DD		DV = ABSDA_Real	
	(1)	(2)	(1)	(2)	(1)	(2)
Constant	0. 241 *** 2. 733	0. 239 *** 2. 715	− 0. 159 ** − 2. 26	− 0. 159 ** − 2. 262	− 1. 252 *** − 39. 838	− 1. 253 *** − 39. 866
LABFEE	0. 067 *** 5. 808	0. 129 *** 8. 254	0. 074 ** 8. 227	0. 140 *** 11. 118	0. 001 0. 176	0. 009 1. 49
LAW	− 0. 073 *** − 4. 291	− 0. 035 * − 1. 903	0. 002 0. 132	0. 039 *** 2. 837	− 0. 013 ** − 2. 166	− 0. 008 − 1. 287
LABFEE × LAW		− 0. 129 *** − 5. 871		− 0. 127 *** − 7. 462		− 0. 017 ** − 2. 071
Controls Included	Control	Control	Control	Control	Control	Control
Year	Control	Control	Control	Control	Control	Control
Industry	Control	Control	Control	Control	Control	Control
N	9222	9222	7982	7982	8682	8682
F-value	52. 583	52. 448	49. 875	50. 318	112. 066	110. 183
Adj – R^2	0. 235	0. 238	0. 249	0. 254	0. 413	0. 413

注：统计值已经过 White（1980）异方差稳健性修正；*** 、** 、* 分别表示在 0.01、0.05、0.10 的水平上显著。

从表 6.29 的实证结果来看，未引入法制环境变迁（*LAW*）与负向异常审计费用（*LABFEE*）交互项时，除被解释变量为 *ABSDA_Real* 的回归模型外，其他两个模型中负向异常审计费用（*LABFEE*）的回归系数均显著为正，说明负向异常审计费用与可操控应计利润存在正相关关系；除被解释变量为 *ABSDA_DD* 的回归模型外，法制环境变迁（*LAW*）的回归系数在其他两个模型中均显著为负，这说明《规定》的颁布，对于会计责任以及审计责任的明确，对于提高审计质量起到了显著作用，因此，2008 年之后可操控应计利润低于 2008 年之前的可操控应计利润。引入法制环境变迁（*LAW*）与负向异常审计费用（*LABFEE*）交互项后，三个不同审计质量代理变量模型中负向异常审计费用（*LABFEE*）与法制环境变迁（*LAW*）的回归系数的正负方向以及显著性水平与引入交互项之前模型基本上保持一致，未发生本质性变化。在三个模型中，交互项 *LABFEE* × *LAW* 的回归系数均显著为负。在解释变量为 *ABSDA_Jones* 的模型中，负向异常审计费用（*LABFEE*）的回归系数为 0.129，而交互项 *LABFEE* × *LAW* 的回归系数为 − 0.119，说明 2008 年之后，负向异常审计费用（*LABFEE*）的回归系数为 0.129 − 0.119 = 0.010，而当样本在 2008 年之前时，负向异常审计费用（*LABFEE*）的回归系数为 0.129，这表明法制环境变迁对负向异常审计费用与审计质量之间的负向关系具有弱化作用。从而本书的假设 H8 − 2 得到支撑，即在其他条件一定的情况下，《规定》颁布之前，负向异常审计费用与审计质量之间的负向关系更加明显；而《规定》颁布之后，负向异常审计费用与审计质量之间的负向关系较弱。

6.4 稳健性检验

由于相关替代变量的选取以及估计会存在一定的误差，会对上文实证模型的稳定性以及实证结果的可靠性造成影响，因此，本书从提高异常审计费用估计标准、变更审计质量替代变量、变换异常审计费用估计方法等方面进行稳健性检验，以确保模型构建的稳健性以及结论的可靠性。

6.4.1 提高异常审计费用估计标准

在主模型的实证分析中，本书用前后期审计费用率的变动额，作为异常审计费用的代理变量，分析异常审计费用与审计质量之间的关系。此方法估计的异常审计费用值可能会包含部分正常审计费用的变动。为了达到精确估计异常审计费用的目的，本书在上文测算异常审计费用结果的基础上，提高异常审计费用的估计标准，当审计费用率变动额大于零时，将审计费用率变动额的 1/5 分位数作为区分正常审计费用与异常审计费用的临界值，即变动额小于 1/5 分位数时，视其为合理正常审计费用变动，不存在异常审计费用，变动额大于 1/5 分位数时，视其存在异常审计费用，异常审计费用值等于变动额减去 1/5 分位数；当审计费用率变动额小于零时，将审计费用率变动额绝对值的 1/5 分位数作为区分正常审计费用与异常审计费用的临界值，即变动额绝对值小于 1/5 分位数时，视其为合理正常审计费用变动，不存在异常审计费用，变动额绝对值大于 1/5 分位数时，视其存在异常审计费用，异常审计费用值等于变动额绝对值减去 1/5 分位数。以此方法重新估计异常审计费用并进行回归分析，其回归结果如表 6.30 所示。

表 6.30　　　　　　　　　提高异常审计费用估计标准后的回归结果

Variables	DV = ABSDA_Jones		DV = ABSDA_DD		DV = ABSDA_Real	
	Estimate	T-stat.	Estimate	T-stat.	Estimate	T-stat.
Constant	0.263 ***	3.043	0.291 ***	4.765	−1.201 **	−41.647
HABFEE	0.132 ***	3.261	0.043	1.461	0.047 ***	3.507
LABFEE	0.118 ***	4.303	0.129 ***	6.682	0.008	0.847
BIGN	−0.027 *	−1.652	−0.072 ***	−6.324	−0.024 ***	4.447
HABFEE × BIGN	−0.062 *	−1.959	0.006	0.152	−0.042 **	−2.173
LABFEE × BIGN	−0.064 **	−2.152	0.004	0.141	−0.048 ***	−3.35
CHANG	−0.002	−0.195	−0.003	−0.459	−0.001	−0.189
HABFEE × CHANG	0.029	0.672	0.016	0.494	0.025 *	1.743
LABFEE × CHANG	0.070 ***	2.785	0.038 **	2.153	0.014	1.588
CIMP	−0.007	−0.102	0.137 ***	2.95	0.067 ***	2.973
HABFEE × CIMP	−0.117	−0.421	0.176	0.94	0.039	0.415
LABFEE × CIMP	0.325 **	2.051	0.054	0.511	−0.019	−0.366
SOE	−0.003	0.329	−0.002	−0.431	−0.001	−0.27

续表

Variables	DV = *ABSDA_Jones*		DV = *ABSDA_DD*		DV = *ABSDA_Real*	
	Estimate	T-stat.	Estimate	T-stat.	Estimate	T-stat.
HABFEE × SOE	− 0.01	− 0.265	− 0.008	− 0.278	− 0.009	− 0.686
LABFEE × SOE	0.02	0.861	0.024	1.494	0.004	0.493
CGS	0.017 **	2.317	0.008 *	1.66	0.004 *	1.828
HABFEE × CGS	0.059	1.614	0.017	0.676	0.028 **	2.287
LABFEE × CGS	0.050 **	2.133	0.02	1.221	0.015 *	1.887
Z − SCORE	0.013	1.324	0.003	0.465	0.014 ***	4.511
HABFEE × Z − SCORE	0.035	0.925	0.01	0.391	0.008	0.634
LABFEE × Z − SCORE	0.022	0.884	0.039 **	2.316	0.008	0.973
LAW	− 0.118 **	− 2.202	− 0.046 **	− 1.831	− 0.004 **	− 2.235
HABFEE × LAW	− 0.124 ***	− 3.103	− 0.01	− 0.372	− 0.017	− 1.241
LABFEE × LAW	− 0.107 ***	− 4.275	− 0.108 ***	− 6.411	− 0.018 **	− 2.101
Controls Included	Control		Control		Control	
Year	Control		Control		Control	
Industry	Control		Control		Control	
N	14039		12041		13324	
F-value	58.426		62.089		125.379	
Adj − R²	0.235		0.273		0.412	

注：统计值已经过 White（1980）异方差稳健性修正；*** 、** 、* 分别表示在 0.01、0.05、0.10 的水平上显著。

从表 6.30 可以看出，整体而言正向异常审计费用与负向异常审计费用分别与可操控应计利润存在显著正相关关系，这与 6.3.1 节主模型回归基本一致，说明异常审计费用的存在，有损于审计质量。

对于会计师事务所声誉调节效应的检验，除被解释变量为 DV = *ABSDA_DD* 的模型外，无论是 *HABFEE × BIGN* 还是 *LABFEE × BIGN*，回归系数的负向显著为负，说明会计师事务所声誉对异常审计费用与审计质量之间的关系具有负向调节作用，即与非"四大"审计的上市公司相比，"四大"会计师事务所审计的上市公司异常审计费用与审计质量之间的负向关系相对较弱，这与 6.3.2 节主模型的结果基本一致。

对于会计师事务所变更调节效应的检验，HABFEE × CHANG 交互项的回归系数在三个模型中均不显著；除被解释变量为 DV = ABSDA_Real 的模型外，LABFEE × CHANG 交互项的回归系数在其他两个模型中均显著，回归系数符号符合预期，这说明会计师事务所变更对正向异常审计与审计质量之间的负向关系不存在显著的调节作用，而对负向异常审计费用与审计质量之间的负向关系存在显著的增强作用，这与 6.3.3 节的模型回归结果一致。

对于客户重要性程度调节效应的检验，HABFEE × CIMP 交互项的回归系数在三个模型中均不显著；除被解释变量为 DV = ABSDA_Jones 的模型中，LABFEE × CIMP 交互项的回归系数在 0.05 水平下显著，且回归系数为负，符合预期，在其他两个模型中交互项回归系数均不显著，这说明从整体而言，客户重要性程度对异常审计与审计质量之间的负向关系不存在显著的调节作用，这与 6.3.4 节的模型回归结果一致。

对于上市公司产权性质调节效应的检验，HABFEE × SOE 交互项和 LABFEE × SOE 交互项的回归系数在三个模型中均不显著；但两个交互项回归系数符号与 6.3.5 节回归结果一致，说明上市公司产权性质对异常审计与审计质量之间的负向关系在一定程度上存在调节作用。

对于上市公司治理水平调节效应的检验，在被解释变量为 DV = ABSDA_Real 的模型中，HABFEE × CGS 交互项的回归系数为正，符合预期且在 0.05 的水平上显著外，在其他两个模型中均不显著；基本上与相应的主模型回归结果一致，除被解释变量为 DV = ABSDA_DD 的模型外，LABFEE × CGS 交互项的回归系数在其他两个模型的回归系数均显著为正符合预期，且分别在 0.05 和 0.10 的水平上显著，这说明从整体而言，上市公司治理水平对异常审计与审计质量之间的负向关系存在显著的调节作用，即与治理水平好的公司相比，治理水平差的公司中的异常审计费用与审计质量之间的负相关关系更强，这与 6.3.6 节的模型回归结果一致。

对于上市公司财务状况调节效应的检验，HABFEE × Z – SCORE 交互项的回归系数三个模型中均不显著，但回归系数符合与 6.3.7 主模型回归系数符号一致；在被解释变量为 DV = ABSDA_DD 的模型中，LABFEE × Z – SCORE 交互项的回归系数为正符合预期，且在 0.05 的水平上显著，而在其他两个模型中，交互项回归系数不显著，整体而言，说明上市公司财务状况对异常审计费用与审计质量之间的负相关关系具有一定的调节作用，即与不存在财务危机的公司相比，存在财务危机的公司的异常审计费用与审计质量之间的负相关关系更强。

对于法制环境变迁调节作用的检验，被解释变量为 $DV = ABSDA\_Jones$ 的模型中，$HABFEE \times LAW$ 交互项的回归系数为负符合预期，且在 0.01 的水平下显著，在其他两个模型中交互项回归系数均不显著，但回归系数符号与 6.3.8 节主模型回归系数符号一致；$LABFEE \times LAW$ 交互项的回归系数在三个模型中均为负，符合预期且分别在 0.01 和 0.05 的水平上显著，这说明，整体而言法律环境变迁对异常审计费用与审计质量之间的负相关关系具有一定的调节作用，即与《规定》颁布之前相比，《规定》颁布之后，异常审计费用与审计质量之间的负相关关系更弱。

整体而言，在提高异常审计费用估计标准的稳健性检验中，回归结果基本上与 6.3 节主模型回归结果保持一致，这说明本书实证模型构建较为稳定，实证结果较为可靠。

6.4.2 变更审计质量代理变量

在主回归模型中，本书对被出具非标准审计意见的样本公司进行了剔除，在此稳健性检验中，放松对样本删选条件的限定，利用注册会计师是否发表非标准审计意见作为审计质量的替代变量，采用 2008 年后上市公司数据研究异常审计费用与审计质量的关系，构建模型如下，回归结果如表6.31、表6.32 所示。

$$
\begin{aligned}
Prob(OPINION_{it} = 1) = {} & \theta_0 + \theta_1 ABFEE_{it} + \theta_2 ABFEE_{it} \times ABFEE_{it} \\
& + \theta_3 HABFEE_{it} + \theta_4 LABFEE_{it} + \theta_5 SIZE_{it} + \theta_6 CR_{it} \\
& + \theta_7 LEV_{it} + \theta_8 ROA_{it} + \theta_9 GROWTH_{it} + \theta_{10} B/M_{it} \\
& + \theta_{11} OCF_{it} + \theta_{12} OFFICESIZE_{it} \\
& + \theta_{13} DELAY_{it} + YearFixedEffects \\
& + IndustryFixedEffects + \varepsilon_{it}
\end{aligned}
\tag{6.1}
$$

表 6. 31 异常审计费用和审计质量回归结果 （Dependent Variable = *OPINION*）

Variables	Model 1		Model 2	
	Estimate	Z-stat.	Estimate	Z-stat.
Constant	4. 7069 ***	5. 87	4. 7774 ***	5. 99
ABFEE	0. 4285 ***	5. 49		
ABFEE × ABFEE	− 0. 1854 **	− 2. 58		
HABFEE			− 0. 2671 ***	− 3. 21
LABFEE			− 0. 4932 ***	− 3. 4
Controls Included	Control		Control	
Industry	Control		Control	
Year	Control		Control	
N	11536		11536	
Wald χ^2	968. 52		968. 89	
Pseudo R^2	0. 3363		0. 3355	

注：统计值已经过 White （1980） 异方差稳健性修正； *** 、 ** 、 * 分别表示显著性水平为 0. 01、0. 05、0. 10。

表 6. 32 子样本回归结果 （Dependent Variable = *OPINION*）

Variables	Model 3		Model 4	
	Estimate	Z-stat.	Estimate	Z-stat.
Constant	4. 3025 ***	4. 17	5. 7349 ***	4. 6
HABFEE	− 0. 3471 **	− 2. 84		
LABFEE			− 0. 3939 **	− 2. 17
Controls Included	Control		Control	
Industry	Control		Control	
Year	Control		Control	
N	5141		5630	
Wald χ^2	557. 82		339. 68	
Pseudo R^2	0. 3745		0. 3129	

注：统计值已经过 White （1980） 异方差稳健性修正； *** 、 ** 、 * 分别表示显著性水平为 0. 01、0. 05、0. 10。

Modle 4 以公司是否被出具非标审计意见（*OPINION*）作为审计质量的替代变量，如表 6.31 所示，Model 1 和 Model 2 的 Pseudo R^2 分别为 0.3363 和 0.3355。在 Model 1 中，*ABFEE × ABFEE* 的回归系数为负，且在 0.05 的水平上显著，说明异常审计费用与公司被出具非标准审计意见的概率存在负相关关系，即与异常审计费用低的公司相比，异常审计费用高的公司越容易被出具标准无保留审计意见。而在 Model 2 中，*HABFEE* 和 *LABFEE* 的回归系数为负，且在 0.01 的水平上显著，说明正向的异常审计费用和负向的异常审计费用均与公司被出具非标准审计意见概率存在负相关关系，也即实际审计费用越偏离正常值，公司越容易被出具标准无保留审计意见，具体原因有可能是：正向的异常审计费用被上市公司用作标准审计意见的购买，注册会计师丧失了独立性，接受了上市公司的审计意见购买行为；而负向异常审计费用表明注册会计师在审计过程中减少了审计程序，降低了审计成本，这同样有损于审计质量。表 6.31 的回归结果综合说明，异常审计费用的存在，降低了上市公司被出具非标准无保留审计意见的概率，有损于审计质量的提高。为了进一步分析异常审计费用和审计质量的关系，本书对正向异常审计费用和负向异常审计费用两个子样本分别做了回归，回归结果如表 6.32 所示，结果显示，*HABFEE* 和 *LABFEE* 系数均为负，均在 0.05 的水平上显著，Pseudo R^2 分别为 0.3745 和 0.3129，与全样本回归结果一致，说明异常审计费用的存在确实对审计质量造成了损害，这与 6.3 节主模型的分析结果一致。

6.4.3　变换异常审计费用估计方法

在主模型的实证分析中，本书用前后期审计费用率的变动额作为异常审计费用的代理变量，分析异常审计费用与审计质量之间的关系。有相关文献利用审计定价模型的残差项对异常审计费用进行估计（Choi et al.，2010；Asthana & Boone，2012；段特奇等，2013；韩丽荣等，2015），对异常审计费用与审计质量之间的关系进行分析。借鉴以上估计异常审计费用的思路，本书稳健性检验在借鉴以往研究的基础上，构建审计定价模型如下：

$$LNFEE_{it} = \alpha_0 + \alpha_1 SIZE_{it} + \alpha_2 ARINV_{it} + \alpha_3 CATA_{it} + \alpha_4 CR_{it} + \alpha_5 ROA_{it}$$
$$+ \alpha_6 LEV_{it} + \alpha_7 LOSS_{it} + \alpha_8 EMPLOY_{it} + \alpha_9 BIG4_{it} + \alpha_{10} TIER2_{it}$$

$$+ \alpha_{11}OFFICESIZE_{it} + \alpha_{12}CHANG_{it} + \alpha_{13}DELAY_{it} + YearFixedEffects$$
$$+ IndustryFixedEffects + \varepsilon_{it} \tag{6.2}$$

式（6.2）中下标 i 和 t 分别表示公司和年度。该模型试图控制影响审计收费水平的以下因素：客户规模因素，本书用公司期末总资产的自然对数（$SIZE$）作为公司规模的替代变量，公司规模越大，预期审计费用越高；被审计单位的财务风险与审计风险因素，本书用应收账款与存货占总资产的比例（$ARINV$）、流动比率（CR）、总资产报酬率（ROA）、近两年是否亏损（$LOSS$）以及财务杠杆（LEV）作为客户风险的替代变量，预期审计风险或财务风险大的客户，审计费用越高；审计业务复杂度因素，本书用公司员工人数的平方根（$EMPLOY$）以及审计时滞（$DELAY$）作为业务复杂度的替代变量，业务复杂度越高，预期审计费用越高；会计师事务所特征，本书用会计师事务所规模变量（$OFFICESIZE$）、是否为国际"四大"（$BIG4$）以及是否为国内"八大"（$TIER2$）作为会计师事务所的特征变量，预期事务所规模越大，审计费用越高，当被审计单位聘用国际"四大"或国内"八大"事务所时，审计费用越高。回归结果如表6.33所示。

表6.33　　　　　　　　　　　审计费用模型回归结果

Variables	Estimate	Std. Err.	T-stat.
Constant	6.3528	0.1136	55.90***
SIZE	0.2633	0.0046	57.01***
ARINV	−0.2085	0.0345	−6.05***
CR	−0.0024	0.0008	−2.85***
ROA	0.0231	0.0072	3.19***
LEV	0.0246	0.0021	11.60***
LOSS	0.0944	0.0118	8.00***
EMPLOY	0.0041	0.0001	34.70***
BIG4	0.6343	0.026	24.38***
TIER2	−0.0228	0.0107	−2.13**
OFFICESIZE	0.0807	0.0054	14.99***
CHANG	−0.0376	0.0095	−3.97***

续表

Variables	Estimate	Std. Err.	T-stat.
DELAY	0.0199	0.0035	5.64 ***
Industry		Control	
Year		Control	
N		12505	
F-value		985.04	
Adj – R^2		0.6538	

注：统计值已经过 White（1980）异方差稳健性修正；***、**、* 分别表示显著性水平为 0.01、0.05、0.10。

表 6.33 回归分析结果显示，公司规模变量（*SIZE*）的回归系数符号显著为正，表明大客户的审计费用高；资产负债率（*LEV*）以及近两年有亏损（*LOSS*）变量回归系数显著为正，同时存货和应收账款占总资产比（*ARINV*）以及流动比率（*CR*）变量的回归系数显著为负，说明公司的财务风险和审计风险越大，审计费用越高；公司员工（*EMPLOY*）变量的回归系数显著为正，说明公司越复杂，审计费用越高；国际"四大"（*BIG4*）回归系数符号显著为正，说明与其他注册会计师事务所相比，四大会计师事务所审计费用存在溢价；事务所规模（*OFFICESIZE*）变量回归系数显著为正，说明事务所越大，品牌效应越高，审计收费越高；审计时滞（*DE-LAY*）变量回归系数显著为正，说明审计时滞越长，审计业务越复杂，审计收费越高；而国内"八大"（*TIER2*）的回归系数显著为负，与预期符号相反，说明在中国上市公司审计市场上，国内"八大"并没有形成相应的垄断优势，它面临国际"四大"和国内中小会计师事务所两方面的竞争，为了实现市场份额的扩大，国内"八大"有可能存在低价揽客行为。总体而言，该模型解释了 65.35% 的审计费用。

本书将审计定价模型回归残差定义为异常审计收费（*ABFEE*），同时设计两个独立变量，正向异常审计费用（*HABFEE*）和负向异常审计费用（*LABFEE*），分别表示偏高和偏低的异常审计费用，从两个方向研究异常审计费用和审计质量的关系。当 *ABFEE* > 0 时，*HABFEE* = *ABFEE*，否则为 0；当 *ABFEE* < 0 时，*LABFEE* = *ABSABFEE*，否则为 0。稳健性检验利用审计定

价模型回归残差作为异常审计费用替代变量，将可操控应计利润 $ABSDA\_$ $Jones$ 作为审计质量替代变量进行回归分析，结果如表 6.34 所示。

表 6.34　　异常审计费用和审计质量回归结果（Dependent Variable = ABSDA_Jones）

Variables	Model 1		Model 2	
	Estimate	T-stat.	Estimate	T-stat.
Constant	7. 6009 ***	8. 28	7. 7778 ***	8. 49
ABFEE	0. 4341 ***	4. 84		
ABFEE × ABFEE	0. 2321 ***	2. 5		
HABFEE			0. 9545 ***	6. 08
LABFEE			0. 7367 ***	3. 82
Controls Included	Control		Control	
Industry	Control		Control	
Year	Control		Control	
N	11566		11566	
F-value	227. 58		228. 11	
Adj – R²	0. 3288		0. 3293	

注：统计值已经过 White（1980）异方差稳健性修正；*** 、** 、* 分别表示在 0.01、0.05、0.10 的水平上显著。

如表 6.34 所示，Model 1 表示在控制相关变量的情况下，引入 $ABFEE$ 和 $ABFEE \times ABFEE$ 两个变量的回归结果，Model 2 列示的是在控制相关变量的情况下，引入 $HABFEE$ 和 $LABFEE$ 两个变量的回归结果。Model 1 和 Model 2 的 Adj – R² 分别为 0.3288 和 0.3293，在 Model 1 中，$ABFEE$ 和 $ABFEE \times ABFEE$ 的回归系数为正，且在 0.01 的水平上显著，说明异常审计费用与可操控应计利润之间存在正相关关系，即异常审计费用的存在有损审计质量。而在 Model 2 中，$HABFEE$ 和 $LABFEE$ 的回归系数为正，且在 0.01 水平下显著，说明正向的异常审计费用和负向的异常审计费用均与可操控应计利润之间存在正相关关系，也即实际审计费用越偏离正常值，公司可操控应计利润额度越大，进一步说明正向的异常审计费用和负向的异常审计费用均有损于审计质量。为了进一步分析异常审计费用和审计质量的关系，本书还对正向异常审计费用和负向异常审计费用两个子样本分别做了回归，回归结果如表 6.35 所示，结果显示，HABFEE 和 LABFEE 系数均为正，均在 0.05 的水平上显著，Adj – R^2 分别为 0.3663 和 0.2836，说明异常审计费用的存在确实对审计质量造成了损害，这与 6.3 节主模型的分析结果一致。

表 6.35   子样本回归结果（Dependent Variable = ABSDA_Jones）

Variables	Model 3		Model 4	
	Estimate	T-stat.	Estimate	T-stat.
Constant	7.4696 ***	3.18	17.2635 **	2.58
HABFEE	0.7573 **	2.89		
LABFEE			0.5357 **	2.4
Controls Included	Control		Control	
Industry	Control		Control	
Year	Control		Control	
N	5141		5630	
F-value	26.51		52.12	
Adj – R^2	0.3663		0.2836	

注：统计值已经过 White（1980）异方差稳健性修正；*** 、** 、* 分别表示显著性水平为 0.01、0.05、0.10。

6.4.4 对低价管制政策效果进行检验

在完成以上稳健性检验的基础上，本书还对 2010 年 1 月国家发展改革委员会和财政部发布的《会计师事务所服务收费管理办法》强化政府对审计服务收费低价管制实施效果进行了检验，该实证分析利用 2007～2013 年度上市公司为样本，之所以剔除 2007 年以前年度上市公司样本，是为了避免《规定》颁布对 2007 年前后注册会计师法律责任不一致所造成的影响。设置哑变量 LAW2，当样本区间为 2010～2013 年时，LAW2 = 1；当样本区间为 2007～2009 年时，LAW2 = 0。预期 LABFEE × LAW2 的符号为负，即低价管制政策能够弱化负向异常审计费用与审计质量之间的关系。实证结果如

表 6.36 所示，从中可以看出，在三个模型中，*LABFEE* 的回归系数均显著为正，这与前文分析完全一致，但 *LABFEE* × *LAW*2 的回归系数在三个模型中均不显著，这说明低价管制政策虽然在一定程度上能够遏制低价竞争，提高了审计费用，但并未达到保障审计质量的目的。所以说，低价管制政策只能治标，不能治本，是一个无效的政策措施。

表 6.36　　　　　　　　　　　　　　　低价管制政策效果检验结果

Variables	DV = ABSDA_Jones		DV = ABSDA_DD		DV = ABSDA_Real	
	Estimate	T-stat.	Estimate	T-stat.	Estimate	T-stat.
Constant	0.330 ***	3.195	− 0.021	− 0.341	− 1.458 ***	− 43.642
LABFEE	0.048 *	1.719	0.095 ***	7.134	0.015 **	1.965
*LAW*2	− 0.001	− 0.112	0.006	1.477	0.006	0.197
LABFEE × *LAW*2	0.029	0.885	− 0.003	− 0.155	− 0.001	− 0.11
Controls Included	Control		Control		Control	
Year	Control		Control		Control	
Industry	Control		Control		Control	
N	10115		9123		8670	
F-value	87.222		88.357		143.389	
Adj − R^2	0.299		0.324		0.451	

6.5　本章小结

　　本章在对本书实证研究所使用的样本数据主要代理变量进行描述性统计分析、相关性分析以及样本分组检验的基础上，对根据本书研究假设而设计的研究模型进行检验，验证相关研究假设成立的可能性，以及不同子样本之间检验结果的差异性。结果发现，正向异常审计费用与负向异常审计费用均与可操控应计利润显著正相关，即异常审计费用与审计质量之间存在显著负相关关系，异常审计费用的存在有损审计质量。在对相关因素对异常审计费用与审计质量之间关系的调节效应分析中发现，会计师事务所声誉以及法律责任的加大能够弱化异常审计费用与审计质量之间的关系；

与未发生财务危机的公司相比，在发生财务危机的公司中，异常审计费用与审计质量之间的负相关关系更强；与治理水平好的公司相比，在治理水平差的上市公司中，异常审计费用与审计质量之间的负相关关系更强；与未发生会计师事务所变更的公司相比，在发生会计师事务所变更的公司中，负向异常审计费用与审计质量之间的负相关关系更强；与非国有产权的上市公司相比，在国有产权的上市公司中，负向异常审计费用与审计质量之间的负相关关系更强；本书未能发现客户重要性程度对异常审计费用与审计质量之间关系具有显著调节作用。为了确保研究模型的稳健性以及实证结果的可靠性，还通过提高异常审计费用估计标准、替换审计质量替代变量、变换异常审计费用估计方法等对相关模型与结论进行了稳健性检验，同时，还对审计服务的低价管制政策实施效果进行了检验，结果发现，低价管制政策未能达到保障审计质量的目的。

第7章

研 究 结 论

7.1 主要研究结论与发现

本书研究聚焦于异常审计费用与审计质量之间的关系。为了弥补以往相关研究的不足，首先，本书在对国内外文献和理论进行梳理的基础上，依托委托代理理论框架，分析对称信息条件下与非对称信息条件下的审计契约设计，探讨审计定价的合理区间，进而对异常审计费用的形成机理进行阐释。其次，构建完全信息动态博弈模型，分析异常审计费用与审计质量的关系，寻找博弈均衡点，同时展开相关因素对异常审计费用与审计质量关系调节效用的分析。最后，建立相应的实证研究模型，利用中国上市公司的相关数据，使用有效的统计和计量方法，完成相应的实证分析，对相关假设进行检验。最终本书结论如下。

第一，审计费用除了受审计成本因素影响外，还受市场供求状况、信息不对称程度、市场竞争态势以及会计师事务所利润等相关因素的影响，但总体而言，正常、合理的审计费用以审计成本为基础，在其他相关因素作用下在一定区间内波动，而不应过度偏离这一区间。以委托代理理论框架为基础，通过分析对称信息条件下与非对称信息条件下审计契约的设计，可以得出，审计费用的合理区间的上限是对称信息条件下最优审计契约中审计委托方所要支付给会计师事务所的审计费用，即固定收益与注册会计师最优努力水平下努力成本之和，审计费用区间的下限是满足审计准则所要求审计质量的审计费用，即固定收益、次优努力水平下努力成本以及风险溢价三者之和。偏离这一区间，畸高或畸低的审计费用，均属于异常审计费用。

第二，异常审计费用是指在相关因素作用下实际审计费用偏离正常审计费用区间的部分审计费用。也就是说，实际审计费用由两部分构成，一部分是反映审计质量价值的那部分审计费用，即合理的审计费用；另一部分是偏离合理审计费用的部分审计费用，即异常审计费用。异常审计费用可分为正向异常审计费用和负向异常审计费用，当存在正向异常审计费用时，说明实际审计费用高于正常审计费用，正向异常审计费用本质上是生产者剩余；当存在负向异常审计费用时，说明负向异常审计费用低于正常审计费用，负向异常审计费用本质上属于消费者剩余。异常审计费用存在有其必然性和现实可能性。审计服务不同于实物商品，实物商品的价格是质量的信号和反映，质量的好坏决定了价格的高低，在正常情况下，价格很难影响质量。但是审计服务是一种先付费后提供服务的活动，即在价格确定之后才提供服务，这种时间的差异使得审计服务的提供者存在着机会主义的行为，可以根据服务的价格安排服务工作，价格对质量会产生重要的影响。审计服务还不同于其他的具有私人物品性质的服务活动，一般的服务活动，服务成本与收益的承担者是一致的，接受服务的客户一方面支付了服务的费用，另一方面依据等价交换的原则享受了相应的经济利益。审计服务是一种具有高度外部性的服务活动，作为客户的上市公司支付了审计费用，但是上市公司仅是审计服务的受益者之一，大量的受益者是广大的外部投资者、债权人以及其他利益关系人。由于以上两方面的原因，审计市场就会出现价格失灵现象，产生异常审计费用。

第三，异常审计费用的存在，有损于审计质量。通过分析负向异常审计费用与正向异常审计费用条件下注册会计师与被审计单位管理层的完全信息动态博弈模型发现，在中国的市场环境下，博弈模型的子博弈精炼纳什均衡解均表明异常审计费用将有损于审计质量。实证研究结论也支持这一观点。正向的异常审计费用会被用作审计意见购买或者使注册会计师提升对会计盈余操纵的容忍度，进而导致审计质量低下，且实际审计费用越高于正常值，越有损审计质量。而负向异常审计费用说明，此时实际审计费用低于达到预期审计质量所必要的审计费用，此时，会计师事务所为了获取一定的利润，势必倾向于缩短审计工时，应用较简单的审计程序，进而审计质量无法得到保证，且实际审计费用越低于正常审计费用，审计质量越差。同时，通过分析七个相关因素对异常审计费用与审计质量之间关系的调节效应发现，在不同的调节变量的作用下，异常审计费用对审计质量的影响程度不同，甚至在相应条件下，异常审计费用对审计质量存在正向的促进作用，这说明，异常审计费用对审计质量的影响路径和效应，会在外界相关因素变量的冲击下发生改变，尤其是注册会计师声誉、公司治理水平以及法律环境对两者关系的调节效应最为明显。这一结论与发现，为改善异常审计费用与审计质量之间的关系，为审计质量提升提供了路径和经验证据。

7.2　相关政策性建议

证券审计市场存在的价格失灵现象，一方面，表现为以"低价揽客"为主要标志的低价恶性竞争；另一方面，表现为高价诱惑会计师事务所达成审计合谋。尤其在"做大做强"战略推进下，会计师事务所合并不断出现，国内本土大所市场实力逐步增强，在这种态势下，高价购买"清洁"审计意见或者降低注册会计师对其盈余操控的行为会逐渐增多，因此，对于审计市场的监管，不仅要遏制低价竞争，同时还要防范高价购买审计合谋。

一直以来，我国政府等市场监管部门对审计服务实施政府指导定价的措施。2010年1月，国家发展改革委员会和财政部发布《会计师事务所服务收费管理办法》（以下简称《办法》），《办法》对强制性审计业务实行政府指标定价，突出最低限价导向，标志着我国审计市场审计服务价格管制的进一步强化。《办法》的颁布和实施，对规范审计收费、打击低价恶性竞争、提高和保障审计质量起到了一定的作用。但《办法》也存在一定的缺陷。其一，《办法》管制目标在于遏制低价竞争，对高价购买审计合谋行为并未采取措施；其二，《办法》的低价管制并不能消除审计市场的价格扭曲，也无法真正实现提高和保障审计质量的目的。价格发现只能在市场条件下得以实现，监管机构无法也不可能清晰认知具体审计项目的成本结构，进而无法确定相对精确的定价标准。有研究发现，低价管制很有可能成为阻碍良性竞争、保护效率低下的会计师事务所的工具（王雄元、唐本佑，2004；段特奇等，2013），进而背离了提高审计质量的初衷，本书经验证据也表明，在 2010 年低价管制强化的情况下，负向异常审计费用对审计质量之间的负向影响并未得到显著改善。所以，低价管制能够在一定程度上"治标"，但无法实现"治本"。2014 年 12 月，国家发展改革委员会发布《国家发展改革委关于放开部分服务价格意见的通知》（以下简称《通知》）。《通知》对已具备竞争条件的会计师事务所审计服务定价实施放开，这不仅是贯彻落实党的十八届三中全会关于"市场在资源配置中起决定性作用"精神的重要举措，同时还是继对会计师事务所从事证券、期货相关业务实施后置审批之后，政府监管部门放弃证券审计市场"治标"的管制措施，寻求"治本"之策的又一重要探索。

本书研究指出，异常审计费用的存在有其必然性和现实的可能性。非对称的审计三方关系所导致的审计悖论是异常审计费用产生的根源，而中国证券审计市场的法制环境、市场集中度偏低以及缺乏自发性高质量审计需求等特征为异常审计费用的长期存在提供了现实土壤。因此，在短期内无法解决非对称的审计三方关系的状态下，从强化证券审计市场法制环境、加强会计师事务所信誉机制建设以及提升上市公司治理水平等方面入手，综合治理证券审计市场乱象，才是"治本"之策。

首先，强化对证券审计市场的法律制度约束，提升对会计师事务所不实报告的惩戒力度。法释〔2007〕12 号的颁布，整体上提高了社会公众对会计师事务所的监督，注册会计师虚假陈述的民事赔偿责任明显加大。本书完全信息动态博弈的子博弈精炼纳什均衡的求解过程可以发现，强法制环境约束可以改变子博弈精炼纳什均衡解，得到一个有助于提升审计质量的均衡；实证结果也发现，法释〔2007〕12 号的颁布所引致的法制环境变迁，在一定程度上减弱了异常审计费用与审计质量之间的负相关关系，这一结论的政策性含义是，通过强化对证券审计市场的法律制度约束，可以改善证券审计市场环境，逐步培育高质量审计需求，进而扭转异常审计费用与审计质量之间的负相关关系。但从现状而言，对会计师事务所虚假陈述"重行政处罚、轻民事赔偿"的现状并未得到改观，主要原因在于证券市场上虚假陈述民事赔偿诉讼的四项前置程序[1]门槛太高，提升了会计师事务所民事侵权案件的诉讼成本，进而降低了法律诉讼对会计师事务所虚假陈述的威慑力。因此，有必要放松或取消虚假陈述民事赔偿诉讼的前置程序，建立对进行虚假陈述的被审计单位及会计师事务所的集体诉讼制度，加强对其信息披露违规违法的处罚力度，大幅提升其违规违法成本，进而改变完全信息动态博弈纳什均衡点，以提升审计质量。

其次，加强会计师事务所声誉机制建设，转换会计师事务所证券审计市场竞争策略，从整体上提升高质量审计服务的供给水平。会计师事务所声誉风险不同于法律风险，法律风险对会计师事务所的影响是单向的，它属于会计师事务所的成本，可能形成未来的负债；而声誉风险则不同，它对会计师事务所的影响是双向的，它属于事务所的声誉资产，未来能增值也可能减值。会计师事务所声誉同时也是一种信号显示机制，向市场传递高质量审计的信号，以减少利益相关方交易成本。有效的声誉机制，能使注册会计师或会计师事务所注重其职业形象，提升执业谨慎性，保证审计独立性，减少审计市场中道德风险的发生。本书实证研究结果也表明，高声誉的会计师事务所能够在一定程度上缓解异常审计费用与审计质量之间的负向关系，甚至在一定条件下，正向异常审计费用与审计质量呈正相关关系，此时，正向异常审计费用实质上属于审计质量溢价。因此，必须加强会计师事务所的声誉机制建设，以提升高质量审计服务的整体供给水平。一方面，注册会计师和会计师事务所要注重自身专业胜任能力的建设，保证高度的审计独立性；另一方面，监管部门和会计师事务所要积极推进"做大做强"战略，提升证券审计市场集中度，不断壮大本土大规模会计师事务所市场实力，有经验证据表明，随着我国会计师事务所合并战略的实施，本土大会计师事务所的审计质量得以逐步提高（Chan & Wu，2011）。因此，有必要进一步推进会计师事务所"做大做强"战略，提升本土会计师事务所整体实力。另外，政府要放松对会计师事务所从事证券、期货相

---

① 2002 年 1 月，最高人民法院发布了《关于受理证券市场因虚假陈述引发的民事侵权纠纷案件有关问题的通知》，提出了证券市场上虚假陈述民事侵权纠纷案件受理的四项前置程序，分别是：（1）只受理已被证券监管部门做出生效处罚决定的案件；（2）只受理在信息披露中进行虚假陈述的民事赔偿案件；（3）不接受集团诉讼；（4）只有直辖市、省会市、计划单列市和经济特区中级人民法院可以受理此类案件。这四项前置程序在 2003 年 1 月最高人民法院发布的《关于审理证券市场因虚假陈述引发的民事赔偿案件的若干规定》中基本予以确认，至今依然有效。

关业务的资格认定的管制。会计师事务所声誉机制属于市场机制，是在证券审计市场的竞争中形成的，政府对会计师事务所从事证券、期货相关业务的资格认定并不能得到市场的承认和认可（张奇峰，2005）。相反，资格认定还存在限制竞争、保护低质量审计服务的会计师事务所的副作用。因此，在证券审计市场集中度达到一定程度，本土大会计事务所实力得以逐步提升的前提下，2014年11月，国务院调整对会计师事务所从事证券、期货相关业务的审批，将其明确为后置审批，有助于释放行业发展活力，在市场竞争中逐步培育会计师事务所声誉机制，进而提升会计师事务所审计服务质量供给水平。

最后，健全上市公司治理机制，提升公司治理水平，培育高质量审计服务需求。我国上市公司的很多行为更多是面向政府以及相应的管制机构，审计市场整体上缺乏对高质量审计服务的需求。其主要原因在于上市公司治理机制存在缺陷。我国上市公司普遍存在"一股独大"特征，大股东不仅掌握公司的经营权，还控制公司的股东大会和董事会，这种局面导致大股东不仅是财务报告的提供者，同时还是主审会计师事务所的聘用者，这样，很难保证大股东存在高质量审计服务需求。同时，我国70%以上上市公司属于国有性质，上文指出，国有上市公司因其委托代理模式以及融资模式缺乏对高质量审计服务的需求。因此，需要改革上市公司治理机制，提升公司治理水平，进而培育高质量审计服务需求。一方面，针对我国上市公司股权集中、"一股独大"的特点，可以通过完善股权表决制度改善公司治理水平，以提升高质量审计服务需求。本书认为，刘明辉、王恩山（2011）所提出的不具有经营决策权的外部股东掌握主审会计师事务所选聘权以及建立分类股权表决制度不失为"决疑良策"。另一方面，推进国有企业的混合所有制改革，引入非公有资本，优化国有企业的治理机制，健全国有上市公司激励和约束机制，进而培育高质量审计服务需求，从而扭转异常审计费用与审计质量的负向影响，使证券审计市场的审计服务质量从根本上得以提升。

7.3 本书研究局限

本书研究根植于中国证券审计市场这一特殊环境，虽然对异常审计费用的形成机理及其对审计质量的影响机制进行了深入的探讨和分析，但是，在实证模型设计、代理变量选取以及样本选择等方面存在不足与局限。具体而言包括以下几个方面。

在实证模型设计方面，尽管本书在对大量文献进行档案式研究的基础上，借鉴和采用了以往研究较为成熟的实证模型，并根据本书研究需要对实证模型进行较为严谨的修正，但是，无法保证而且也不可能使实证模型涵盖所有影响审计质量的变量，因此，致使实证模型在设计上存在遗漏变量问题，有可能使本书的结论存在一定偏误。

在代理变量选择上，尽管本书研究从数理模型角度推演了审计费用的合理区间，但是从计量角度，本书对异常审计费用代理变量计算采用两种方法，一种是利用前后两期审计费用的差额作为异常审计费用的代理变量，另一种是利用审计定价模型的回归残差作为异常审计费用的代理变量，尽管如此，代理变量与异常审计费用本身还存在不定偏差。另外，对于审计质量代理变量的选择，同样存在类似的问题。审计质量无法直接观测与衡量，本书采用三种盈余管理模型，计算可操控应计利润对审计质量进行估计，但盈余质量是会计与审计联合作用的结果，因此，不可避免存在误差。

在样本数据方面，本书研究选择的是中国 A 股主板以及中小板上市公司数据，同时剔除了金融行业样本。因此，本书结论存在一定局限性，不能保证该结论适用于 B 股上市公司和创业板上市公司。

附　　录

$$Eu = E[-e^{-rw}] = \int_{-\infty}^{+\infty} -e^{-rw}f(w)\,\mathrm{d}w$$

$$= -\int_{-\infty}^{+\infty} e^{-rw}\frac{1}{\sqrt{2\pi}\sigma_w}e^{-\frac{1}{2}\left(\frac{w-\mu}{\sigma_w}\right)^2}\mathrm{d}w$$

$$= -\frac{1}{\sqrt{2\pi}\sigma_w}\int_{-\infty}^{+\infty} e^{-rw}e^{-\frac{1}{2}\left(\frac{w-\mu_w}{\sigma_w}\right)^2}\mathrm{d}w$$

$$= -\frac{1}{\sqrt{2\pi}\sigma_w}\int_{-\infty}^{+\infty} e^{-\frac{w^2-2\mu_w w+\mu_w^2+2rw\sigma_w^2}{2\sigma_w^2}}\mathrm{d}w$$

$$= -\frac{1}{\sqrt{2\pi}\sigma_w}\int_{-\infty}^{+\infty} e^{-\frac{[w-(\mu_w-r\sigma_w^2)]^2+r^2\sigma_w^4-2\mu_w r\sigma_w^2}{2\sigma_w^2}}\mathrm{d}w$$

$$= -\frac{1}{\sqrt{2\pi}\sigma_w}\int_{-\infty}^{+\infty} e^{-\frac{[w-(\mu_w-r\sigma_w^2)]^2}{2\sigma_w^2}}e^{\frac{1}{2}r^2\sigma_w^2-r\mu_w}\mathrm{d}w$$

$$= -e^{\frac{1}{2}r^2\sigma_w^2-r\mu_w}\frac{1}{\sqrt{2\pi}\sigma_w}\int_{-\infty}^{+\infty} e^{-\frac{[w-(\mu_w-r\sigma_w^2)]^2}{2\sigma_w^2}}\mathrm{d}w$$

$$= -e^{-r(\mu_w-\frac{1}{2}r\sigma_w^2)}$$

令$\dfrac{w-(\mu_w-r\sigma_w^2)}{\sigma_w} = t$，则 $\mathrm{d}w = \sigma_w\mathrm{d}t$，则上式等价于：

$$-e^{\frac{1}{2}r^2\sigma_w^2-r\mu_w}\frac{1}{\sqrt{2\pi}}\int_{-\infty}^{+\infty} e^{-\frac{t^2}{2}}\mathrm{d}t$$

又有$\displaystyle\int_{-\infty}^{+\infty} e^{-\frac{t^2}{2}}\mathrm{d}t = \sqrt{2\pi}$

所以上式 $= -e^{\frac{1}{2}r^2\sigma_w^2-r\mu_w} = -e^{r(\mu_w-\frac{1}{2}r\sigma_w^2)}$

参 考 文 献

[1] 蔡春，鲜文铎. 会计师事务所行业专长与审计质量相关性的检验——来自中国上市公司审计市场的经验证据 [J]. 会计研究，2007 (6)：41 – 47.

[2] 蔡吉甫. 公司治理，审计风险与审计费用关系研究 [J]. 审计研究，2007 (3)：65 – 71.

[3] 曹强，葛晓舰. 事务所任期，行业专门化与财务重述 [J]. 审计研究，2009 (6)：59 – 68.

[4] 曹强，胡南薇，王良成. 客户重要性，风险性质与审计质量——基于财务重述视角的经验证据 [J]. 审计研究，2012 (6)：60 – 70.

[5] 曹琼，卜华，杨玉凤等. 盈余管理，审计费用与审计意见 [J] 审计研究，2013，(6)：76 – 83.

[6] 车宣呈. 独立审计师选择与公司治理特征研究——基于中国证券市场的经验证据 [J]. 审计研究，2007 (2)：61 – 68.

[7] 陈波. 经济依赖，声誉效应与审计质量——以会计师事务所分所为分析单位的实证研究 [J]. 审计与经济研究，2013 (5)：40 – 49.

[8] 陈朝龙，李军辉. 会计事务所规模对上市公司审计质量的影响——基于国有企业与非国有企业盈余管理视角 [J]. 软科学，2013，27 (1)：116 – 122.

[9] 陈杰平，苏锡嘉，吴溪. 异常审计收费与不利审计结果的改善 [J]. 中国会计与财务研究，2005 (4)：1 – 54.

[10] 陈俊，陈汉文，吴东辉. 不确定性风险，治理冲突与审计师选择——来自1998～2004年中国A股IPO市场的经验证据 [J]. 浙江大学学报（人文社会科学版），2010，40 (5)：92 – 103.

[11] 陈信元，夏立军. 审计任期与审计质量：来自中国证券市场的经验证

据 [J]. 会计研究, 2006 (1): 44 – 53.

[12] 陈映芳. 异常性揭示与正常性赋予: 社会学的历史使命与时代课题 [J]. 江海学刊, 2011 (5): 115 – 120.

[13] 戴捷敏, 方红星. 控制风险, 风险溢价与审计收费——来自深市上市公司 2007 年年报的经验证据 [J]. 审计与经济研究, 2010 (3): 46 – 53.

[14] 董秀琴, 柳木华. 行业专长与审计质量——基于投资者和财务报告视角的经验研究 [J]. 证券市场导报, 2010 (4): 61 – 66.

[15] 段特奇, 陆静, 石恒贵. 异常审计费用与审计质量的关系研究 [J]. 财经问题研究, 2013 (7): 117 – 122.

[16] 方军雄, 洪剑峭. 异常审计收费与审计质量的损害——来自中国审计市场的证据 [J]. 中国会计评论, 2009, 6 (4): 425 – 442.

[17] 方军雄, 许平, 洪剑峭. CPA 职业声誉损害经济后果性研究——来自银广夏事件的初步发现和启示 [J]. 南方经济, 2006 (6): 90 – 101.

[18] 盖地, 盛常艳. 内部控制缺陷及其修正对审计收费的影响——来自中国 A 股上市公司的数据 [J]. 审计与经济研究, 2013 (3): 21 – 27.

[19] 高雷, 吴茜, 张杰. 审计费用的影响因素实证研究——基于金融类与非金融类上市公司的比较 [J]. 财经科学, 2012, (1): 109 – 116.

[20] 龚启辉, 李琦, 吴联生. 政府控制对审计质量的双重影响 [J]. 会计研究, 2011 (8): 68 – 75.

[21] 郭梦岚, 李明辉. 公司治理, 控制权性质与审计定价 [J]. 管理科学, 2009 (6): 71 – 83.

[22] 郭颖, 柯大钢. 我国审计市场集中度对审计质量的影响研究——基于 2003 ~ 2005 年的实证分析 [J]. 山西财经大学学报, 2007, 29 (5): 108 – 112.

[23] 郭照蕊. 国际四大与高审计质量——来自中国证券市场的证据 [J]. 审计研究, 2011 (1): 98 – 107.

[24] 国际审计与鉴证准则理事会. 国际审计准则 (2012) [M]. 中国注册会计师协会, 译. 北京: 中国财政经济出版社, 2013.

[25] 韩洪灵, 陈汉文. 会计师事务所的行业专门化是一种有效的竞争战略吗?——来自中国审计市场的经验证据 [J]. 审计研究, 2008 (1):

53 - 60.

[26] 韩厚军，周生春. 中国证券市场会计师报酬研究——上市公司实证数据分析 [J]. 管理世界，2003 (2)：15 - 22.

[27] 韩丽荣. 注册会计师审计制度的经济学分析 [D]. 吉林大学：博士学位论文，2005.

[28] 韩丽荣，高瑜彬，胡玮佳. 异常审计费用对审计质量的影响研究 [J]. 当代经济研究，2015 (1)：74 - 80.

[29] 郝玉贵，赵宽宽，郝铮. 公允价值计量，资产价值变动与审计收费——基于 2009 ~ 2012 年沪深上市公司的经验证据 [J]. 南京审计学院学报，2014，11 (1)：97 - 106.

[30] 贺建刚，孙铮，周友梅. 金字塔结构，审计质量和管理层讨论与分析——基于会计重述视角 [J]. 审计研究，2013 (6)：68 - 75.

[31] 胡南薇，曹强. 上市公司财务重述与审计服务定价——兼评新审计准则的颁布效果 [J]. 经济经纬，2011 (1)：74 - 78.

[32] 江伟，李斌. 预算软约束，企业财务风险与审计定价 [J]. 南开经济研究，2007 (4)：139 - 152.

[33] 李补喜，王平心. 上市公司审计费用率影响因素实证研究 [J]. 南开管理评论，2005，8 (2)：91 - 95.

[34] 李凯. 会计师事务所合并方式与审计质量 [J]. 中南财经政法大学学报，2010 (6)：98 - 103.

[35] 李明辉，刘笑霞. 客户重要性与审计质量关系研究：公司治理的调节作用 [J]. 财经研究，2013，39 (3)：64 - 74.

[36] 李寿喜. 我国上市公司年报审计费用及其影响因素分析 [J]. 审计与经济研究，2004，19 (4)：20 - 25.

[37] 李爽，李晓，张耀中等. 会计师事务所的行业专门化投资与审计定价——以我国首次公开发行证券的审计市场为视角 [J]. 审计与经济研究，2011 (3)：26 - 34.

[38] 李爽，吴溪. 监管信号，风险评价与审计定价：来自审计师变更的证据 [J]. 审计研究，2004 (1)：13 - 18.

[39] 李思飞，刘态，王化成. 审计师行业专长，经济依赖性与审计质量——基于审计任期的视角 [J]. 山西财经大学学报，2014 (5)：12.

[40] 李眺. 审计市场中的合并，产业专用化投资和价格竞争 [J]. 中国工业经济，2003 (3)：49－55.

[41] 李越冬，张冬，刘伟伟. 内部控制重大缺陷，产权性质与审计定价 [J]. 审计研究，2014，(2)：45－52.

[42] 廖义刚，孙俊奇，陈燕. 法律责任，审计风险与事务所客户选择——基于1996～2006年我国会计师事务所客户风险的分析 [J]. 审计与经济研究，2009，24 (5)：34－40.

[43] 刘成立，张继勋. 审计师变更与审计收费——两种理论的检验 [J]. 管理科学，2007，19 (6)：89－96.

[44] 刘峰，许菲. 风险导向型审计·法律风险·审计质量——兼论"五大"在我国审计市场的行为 [J]. 会计研究，2002 (2)：21－27.

[45] 刘峰，张立民，雷科罗. 我国审计市场制度安排与审计质量需求——中天勤客户流向的案例分析 [J]. 会计研究，2002 (12)：22－27.

[46] 刘峰，周福源. 国际四大意味着高审计质量吗——基于会计稳健性角度的检验 [J]. 会计研究，2007 (3)：79－87.

[47] 刘桂良，牟谦. 审计市场结构与审计质量：来自中国证券市场的经验证据 [J]. 会计研究，2008 (6)：85－92.

[48] 刘明辉，李黎，张羽. 我国审计市场集中度与审计质量关系的实证分析 [J]. 会计研究，2003 (7)：37－41.

[49] 刘明辉，王恩山. 我国审计需求的异化及制度成因 [J]. 审计与经济研究，2011 (4)：3－12.

[50] 刘明辉，徐正刚. 中国注册会计师行业的规模经济效应研究 [J]. 会计研究，2005 (10)：71－75.

[51] 刘启亮，陈汉文，姚易伟. 客户重要性与审计质量——来自中国上市公司的经验证据 [J]. 中国会计与财务研究，2006，8 (4)：47－94.

[52] 刘霞，刘峰. 控制权安排，事务所定价策略和审计质量——来自A股市场的证据 [J]. 经济与管理研究，2013 (8)：99－107.

[53] 陆建桥. 中国亏损上市公司盈余管理实证研究 [J]. 会计研究，1999 (9)：25－35.

[54] 吕鹏，陈小悦. 有限责任制，无限责任制与审计质量：一个博弈的视角 [J]. 审计研究，2005 (2)：41－43.

[55] 马建威，黄文. 以公允价值计量的金融资产分类与审计收费的相关性研究——来自 2007～2010 年沪市 A 股的经验证据 [J]. 中央财经大学学报，2012 (11)：85－90.

[56] 牟韶红，李启航，于林平. 内部控制，高管权力与审计费用——基于2009～2012 年非金融上市公司数据的经验研究 [J]. 审计与经济研究，2014 (4)：40－49.

[57] 倪慧萍. 客户重要性对审计质量影响的理论分析与经验证据 [J]. 南京审计学院学报，2008 (4)：41－45.

[58] 邱学文，吴群. 现代风险导向下重大错报风险与审计定价 [J]. 中国工业经济，2010 (11)：149－158.

[59] 宋衍蘅，付皓. 事务所审计任期会影响审计质量吗？——来自发布补充更正公告的上市公司的经验证据 [J]. 会计研究，2012 (1)：75－80.

[60] 宋衍蘅，肖星. 监管风险，事务所规模与审计质量 [J]. 审计研究，2012 (3)：83－89.

[61] 宋衍蘅，张海燕. 继任审计师关注前任审计师的声誉吗？——前任会计师事务所的审计质量与可操控性应计利润 [J]. 审计研究，2008 (1)：61－66.

[62] 宋衍蘅. 审计风险，审计定价与相对谈判能力——以受监管部门处罚或调查的公司为例 [J]. 会计研究，2011 (2)：79－84.

[63] 苏文兵，李心合，常家瑛等. 事务所行业专长与审计收费溢价的相关性检验——来自中国上市公司审计市场的经验证据 [J]. 产业经济研究，2010 (3)：38－45.

[64] 唐蓓. 管理者过度自信对上市公司并购投资的影响 [J]. 审计与经济研究，2010 (5)：77－83.

[65] 唐跃军，李维安，谢仍明. 大股东制衡，信息不对称与外部审计约束——来自 2001～2004 年中国上市公司的证据 [J]. 审计研究，2006 (5)：33－39.

[66] 唐跃军. 审计质量 VS. 信号显示——终极控制权，大股东治理战略与审计师选择 [J]. 金融研究，2011 (5)：139－155.

[67] 王兵，李晶，苏文兵等. 行政处罚能改进审计质量吗？——基于中国

证监会处罚的证据 [J]. 会计研究, 2012 (12): 86 - 92.

[68] 王雷, 刘斌. 审计市场集中度, 审计收费与非标准审计意见 [J]. 中国会计评论, 2014, 12 (1): 81 - 98.

[69] 王霞, 张为国. 财务重述与独立审计质量 [J]. 审计研究, 2005 (3): 56 - 61.

[70] 王雄元, 王鹏, 张金萍. 客户集中度与审计费用: 客户风险抑或供应链整合 [J]. 审计研究, 2014 (6): 012.

[71] 王烨. 股权控制链, 代理冲突与审计师选择 [J]. 会计研究, 2009 (6): 65 - 72.

[72] 温菊英, 张立民. 低价揽客影响审计质量吗? ——来自沪深 A 股经验数据研究 [J]. 中国注册会计师, 2013 (10): 75 - 82.

[73] 吴联生, 顾智勇. 审计质量与注册会计师责任 [J]. 中国注册会计师, 2002 (5): 22 - 251.

[74] 吴溪, 张俊生. 中国本土会计师事务所的市场地位与经济回报 [J]. 会计研究, 2012 (7): 80 - 88.

[75] 伍丽娜. 审计定价影响因素研究——来自中国上市公司首次审计费用披露的证据 [J]. 中国会计评论, 2003, 1 (1): 113 - 128.

[76] 夏立军. 盈余管理计量模型在中国股票市场的应用研究 [J]. 中国会计与财务研究, 2003, 5 (2): 94 - 154.

[77] 徐浩萍. 会计盈余管理与独立审计质量 [J]. 会计研究, 2004 (1): 44 - 49.

[78] 杨和雄. A 股上市公司审计意见购买研究 [J]. 审计与经济研究, 2009, 24 (1): 40 - 45.

[79] 于李胜, 王艳艳. 政府管制是否能够提高审计市场绩效? [J]. 管理世界, 2010 (8): 7 - 20.

[80] 于鹏. 公司特征, 国际 "四大" 与审计意见 [J]. 审计研究, 2007 (2): 53 - 60.

[81] 余怒涛, 沈中华, 黄登仕. 审计意见和年报披露会影响盈余质量吗? [J]. 审计研究, 2008 (3): 55 - 63.

[82] 喻小明, 聂新军, 刘华. 事务所客户重要性影响审计质量吗? ——来自 A 股市场 2003 ~ 2006 年的证据 [J]. 会计研究, 2008 (10):

66 - 72.

[83] 约翰, 海普. 审计质量和经济结构 [J]. 会计研究, 2002 (6): 12 - 16.

[84] 翟华云, 廖洪. 投资机会, 审计风险与审计质量研究 [J]. 审计与经济研究, 2011 (4): 46 - 53.

[85] 张继勋, 徐奕. 上市公司审计收费影响因素研究——来自上市公司2001 ~ 2003 年的经验证据 [J]. 中国会计评论, 2006, 3 (1): 99 - 116.

[86] 张良. 审计市场集中度一定能提高审计质量吗?——来自我国证券审计市场的新发现 [J]. 南京审计学院学报, 2012, 9 (4): 89 - 95..

[87] 张敏, 朱小平. 中国上市公司内部控制问题与审计定价关系研究——来自中国 A 股上市公司的横截面数据 [J]. 经济管理, 2010 (9): 108 - 113.

[88] 张奇峰, 张鸣, 王俊秋. 公司控制权安排影响外部审计需求吗?——以上市公司的审计师选择及其审计费用为例 [J]. 中国会计与财务研究, 2007 (1): 46 - 109.

[89] 张奇峰. 政府管制提高会计师事务所声誉吗?——来自中国证券市场的经验证据 [J]. 管理世界, 2006 (12): 14 - 23.

[90] 张铁铸, 沙曼. 行业专长, 业务复杂性与审计收费简 [J]. 南京审计学院学报, 2014, 11 (4): 83 - 94.

[91] 张旺峰, 张兆国, 杨清香. 内部控制与审计定价研究——基于中国上市公司的经验证据 [J]. 审计研究, 2011 (5): 65 - 72.

[92] 张维迎. 博弈论与信息经济学 [M]. 上海: 格致出版社·上海三联书店·上海人民出版社, 2004.

[93] 章永奎, 刘峰. 盈余管理与审计意见相关性实证研究 [J]. 中国会计与财务研究, 2002, 4 (1): 1 - 29.

[94] 赵国宇. 异常审计收费趋势与审计合谋行为 [J]. 山西财经大学学报, 2010 (4): 100 - 105.

[95] 郑朝辉. 试论审计诉讼中违约及侵权行为的归责原则及证明责任的分配规则 [J]. 中国注册会计师, 2000 (5): 39 - 40.

[96] 郑军, 林钟高, 彭琳等. 政治关系能实现审计意见购买吗?——基于投资者保护视角的检验 [J]. 财经研究, 2010, 36 (11): 104 - 114.

[97] 中国证券监督管理委员会首席会计师办公室, 上海证券交易所. 谁审

计中国证券市场——审计市场分析（2000）[M]. 北京：中国财政经济出版社，2001.

[98] 中国证券监督管理委员会首席会计师办公室，上海证券交易所. 注册会计师说"不"——中国上市公司审计意见分析（1992 – 2000）（上册）[M]. 北京：中国财政经济出版社，2002.

[99] 中国注册会计师协会. 中国注册会计师法律责任：案例与研究 [M]. 沈阳：辽宁人民出版社，1998.

[100] 中华人民共和国财政部. 中国注册会计师执业准则 [M]. 北京：经济科学出版社，2010.

[101] 朱红军，夏立军，陈信元. 转型经济中审计市场的需求特征研究 [J]. 审计研究，2004（5）：53 – 62.

[102] 朱松，徐浩峰，王爽. 公允价值计量下的审计收费研究 [J]. 审计与经济研究，2010（4）：29 – 36.

[103] 朱小平，郭志英. 不更换会计师事务所条件下审计费用增加的信息含量研究——不更换会计师事务所条件下审计意见购买的线索分析 [J]. 审计研究，2006（2）：64 – 68.

[104] 朱小平，余谦. 我国审计收费影响因素之实证分析 [J]. 中国会计评论，2004，2（2）：393 – 408.

[105] Abbott L J, Parker S, Peters G F, et al. The Association between Audit Committee Characteristics and Audit Fees [J]. Auditing: A Journal of Practice & Theory, 2003, 22 (2): 17 – 32.

[106] Abbott L J, Parker S, Peters G F. Audit Committee Characteristics and Restatements [J]. Auditing: A Journal of Practice & Theory, 2004, 23 (1): 69 – 87.

[107] Abbott L J, Parker S, Peters G F. Earnings Management, Litigation Risk, and Asymmetric Audit Fee Responses [J]. Auditing: A journal of Practice & theory, 2006, 25 (1): 85 – 98.

[108] Abdel – Khalik A R. The Jointness of Audit Fees and Demand for MAS: A Self – Selection Analysis [J]. Contemporary Accounting Research, 1990, 6 (2): 295 – 322.

[109] Agrawal A, Chadha S. Corporate Governance and Accounting Scandals

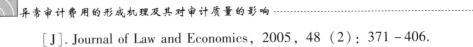
　　　　　　［J］. Journal of Law and Economics, 2005, 48 （2）: 371 – 406.

［110］ Altman E I. Financial Ratios, Discriminant Analysis and the Prediction of Corporate Bankruptcy ［J］. The Journal of Finance, 1968, 23 （4）: 589 – 609.

［111］ Anderson T, Zéghal D. The pricing of Audit Services: Further Evidence from the Canadian Market ［J］. Accounting and Business Research, 1994, 24 （95）: 195 – 207.

［112］ Antle R, Gordon E, Narayanamoorthy G, et al. The Joint Determination of Audit Fees, Non – Audit Fees, and Abnormal Accruals ［J］. Review of Quantitative Finance and Accounting, 2006, 27 （3）: 235 – 266.

［113］ Archambeault D S, DeZoort F T, Hermanson D R. Audit Committee Incentive Compensation and Accounting Restatements ［J］. Contemporary Accounting Research, 2008, 25 （4）: 965 – 992.

［114］ Asthana S C, Boone J P. Abnormal Audit Fee and Audit Quality ［J］. Auditing: A Journal of Practice & Theory, 2012, 31 （3）: 1 – 22.

［115］ Bagnoli M, Penno M, Watts S G. Auditing in the Presence of Outside Sources of Information ［J］. Journal of Accounting Research, 2001, 39 （3）: 435 – 447.

［116］ Balsam S, Krishnan J, Yang J S. Auditor Industry Specialization and Earnings Quality ［J］. Auditing: A Journal of Practice & Theory, 2003, 22 （2）: 71 – 97.

［117］ Barton J. Who Cares about Auditor Reputation? ［J］. Contemporary accounting research, 2005, 22 （3）: 549 – 586.

［118］ Basu S. The Conservatism Principle and the Asymmetric Timeliness of Earnings 1 ［J］. Journal of Accounting and Economics, 1997, 24 （1）: 3 – 37.

［119］ Bauwhede H V, Willekens M, Gaeremynck A. Audit Firm Size, Public Ownership, and Firms' Discretionary Accruals Management ［J］. The International Journal of Accounting, 2003, 38 （1）: 1 – 22.

［120］ Beasley M S, Petroni K R. Board Independence and Audit – Firm Type ［J］. Auditing: A Journal of Practice & Theory, 2001, 20 （1）: 97 – 114.

[121] Beasley M S, Salterio S E. The Relationship between Board Characteristics and Voluntary Improvements in Audit Committee Composition and Experience [J]. Contemporary Accounting Research, 2001, 18 (4): 539 – 570.

[122] Beatty R P. The Economic Determinants of Auditor Compensation in the Initial Public Offerings Market [J]. Journal of Accounting Research, 1993, 31 (2): 294 – 302.

[123] Beck P J, Frecka T J, Solomon I. A Model of the Market for MAS and Audit Services: Knowledge Spillovers and Auditor – Auditee Bonding [J]. Journal of Accounting Literature, 1988a, 7 (1): 50 – 64.

[124] Bedard J C, Johnstone K M. Earnings Manipulation Risk, Corporate Governance Risk, and Auditors' Planning and Pricing Decisions [J]. The Accounting Review, 2004, 79 (2): 277 – 304.

[125] Behn B K, Choi J H, Kang T. Audit Quality and Properties of Analyst Earnings Forecasts [J]. The Accounting Review, 2008, 83 (2): 327 – 349.

[126] Behn B K, Lee J W, Jin L H. An Empirical Analysis of Audit Fee Price Competition after the Korean 1999 Omnibus Cartel Repeal Act [J]. Journal of International Accounting, Auditing and Taxation, 2009, 18 (2): 132 – 140.

[127] Bell T B, Doogar R, Solomon I. Audit Labor Usage and Fees under Business Risk Auditing [J]. Journal of Accounting Research, 2008, 46 (4): 729 – 760.

[128] Bell T B, Knechel W R, Willingham J J. An Exploratory Analysis of the Determinants of Audit Engagement Resource Allocations [C]//Audit Symposium XII: Proceedings of the 1994 Deloitte & Touche/Kansas Symposium on Auditing Problems. 1994: 49 – 67.

[129] Bell T B, Landsman W R, Shackelford D A. Auditors' Perceived Business Risk and Audit Fees: Analysis and Evidence [J]. Journal of Accounting Research, 2001, 39 (1): 35 – 43.

[130] Blankley A I, Hurtt D N, MacGregor J E. Abnormal Audit Fees and

Restatements [J]. Auditing: A Journal of Practice & Theory, 2012, 31 (1): 79 - 96.

[131] Blankley A I, Hurtt D N, MacGregor J E. Abnormal Audit Fees and Restatements [J]. Auditing: A Journal of Practice & Theory, 2012, 31 (1): 79 - 96.

[132] Blokdijk H, Drieenhuizen F, Simunic D A, et al. An Analysis of Cross - Sectional Differences in Big and Non - Big Public Accounting Firms' Audit Programs [J]. Auditing: A Journal of Practice & Theory, 2006, 25 (1): 27 - 48.

[133] Blouin J, Grein B M, Rountree B R. An Analysis of Forced Auditor Change: The Case of Former Arthur Andersen Clients [J]. The Accounting Review, 2007, 82 (3): 621 - 650.

[134] Boon K, Crowe S, McKinnon J, et al. Compulsory Audit Tendering and Audit Fees: Evidence from Australian Local Government [J]. International journal of auditing, 2005, 9 (3): 221 - 241.

[135] Boone J P, Khurana I K, Raman K K. Audit Market Concentration and Auditor Tolerance for Earnings Management [J]. Contemporary Accounting Research, 2012, 29 (4): 1171 - 1203.

[136] Butterworth S, Houghton K A. Auditor Switching: The Pricing of Audit Services [J]. Journal of Business Finance & Accounting, 1995, 22 (3): 323 - 344.

[137] Cahan S F, Emanuel D, Sun J. Are the Reputations of the Large Accounting Firms really International? Evidence from the Andersen - Enron Affair [J]. Auditing: a Journal of Practice & Theory, 2009, 28 (2): 199 - 226.

[138] Cahan S F, Godfrey J M, and Hamilton J, et al. Auditor Specialization, Auditor Dominance, and Audit Fees: The Role of Investment Opportunities [J]. The Accounting Review, 2008, 83 (6): 1393 - 1423.

[139] Cahan S F, Godfrey J M, and Hamilton J, et al. Auditor Specialization, Auditor Dominance, and Audit Fees: The Role of Investment Opportunities [J]. The Accounting Review, 2008, 83 (6): 1393 - 1423.

[140] Cairney T D, Young G R. Homogenous Industries and Auditor Specialization: An Indication of Production Economies [J]. Auditing: A Journal of Practice & Theory, 2006, 25 (1): 49 – 67.

[141] Carcello J V, Hermanson D R, Neal T L, et al. Board Characteristics and Audit Fees [J]. Contemporary Accounting Research, 2002, 19 (3): 365 – 384.

[142] Carey P, Simnett R. Audit Partner Tenure and Audit Quality [J]. The Accounting Review, 2006, 81 (3): 653 – 676.

[143] Cassell C A, Giroux G A, Myers L A, et al. The Effect of Corporate Governance on Auditor – Client Realignments [J]. Auditing: A Journal of Practice & Theory, 2012, 31 (2): 167 – 188.

[144] Casterella J R, Francis J R, Lewis B L, et al. Auditor Industry Specialization, Client Bargaining Power, and Audit Pricing [J]. Auditing: A Journal of Practice & Theory, 2004, 23 (1): 123 – 140.

[145] Chan D K, Wong K P. Scope of Auditors' Liability, Audit Quality, and Capital Investment [J]. Review of Accounting Studies, 2002, 7 (1): 97 – 122.

[146] Chan K H, Lin K Z, Mo P L. A Political – Economic Analysis of Auditor Reporting and Auditor Switches [J]. Review of Accounting Studies, 2006, 11 (1): 21 – 48.

[147] Chan K. H., Wu D. Aggregate Quasi Rents and Auditor Independence: Evidence from Audit Firm Mergers in China [J]. Contemporary Accounting Research, 2011, 28 (1): 175 – 213.

[148] Chan P, Ezzamel M, Gwilliam D. Determinants of Audit Fees for Quoted UK Companies [J]. Journal of Business Finance & Accounting, 1993, 20 (6): 765 – 786.

[149] Chaney P K, Jeter D C, Shivakumar L. Self-selection of Auditors and Audit Pricing in Private Firms [J]. The Accounting Review, 2004, 79 (1): 51 – 72.

[150] Chaney P K, Philipich K L. Shredded Reputation: The Cost of Audit Failure [J]. Journal of accounting research, 2002, 40 (4): 1221 – 1245.

[151] Chang X, Dasgupta S, Hilary G. The Effect of Auditor Quality on Financing Decisions [J]. The Accounting Review, 2009, 84 (4): 1085 – 1117.

[152] Charles S L, Glover S M, Sharp N Y. The Association between Financial Reporting Risk and Audit Fees before and after the Historic Events Surrounding SOX [J]. Auditing: A Journal of Practice & Theory, 2010, 29 (1): 15 – 39.

[153] Chen C J P, Su X, Wu X. Market Competitiveness and Big 5 Pricing: Evidence from China's Binary Market [J]. The International Journal of Accounting, 2007, 42 (1): 1 – 24.

[154] Chen C Y, Lin C J, Lin Y C. Audit Partner Tenure, Audit Firm Tenure, and Discretionary Accruals: Does Long Auditor Tenure Impair Earnings Quality? [J]. Contemporary Accounting Research, 2008, 25 (2): 415 – 445.

[155] Chen H, Chen J Z, and Lobo G J, et al. Effects of Audit Quality on Earnings Management and Cost of Equity Capital: Evidence from China [J]. Contemporary Accounting Research, 2011, 28 (3): 892 – 925.

[156] Chen S, Sun S Y J, Wu D. Client Importance, Institutional Improvements, and Audit Quality in China: An Office and Individual Auditor Level Analysis [J]. The Accounting Review, 2010, 85 (1): 127 – 158.

[157] Chi W, Douthett E B, Lisic L L. Client Importance and Audit Partner Independence [J]. Journal of Accounting and Public Policy, 2012, 31 (3): 320 – 336.

[158] Choi J H, Kim J B, Zang Y. Do Abnormally High Audit Fees Impair Audit Quality? [J]. Auditing: A Journal of Practice & Theory, 2010, 29 (2): 115 – 140.

[159] Christiansen M, Loft A. Big Players and Small Players: A Study of Increasing Concentration in the Danish Market for Auditing Services [J]. European Accounting Review, 1992, 1 (2): 277 – 301.

[160] Chung H, Kallapur S. Client Importance, Nonaudit Services, and Abnormal Accruals [J]. The Accounting Review, 2003, 78 (4): 931 – 955.

[161] Coate C J, Loeb M P. Audit Pricing, Auditor Changes, and the Winner's

Curse [J]. The British Accounting Review, 1997, 29 (4): 315 – 334.

[162] Copley P A, Douthett E B. The Association between Auditor Choice, Ownership Retained, and Earnings Disclosure by Firms Making Initial Public Offerings [J]. Contemporary accounting research, 2002, 19 (1): 49 – 76.

[163] Copley P A. The Association between Municipal Disclosure Practices and Audit Quality [J]. Journal of Accounting and Public Policy, 1992, 10 (4): 245 – 266.

[164] Craswell A T, Francis J R, Taylor S L. Auditor Brand Name Reputations and Industry Specializations [J]. Journal of Accounting and Economics, 1995, 20 (3): 297 – 322.

[165] Craswell A T, Francis J R. Pricing Initial Audit Engagements: A Test of Competing Theories [J]. The Accounting Review, 1999, 74 (2): 201 – 216.

[166] Crittenden V L, Davis L R, Simon D T, et al. Deregulation of Professional Accounting Services in the United Kingdom: Integrating Marketing and Accounting [J]. Journal of Strategic Marketing, 2003, 11 (1): 37 – 53.

[167] Davidson R A, Gist W E. Empirical Evidence on the Functional Relation between Audit Planning and Total Audit Effort [J]. Journal of Accounting Research, 1996, 34 (1): 111 – 124.

[168] Davis L R, Ricchiute D N, Trompeter G. Audit Effort, Audit Fees, and the Provision of Nonaudit Services to Audit Clients [J]. The Accounting Review, 1993, 68 (1): 135 – 150.

[169] Davis L R, Soo B S, Trompeter G M. Auditor Tenure and the Ability to Meet or Beat Earnings Forecasts [J]. Contemporary Accounting Research, 2009, 26 (2): 517 – 548.

[170] DeAngelo L E. Auditor Independence, 'Low Balling', and Disclosure Regulation [J]. Journal of Accounting and Economics, 1981a, 3 (2): 113 – 127.

[171] DeAngelo L E. Auditor Size and Audit Quality [J]. Journal of Accounting and Economics, 1981b, 3 (3): 183 – 199.

[172] Dechow P M, Dichev I D. The Quality of Accruals and Earnings: the Role of Accrual Estimation Errors [J]. Accounting Review, 2002, 77 (s – 1): 35 – 59.

[173] Dechow P M, Richardson S A, Tuna I. Why are Earnings Kinky? An Examination of the Earnings Management Explanation [J]. Review of Accounting Studies, 2003, 8 (2 – 3): 355 – 384.

[174] Dechow P M., Sloan R G, Sweeney A P. Detecting Earnings Management [J]. Accounting Review, 1995, 70 (2): 193 – 225.

[175] DeFond M L, Francis J R. Audit Research after Sarbanes – Oxley [J]. Auditing: A Journal of Practice & Theory, 2005, 24 (s – 1): 5 – 30.

[176] DeFond M L, Hann R N, Hu X. Does the Market Value Financial Expertise on Audit Committees of Boards of Directors? [J]. Journal of Accounting Research, 2005, 43 (2): 153 – 193.

[177] DeFond M L, Jiambalvo J. Incidence and Circumstances of Accounting Errors [J]. Accounting review, 1991, 66 (3): 643 – 655.

[178] DeFond M L, Raghunandan K, and Subramanyam K R. Do Non – Audit Service Fees Impair Auditor Independence? Evidence from Going Concern Audit Opinions [J]. Journal of Accounting Research, 2002, 40 (4): 1247 – 1274.

[179] DeFond M L, Subramanyam K R. Auditor Changes and Discretionary Accruals [J]. Journal of Accounting and Economics, 1998, 25 (1): 35 – 67.

[180] DeFond M L, Wong T J, Li S. The Impact of Improved Auditor Independence on Audit Market Concentration in China [J]. Journal of Accounting and Economics, 1999, 28 (3): 269 – 305.

[181] Defond M L. The Association between Changes in Client Firm Agency Costs and Auditor Switching [J]. Auditing: A Journal of Practice & Theory, 1992, 11 (1): 16 – 31.

[182] DeFond M, Lim C Y, Zang Y. Client Conservatism and Auditor – Client Contracting. Working paper, 2012.

[183] DeFond M, Zhang J. A Review of Archival Auditing Research [J]. Jour-

nal of Accounting and Economics, 2014, 58 (2): 275 – 326.

[184] Deis Jr D R, Giroux G A. Determinants of Audit Quality in the Public Sector [J]. Accounting Review, 1992, 67 (3): 462 – 479.

[185] Dopuch N, Gupta M, Simunic D A, et al. Production Efficiency and the Pricing of Audit Services [J]. Contemporary Accounting Research, 2003, 20 (1): 47 – 77.

[186] Dunn K A, Mayhew B W. Audit Firm Industry Specialization and Client Disclosure Quality [J]. Review of Accounting Studies, 2004, 9 (1): 35 – 58.

[187] Dunn K, Kohlbeck M J, Mayhew B W. The Impact of Market Structure on Audit Price and Quality [J]. Available at SSRN 2258091, 2013.

[188] Dye R A. Auditing Standards, Legal Liability, and Auditor Wealth [J]. Journal of Political Economy, 1993, 101 (5): 887 – 914.

[189] Engel E, Hayes R M, Wang X. Audit Committee Compensation and the Demand for Monitoring of the Financial Reporting Process [J]. Journal of Accounting and Economics, 2010, 49 (1): 136 – 154.

[190] Ettredge M L, Xu Y, Yi H. Fair Value Measurements, Auditor Industry Expertise, and Audit Fees: Evidence From The Banking Industry [J]. Social Science Research Network, 2009.

[191] Ettredge M, Greenberg R. Determinants of Fee Cutting on Initial Audit Engagements [J]. Journal of Accounting Research, 1990, 28 (1): 198 – 210.

[192] Fan J P H, Wong T J, Zhang T. Politically connected CEOs, Corporate Governance, and Post – IPO Performance of China's Newly Partially Privatized Firms [J]. Journal of Financial Economics, 2007, 84 (2): 330 – 357.

[193] Financial Reporting Council (FRC). Promoting Audit Quality. Discussion Paper, 2006, available at: http://www.frc.org.uk/Our – Work/Publications/FRC – Board/Discussion – Paper – Promoting – Audit – Quality. aspx.

[194] Firth M, Mo P L L, Wong R M K. Auditors' Organizational Form, Legal

Liability, and Reporting Conservatism: Evidence from China [J]. Contemporary Accounting Research, 2012, 29 (1): 57 – 93.

[195] Firth M. The Provision of Nonaudit Services by Accounting Firms to their Audit Clients [J]. Contemporary Accounting Research, 1997, 14 (2): 1 – 21.

[196] Francis J R, Ke B. Disclosure of Fees Paid to Auditors and the Market Valuation of Earnings Surprises [J]. Review of Accounting Studies, 2006, 11 (4): 495 – 523.

[197] Francis J R, Krishnan J. Accounting Accruals and Auditor Reporting Conservatism [J]. Contemporary Accounting Research, 1999, 16 (1): 135 – 165.

[198] Francis J R, Maydew E L, Sparks H C. The Role of Big 6 Auditors in the Credible Reporting of Accruals [J]. Auditing: A Journal of Practice & Theory, 1999, 18 (2): 17 – 34.

[199] Francis J R, Michas P N, Seavey S E. Does Audit Market Concentration Harm the Quality of Audited Earnings? Evidence from Audit Markets in 42 Countries [J]. Contemporary Accounting Research, 2013, 30 (1): 325 – 355.

[200] Francis J R, Michas P N, Yu M D. Office Size of Big 4 Auditors and Client Restatements [J]. Contemporary Accounting Research, 2013, 30 (4): 1626 – 1661.

[201] Francis J R, Simon D T. A Test of Audit Pricing in the Small – Client Segment of the US Audit Market [J]. Accounting Review, 1987, 62 (1): 145 – 157.

[202] Francis J R, Wilson E R. Auditor Changes: A Joint Test of Theories Relating to Agency Costs and Auditor Differentiation [J]. Accounting Review, 1988, 63 (4): 663 – 682.

[203] Francis J R, Yu M D. Big 4 Office Size and Audit Quality [J]. The Accounting Review, 2009, 84 (5): 1521 – 1552.

[204] Francis J R. A Framework for Understanding and Researching Audit Quality [J]. Auditing: A Journal of Practice & Theory, 2011, 30 (2): 125 – 152.

[205] Francis J R. The Effect of Audit Firm Size on Audit Prices: A Study of the Australian Market [J]. Journal of Accounting and Economics, 1984, 6 (2): 133 – 151.

[206] Francis J R. What do We Know about Audit Quality? [J]. The British accounting review, 2004, 36 (4): 345 – 368.

[207] Francis J, LaFond R, Olsson P, et al. The Market Pricing of Accruals Quality [J]. Journal of Accounting and Economics, 2005, 39 (2): 295 – 327.

[208] Gaeremynck A, Robert K, Willekens M. Materiality and the Relative Efficiency of Audit Engagements: A Distinction between Managerial and Environmental Audit (in) Efficiency [J]. Status: published, 2010.

[209] Geiger M A, Raghunandan K, Rama D V. Recent Changes in the Association between Bankruptcies and prior Audit Opinions [J]. Auditing: A Journal of Practice & Theory, 2005, 24 (1): 21 – 35.

[210] Ghosh A, Lustgarten S. Pricing of Initial Audit Engagements by Large and Small Audit Firms [J]. Contemporary Accounting Research, 2006, 23 (2): 333 – 368.

[211] Ghosh A, Moon D. Auditor Tenure and Perceptions of Audit Quality [J]. The Accounting Review, 2005, 80 (2): 585 – 612.

[212] Ghosh A, Pawlewicz R. The Impact of Regulation on Auditor Fees: Evidence from the Sarbanes – Oxley Act [J]. Auditing: A Journal of Practice & Theory, 2009, 28 (2): 171 – 197.

[213] Godfrey J M, Hamilton J. The Impact of R&D Intensity on Demand for Specialist Auditor Services [J]. Contemporary Accounting Research, 2005, 22 (1): 55 – 93.

[214] Goncharov I, Riedl E J, Sellhorn T. Fair Value and Audit Fees [J]. Review of Accounting Studies, 2014, 19 (1): 210 – 241.

[215] Government Accountability Office (GAO). Audits of Public Companies: Continued Concentration in Audit Market for Large Public Companies does not call for Immediate Action. Report to Congressional Addressees. Washington DC: 2008, GAO – 08 – 361.

[216] Griffin P A, Lont D H. An Analysis of Audit Fees Following the Passage of Sarbanes – Oxley [J]. Asia – Pacific Journal of Accounting & Economics, 2007, 14 (2): 161 – 192.

[217] Griffin P A, Lont D H. Do Investors Care about Auditor Dismissals and Resignations? What Drives the Response? [J]. Auditing: A Journal of Practice & Theory, 2010, 29 (2): 189 – 214.

[218] Guedhami O, Pittman J A, Saffar W. Auditor Choice in Privatized Firms: Empirical Evidence on the Role of State and Foreign Owners [J]. Journal of Accounting and Economics, 2009, 48 (2): 151 – 171.

[219] Gul F A, Chen C J P, Tsui J S L. Discretionary Accounting Accruals, Managers' Incentives, and Audit Fees [J]. Contemporary Accounting Research, 2003, 20 (3): 441 – 464.

[220] Gul F A, Goodwin J. Short-term Debt Maturity Structures, Credit Ratings, and the Pricing of Audit Services [J]. The Accounting Review, 2010, 85 (3): 877 – 909.

[221] Gul F A, Jaggi B L, Krishnan G V. Auditor Independence: Evidence on the Joint Effects of Auditor Tenure and Nonaudit Fees [J]. Auditing: A Journal of Practice & Theory, 2007, 26 (2): 117 – 142.

[222] Gul F A, Lynn S G, Tsui J S L. Audit quality, Management Ownership, and the Informativeness of Accounting Earnings [J]. Journal of Accounting, Auditing & Finance, 2002, 17 (1): 25 – 49.

[223] Gul F A, Tsui J S L. Free Cash Flow, Debt Monitoring, and Audit Pricing: Further Evidence on The Role of Director Equity Ownership [J]. Auditing: A Journal of Practice & Theory, 2001, 20 (2): 71 – 84.

[224] Gul F A. Audit prices, Product Differentiation and Economic Equilibrium [J]. Auditing: A Journal of Practice & Theory, 1999, 18 (1): 90 – 100.

[225] Hackenbrack K E, Hogan C E. Client Retention and Engagement – Level Pricing [J]. Auditing: A Journal of Practice & Theory, 2005, 24 (1): 7 – 20.

[226] Hackenbrack K, Knechel W R. Resource Allocation Decisions in Audit

Engagements [J]. Contemporary Accounting Research, 1997, 14 (3):
481 – 499.

[227] Hardies K, Breesch D, Branson J. Do (Fe) Male Auditors Impair Audit
Quality? Evidence from Going – Concern Opinions [J]. European
Accounting Review, Forthcoming, 2014.

[228] Hay D C, Knechel W R, Wong N. Audit Fees: A Meta-analysis of the
Effect of Supply and Demand Attributes [J]. Contemporary Accounting
Research, 2006a, 23 (1): 141 – 191.

[229] Hay D, Jeter D. The Pricing of Industry Specialization By Auditors In New
Zealand [J]. Accounting and Business Research, 2011, 41 (2):
171 – 195.

[230] Hay D, Knechel R, Li V. Non-audit Services and Auditor Independence:
New Zealand Evidence [J]. Journal of Business Finance & Accounting,
2006b, 33 (5 – 6): 715 – 734.

[231] Hay D, Knechel W R. The Effects of Advertising and Solicitation on Audit
Fees [J]. Journal of Accounting and Public Policy, 2010, 29 (1):
60 – 81.

[232] Hay, D. 2010. The Accumulated Weighted of Evidence in Audit Fee
Research. Working paper, University of Auckland. (Paper presented at
the Asia – Pacific Interdisciplinary Research on Accounting conference,
Sydney, July.)

[233] Higgs J L, Skantz T R. Audit and Nonaudit Fees and the Market's Reac-
tion to Earnings Announcements [J]. Auditing: A Journal of Practice &
Theory, 2006, 25 (1): 1 – 26.

[234] Hogan C E, Jeter D C. Industry Specialization by Auditors [J]. Auditing:
A Journal of Practice & Theory, 1999, 18 (1): 1 – 17.

[235] Hogan C E, Wilkins M S. Evidence on the Audit Risk Model: Do Audi-
tors Increase Audit Fees in the Presence of Internal Control Deficiencies?
[J]. Contemporary Accounting Research, 2008, 25 (1): 219 – 242.

[236] Hoitash R, Hoitash U, Bedard J C. Internal Control Quality and Audit
Pricing under the Sarbanes – Oxley Act [J]. Auditing: A Journal of Prac-

tice & Theory, 2008, 27 (1): 105 - 126.

[237] Hoitash R, Markelevich A, Barragato C A. Auditor Fees and Audit Quality [J]. Managerial Auditing Journal, 2007, 22 (8): 761 - 786.

[238] Hoitash R, Markelevich A, Barragato C A. Auditor Fees and Audit Quality [J]. Managerial Auditing Journal, 2007, 22 (8): 761 - 786.

[239] Hope O K, Kang T, Thomas W B, et al. Impact of Excess Auditor Remuneration on the Cost of Equity Capital around the World [J]. Journal of Accounting, Auditing & Finance, 2009, 24 (2): 177 - 210.

[240] Hribar P, Kravet T, Wilson R. A New Measure of Accounting Quality [J]. Review of Accounting Studies, 2014, 19 (1): 506 - 538.

[241] Huang H W, Liu L L, Raghunandan K, et al. Auditor Industry Specialization, Client Bargaining Power, and Audit Fees: Further Evidence [J]. Auditing: A Journal of Practice & Theory, 2007, 26 (1): 147 - 158.

[242] Huang H W, Raghunandan K, Rama D. Audit Fees for Initial Audit Engagements before and after SOX [J]. Auditing: A Journal of Practice & Theory, 2009, 28 (1): 171 - 190.

[243] Ivancevich S H, Zardkoohi A. An Exploratory Analysis of the 1989 Accounting Firm Megamergers [J]. Accounting Horizons, 2000, 14 (4): 389 - 401.

[244] Jensen M C, Meckling W H. Theory of the Firm: Managerial Behavior, Agency Costs and Ownership Structure [J]. Journal of Financial Economics, 1976, 3 (4): 305 - 360.

[245] Johnson V E, Khurana I K, Reynolds J K. Audit - Firm Tenure and the Quality of Financial Reports [J]. Contemporary Accounting Research, 2002, 19 (4): 637 - 660.

[246] Johnstone K M, Bedard J C. Engagement Planning, Bid Pricing, and Client Response in the Market for Initial Attest Engagements [J]. The Accounting Review, 2001, 76 (2): 199 - 220.

[247] Jones J J. Earnings Management during Import Relief Investigations [J]. Journal of Accounting Research, 1991, 29 (2): 193 - 228.

[248] Kallapur S, Sankaraguruswamy S, Zang Y. Audit Market Concentration

and Audit Quality [J]. Available at SSRN 1546356, 2010.

[249] Kaplan S E, Williams D D. Do Going Concern Audit Reports Protect Auditors from Litigation? A Simultaneous Equations Approach [J]. The Accounting Review, 2012, 88 (1): 199 – 232.

[250] Kealey B T, Lee H Y, Stein M T. The Association between Audit – Firm Tenure and Audit Fees Paid to Successor Auditors: Evidence from Arthur Andersen [J]. Auditing: A Journal of Practice & Theory, 2007, 26 (2): 95 – 116.

[251] Khalil S, Magnan M L, Cohen J R. Dual-class Shares and Audit Pricing: Evidence from the Canadian Markets [J]. Auditing: A Journal of Practice & Theory, 2008, 27 (2): 199 – 216.

[252] Khurana I K, Raman K K. Do Investors Care about the Auditor's Economic Dependence on the Client? [J]. Contemporary Accounting Research, 2006, 23 (4): 977 – 1016.

[253] Kim J B, Chung R, Firth M. Auditor Conservatism, Asymmetric Monitoring, and Earnings Management [J]. Contemporary Accounting Research, 2003, 20 (2): 323 – 359.

[254] Kinney Jr W R, Libby R. Discussion of the Relation between Auditors' Fees for Nonaudit Services and Earnings Management [J]. The Accounting Review, 2002, 77 (1): 107 – 114.

[255] Kinney W R, Palmrose Z V, Scholz S. Auditor Independence, Non – Audit Services, and Restatements: Was the US Government Right? [J]. Journal of Accounting Research, 2004, 42 (3): 561 – 588.

[256] Klein A. Economic Determinants of Audit Committee Independence [J]. The Accounting Review, 2002, 77 (2): 435 – 452.

[257] Klein B, Leffler K B. The Role of Market Forces in Assuring Contractual Performance [J]. Journal of Political Economy, 1981, 89 (4): 615 – 641.

[258] Knechel W R, Krishnan G V, Pevzner M, et al. Audit Quality: Insights from the Academic Literature [J]. Auditing: A Journal of Practice & Theory, 2012, 32 (spl): 385 – 421.

[259] Knechel W R, Naiker V, Pacheco G. Does Auditor Industry Specializa-

tion Matter? Evidence from Market Reaction to Auditor Switches [J]. Auditing: A Journal of Practice & Theory, 2007, 26 (1): 19 – 45.

[260] Knechel W R, Payne J L. Additional Evidence on Audit Report Lag [J]. Auditing: A Journal of Practice & Theory, 2001, 20 (1): 137 – 146.

[261] Knechel W R, Rouse P, Schelleman C. A Modified Audit Production Framework: Evaluating the Relative Efficiency of Audit Engagements [J]. The Accounting Review, 2009, 84 (5): 1607 – 1638.

[262] Knechel W R, Sharma D S, Sharma V D. Non – Audit Services and Knowledge Spillovers: Evidence from New Zealand [J]. Journal of Business Finance & Accounting, 2012, 39 (1 – 2): 60 – 81.

[263] Knechel W R, Sharma D S. Auditor-provided Nonaudit Services and Audit Effectiveness and Efficiency: Evidence from Pre-and Post – SOX Audit Report Lags [J]. Auditing: A Journal of Practice & Theory, 2012, 31 (4): 85 – 114.

[264] Knechel W R, Vanstraelen A. The Relationship between Auditor Tenure and Audit Quality Implied by Going Concern Opinions [J]. Auditing: A Journal of Practice & Theory, 2007, 26 (1): 113 – 131.

[265] Kothari S P, Leone A J, Wasley C E. Performance Matched Discretionary Accrual Measures [J]. Journal of Accounting and Economics, 2005, 39 (1): 163 – 197.

[266] Krishnamurthy S, Zhou J, Zhou N. Auditor Reputation, Auditor Independence, and the Stock – Market Impact of Andersen's Indictment on Its Client Firms [J]. Contemporary Accounting Research, 2006, 23 (2): 465 – 490.

[267] Krishnan G V. Does Big 6 Auditor Industry Expertises Constrain Earnings Management? [J]. Accounting Horizons, 2003, (17): 1 – 16.

[268] Krishnan G V. The Association between Big 6 Auditor Industry Expertise and the Asymmetric Timeliness of Earnings [J]. Journal of Accounting, Auditing & Finance, 2005, 20 (3): 209 – 228.

[269] Krishnan J, Sami H, Zhang Y. Does The Provision of Nonaudit Services Affect Investor Perceptions of Auditor Independence? [J]. Auditing: A

Journal of Practice & Theory, 2005, 24 (2): 111 – 135.

[270] Lennox C, Pittman J A. Big Five Audits and Accounting Fraud [J]. Contemporary Accounting Research, 2010, 27 (1): 209 – 247.

[271] Lennox C. Management Ownership and Audit Firm Size [J]. Contemporary Accounting Research, 2005, 22 (1): 205 – 227.

[272] Li C. Does Client Importance Affect Auditor Independence at the Office Level? Empirical Evidence from Going – Concern Opinions [J]. Contemporary Accounting Research, 2009, 26 (1): 201 – 230.

[273] Lim C Y, Tan H T. Non-audit Service Fees and Audit Quality: The Impact of Auditor Specialization [J]. Journal of accounting research, 2008, 46 (1): 199 – 246.

[274] Lin J W, Hwang M I. Audit Quality, Corporate Governance, and Earnings Management: A Meta – Analysis [J]. International Journal of Auditing, 2010, 14 (1): 57 – 77.

[275] Lipton M, Lorsch J W. A Modest Proposal for Improved Corporate Governance [J]. The Business Lawyer, 1992: 59 – 77.

[276] Low K Y. The Effects of Industry Specialization on Audit Risk Assessments and Audit – Planning Decisions [J]. The Accounting Review, 2004, 79 (1): 201 – 219.

[277] Lyon J D, Maher M W. The Importance of Business Risk in Setting Audit Fees: Evidence from Cases of Client Misconduct [J]. Journal of Accounting Research, 2005, 43 (1): 133 – 151.

[278] Lys T, Watts R L. Lawsuits against Auditors [J]. Journal of Accounting Research, 1994, 32 (Supplement): 65 – 93.

[279] Manry D, Tiras S L, Wheatley C M. The Influence of Interim Auditor Reviews on the Association of Returns with Earnings [J]. The Accounting Review, 2003, 78 (1): 251 – 274.

[280] Mautz R K, Sharaf H A. The Philosophy of Auditing, American Accounting Association [M]. Sarasota: American Accounting Association, 1961.

[281] Maydew E L, Shackelford D A. The Changing Role of Auditors in Corpo-

rate Tax Planning [R]. National Bureau of Economic Research, 2005.

[282] Mayhew B W, Wilkins M S. Audit Firm Industry Specialization as a Differentiation Strategy: Evidence From Fees Charged to Firms Going Public [J]. Auditing: A Journal of Practice & Theory, 2003, 22 (2): 33 – 52.

[283] Menon K, Williams D D. Investor Reaction to Going Concern Audit Reports [J]. The Accounting Review, 2010, 85 (6): 2075 – 2105.

[284] Menon K, Williams D D. Long-term Trends in Audit Fees [J]. Auditing: A Journal of Practice & Theory, 2001, 20 (1): 115 – 136.

[285] Mitra S, Deis D R, Hossain M. The Association between Audit Fees and Reported Earnings Quality in Pre-and Post – Sarbanes – Oxley Regimes [J]. Review of Accounting and Finance, 2009, 8 (3): 232 – 252.

[286] Newton J D, Ashton R H. The Association between Audit Technology and Audit Delay [J]. Auditing: A Journal of Practice & Theory, 1989, (8): 22 – 37.

[287] Newton N J, Wang D, Wilkins M S. Does a Lack of Choice Lead to Lower Quality? Evidence from Auditor Competition and Client Restatements [J]. Auditing: A Journal of Practice & Theory, 2013, 32 (3): 31 – 67.

[288] O'sullivan N. The Impact of Board Composition and Ownership on Audit Quality: Evidence from Large UK Companies [J]. The British Accounting Review, 2000, 32 (4): 397 – 414.

[289] O'Keefe T B, Simunic D A, Stein M T. The Production of Audit Services: Evidence from a Major Public Accounting Firm [J]. Journal of Accounting Research, 1994, 32 (2): 241 – 261.

[290] Owhoso V E, Messier Jr W F, Lynch Jr J G. Error Detection by Industry – Specialized Teams during Sequential Audit Review [J]. Journal of Accounting Research, 2002, 40 (3): 883 – 900.

[291] Palmrose Z V. 1987 Competitive Manuscript Co – Winner: An Analysis of Auditor Litigation and Audit Service Quality [J]. Accounting Review, 1988, 63 (1): 55 – 73.

[292] Palmrose Z V. Audit Fees and Auditor Size: Further Evidence [J]. Jour-

nal of Accounting Research, 1986, 24 (1): 97 – 110.

[293] Patterson E R, Smith J R. The Effects of Sarbanes – Oxley on Auditing and Internal Control Strength [J]. The Accounting Review, 2007, 82 (2): 427 – 455.

[294] Payne J L, Jensen K L. An Examination of Municipal Audit Delay [J]. Journal of Accounting and Public Policy, 2002, 21 (1): 1 – 29.

[295] Payne J L. The Influence of Audit Firm Specialization on Analysts' Forecast Errors [J]. Auditing: A Journal of Practice & Theory, 2008, 27 (2): 109 – 136.

[296] Pong C K M, Burnett S. The Implications of Merger for Market Share, Audit Pricing and Non – Audit Fee Income: The Case of Pricewaterhouse-coopers [J]. Managerial Auditing Journal, 2006, 21 (1): 7 – 22.

[297] Pong C K M. A Descriptive Analysis of Audit Price Changes in the UK 1991 – 1995 [J]. European Accounting Review, 2004, 13 (1): 161 – 178.

[298] Raghunandan K, Rama D V. SOX Section 404 Material Weakness Disclosures and Audit Fees [J]. Auditing: A Journal of Practice & Theory, 2006, 25 (1): 99 – 114.

[299] Raghunandan K, Read W J, Whisenant J S. Initial Evidence on the Association between Nonaudit Fees and Restated Financial Statements [J]. Accounting Horizons, 2003, 17 (3): 223 – 234.

[300] Reichelt K J, Wang D. National and Office – Specific Measures of Auditor Industry Expertise and Effects on Audit Quality [J]. Journal of Accounting Research, 2010, 48 (3): 647 – 686.

[301] Reynolds J K, Francis J R. Does Size Matter? The Influence of Large Clients on Office – Level Auditor Reporting Decisions [J]. Journal of Accounting and Economics, 2000, 30 (3): 375 – 400.

[302] Robinson D. Auditor Independence and Auditor – Provided Tax Service: Evidence from Going – Concern Audit Opinions prior to Bankruptcy Filings [J]. Auditing: A Journal of Practice & Theory, 2008, 27 (2): 31 – 54.

[303] Roychowdhury S. Earnings Management through Real Activities Manipulation [J]. Journal of Accounting and Economics, 2006, 42 (3): 335 – 370.

[304] Salman F M, Carson E. The Impact of the Sarbanes – Oxley Act on the Audit Fees of Australian Listed Firms [J]. International Journal of Auditing, 2009, 13 (2): 127 – 140.

[305] Sankaraguruswamy S, Whisenant S. Pricing Initial Audit Engagements: Empirical Evidence Following Public Disclosure of Audit Fees [J]. Available at SSRN 452680, 2009.

[306] Schelleman C, Knechel W R. Short – Term Accruals and the Pricing and Production of Audit Services [J]. Auditing: A Journal of Practice & Theory, 2010, 29 (1): 221 – 250.

[307] Sharma D S, Sidhu J. Professionalism vs Commercialism: The Association between Non – Audit Services (NAS) and Audit Independence [J]. Journal of Business Finance & Accounting, 2001, 28 (5 – 6): 563 – 594.

[308] Simon D T, Francis J R. The Effects of Auditor Change On Audit Fees: Tests of Price Cutting and Price Recovery [J]. Accounting Review, 1988, 63 (2): 255 – 269.

[309] Simunic D A, Stein M T. The Impact of Litigation Risk on Audit Pricing: A Review of the Economics and the Evidence [M]. Business, Law, and Economics Center, 1995.

[310] Simunic D A. Auditing, Consulting, and Auditor Independence [J]. Journal of Accounting Research, 1984, 22 (2): 679 – 702.

[311] Simunic, D. A. The Pricing of Audit Services: Theory and evidence. Journal of Accounting Research, 1980, 22 (3): 161 – 190.

[312] Sohn B C. Do auditors care about real earnings management in their audit fee decisions? [J]. Available at SSRN 1899189, 2011.

[313] Stein M T, Simunic D A, O'Keefe T B. Industry Differences in the Production of Audit Services [J]. Auditing: A Journal of Practice & Theory, 1994, 13 (1): 128 – 142.

[314] Stice J D. Using Financial and Market Information to Identify Pre – Engagement Factors Associated with Lawsuits Against Auditors [J]. Accounting Review, 1991, 66 (3): 516 – 533.

[315] Stiglitz J E. Competition and the number of firms in a market: Are duopo-

lies more competitive than atomistic markets? [J]. The Journal of Political Economy, 1987, 95 (5): 1041 – 1061.

[316] Su Y H. Audit Fees and Auditor Size: A Study of Audit Market in Taiwan [J]. Taiwan Accounting Review, 2000 (1): 59 – 78.

[317] Sullivan M W. The Effect of the Big Eight Accounting Firm Mergers on the Market for Audit Services [J]. Journal of Law and Economics, 2002, 45 (2): 375 – 399.

[318] Tagesson T, Sjödahl L, Collin S O, et al. Does Auditor Rotation Influence Audit Quality: The Contested Hypotheses Tested on Swedish Data, Working Paper, 2006.

[319] Teoh S H, Wong T J. Perceived Auditor Quality and the Earnings Response Coefficient [J]. Accounting Review, 1993, 68 (2): 346 – 366.

[320] Vanstraelen A. Impact of Renewable Long – Term Audit Mandates on Audit Quality [J]. European Accounting Review, 2000, 9 (3): 419 – 442.

[321] Venkataraman R, Weber J P, Willenborg M. Litigation Risk, Audit Quality, and Audit Fees: Evidence from Initial Public Offerings [J]. The Accounting Review, 2008, 83 (5): 1315 – 1345.

[322] Walker P L, Casterella J R. The Role of Auditee Profitability in Pricing New Audit Engagements [J]. Auditing: A Journal of Practice & Theory, 2000, 19 (1): 157 – 167.

[323] Wang Q, Wong T J, Xia L. State Ownership, the Institutional Environment, and Auditor Choice: Evidence from China [J]. Journal of Accounting and Economics, 2008, 46 (1): 112 – 134.

[324] Watts R L, Zimmerman J L. Agency Problems, Auditing, and the Theory of the Firm: Some Evidence [J]. Journal of Law and Economics, 1983: 613 – 633.

[325] Whisenant S, Sankaraguruswamy S, Raghunandan K. Evidence on the Joint Determination of Audit and Non – Audit Fees [J]. Journal of Accounting Research, 2003, 41 (4): 721 – 744.

[326] Willekens M, Achmadi C. Pricing and supplier Concentration in the Private Client Segment of the Audit Market: Market Power or Competition?

[J]. The International Journal of Accounting, 2003, 38 (4): 431 −455.

[327] Woodland A M, Reynolds J K, Scholar C D. Restatements and audit quality [R]. Working paper, 2003.

[328] Ye P, Carson E, Simnett R. Threats to Auditor Independence: The Impact of Relationship and Economic Bonds [J]. Auditing: A Journal of Practice & Theory, 2011, 30 (1): 121 −148.

[329] Zang A Y. Evidence on the Trade-off between Real Activities Manipulation and Accrual-based Earnings Management [J]. The Accounting Review, 2011, 87 (2): 675 −703.

后　记

本书是在博士论文基础上修改完成的。弹指一挥间，博士毕业迄今已有五年，而今年，又是我本科毕业十周年。

我于2006年秋进入吉林大学商学院学习，在这里度过了人生中漫长而又短暂的九年。这九年里，我见证了长春火车站一年又一年处于在建工程的"速度"，见证了长春"两纵两横"同时上马所造成的交通尴尬，见证了吉林大学在高校排行榜上"八九不离十"的坚守，见证了吉大学子在百度"中国十大名校"词条上的执着，见证了东西二湖从水泡子到"海晏河清"的期许。最终，我还是告别了长春，告别了母校——只允许自己调侃，而不允许别人胡乱评论的地方。

刘猛在《我是特种兵》中说："人的一生会有很多次告别。而每一次告别都伴随着阵痛，这种阵痛叫作成长。"从叶县到长春，从长春到北京；从吉林大学到评级机构，从北京交通大学到北京工商大学；从"博士僧"到"金融民工"，从"博士后"到"青椒"；每次告别，都是成长的开始，每次开始，都是过去的沉淀和升华；每次告别，都要向诸多可亲、可敬、可爱的人致敬，每次开始，都离不开师长的指导和提点。

在吉大9年，我有幸得遇恩师韩丽荣教授，忝列师门。恩师不弃学生之驽钝，悉心指导，关怀备至，是恩师的不断点拨和教导，方使我跨入学术之门。博士论文的创作，从最初的选题到文章结构的安排，从理论基础到实证检验，从初稿、修改到定稿，无不倾注着恩师的大量心血，恩师严谨治学的教诲是我一辈子的财富。恩师不仅在学术上给予我指导，同时在为人处世方面也予以指点。恩师为人谦虚，和蔼可亲，处世淡然，性情豁达，深受弟子们的爱戴和敬仰。恩师的学术魅力和人格魅力，终生难忘。对恩师的感激之情，绝非言语所能表达，唯希望今后不懈努力，以报答恩师的知遇之恩与辛勤培养。

在吉大9年，我有幸聆听了毛志宏教授、孙烨教授、李清教授、田宏教授、黄义星副教授、郑丽副教授、李益平副教授、赵岩副教授、渠邑副教授、张艳秋副教授、杜玉申副教授等老师的教诲，并接受他们的精心指导，这使我受益匪浅。感谢他们在本科、硕士以及博士阶段课程以及研究中给我的启迪，他们传授了我知识，丰富了我的视野，为我铺就了一条通往学术殿堂的通道。

在吉大9年，我有幸结识了史忠党师姐、赵彩虹师姐、盛金师兄、胡玮佳师妹、姜悦师妹、李希金师妹、孙欣然师妹、车君梦师妹、丁重阳师妹等。史忠党既是我的师姐，也是我的老师，她在读博这个问题上，给我提供了多方位的建议和指导。具有数量经济学专业背景的盛金师兄擅长数据分析，与师兄的合作，获益良多。胡玮佳师妹硕士毕业于英国格拉斯哥大学，其学术视野，学术潜力以及英文水平，令人折服。同时玮佳师妹还就我博士论文的修改、校对提出了诸多宝贵意见，在此深表感谢。姜悦、李希金、孙欣然、车君梦、丁重阳等师妹也在各项课题研究的数据搜集、资料整理方面给予了我诸多的帮助和支持。师门是一棵大树，恩师是大树的根和主干，弟子则是大树的枝叶，愿大树枝繁叶茂，生机盎然。

在吉大9年，我有幸结识了诸多的同窗和好友，与刘志洋、吕文帅、毛志刚、孙柳、王成敌、王龙、吴显明、杨贺、赵涵等同学与好友的交往，不仅使我的博士生活变得丰富多彩，而且在他们身上获得了有益的知识和为人之道。特别感谢敌哥在 Excel 数据分析方面为我提供的帮助，感谢显明就实务工作和我展开的一些讨论，这些讨论为我的学术研究提供了独有视角和路径。朋友如酒，越久越醇；朋友如茶，越品越香；朋友如诗，越吟越赞。人生得遇诸多好友，"斯世当以同怀视之"。

在吉大9年，离不开家人特别是父母的支持。在长达20余年的求学路上，父母是我最为坚定的支持者。没有他们的支持，我不可能一次次跌倒后继续爬起；没有他们的支持，我不可能在取得成绩后再接再厉；没有他们的支持，我不可能走进家乡最好的高中学习；没有他们的支持，我不可能进入吉林大学；没有他们的支持，我更不可能在硕士即将毕业时，又开始奢侈的博士生活。高三时教室后墙的标语——"为了母亲的微笑"，虽然高考已成过往，但标语早已镌刻于我心，每每想起，总让我心痛又心痒。因为父母的微笑，永远是我上进的不懈动力——"父兮生我，母兮鞠我，拊我蓄我，长我育我，顾我复我，出入腹我。欲报之德，昊天罔极。"

　　"人生如逆旅，我亦是行人。"吉大九年，虽然能够大书特书，但也只是人生的一段而已，不是全部。总之，在2015年7月初的一个晚上，我离开了长春，离开了我的母校，经住了敌哥和大柳"再待两三天"的送别诱惑。至今还清楚地记得，长春那个7月初的晚上，清风拂面，甚是凉爽，不像北京，暑气逼人。

　　终于，来到了北京。那天，是全民族抗战爆发78周年纪念日。在这个具有纪念意义的日子踏上北京的土地，对我而言，可能冥冥中意味着什么，这是当天的感觉。具体意味着什么，不清楚，更无法预测。只是两天后的晚上，在微信上发了一条朋友圈——"漂起来也是需要浮力的。"

　　"天上浮云似白衣，斯须改变如苍狗。"漂在北京已达五年的我，职业曾经更迭，生活有过起伏，也曾苦闷与逃避，也曾迷茫与彷徨，但从未后悔与退缩。"凡心所向，素履所往，生如逆旅，一苇以航。"

高瑜彬

2020年5月